Rechtsfragen rund um notleidende Fonds
Rechtsfragen des Verbraucherkreditgeschäfts
Bankrechtstag 2014
BrV 36

Schriftenreihe der Bankrechtlichen Vereinigung

Herausgegeben von
Mathias Habersack
Peter O. Mülbert
Gerd Nobbe
Arne Wittig

Band 36

Rechtsfragen rund um notleidende Fonds

Rechtsfragen des Verbraucherkreditgeschäfts

Bankrechtstag 2014

DE GRUYTER

Zitierweise: *Autor* in: Bankrechtstag 2014.

ISBN 978-3-11-040435-7
e-ISBN (PDF) 978-3-11-040438-8
e-ISBN (EPUB) 978-3-11-040459-3

Bibliografische Information der Deutschen Nationalbibliothek
Die Deutsche Nationalbibliothek verzeichnet diese Publikation in der Deutschen Nationalbibliografie; detaillierte bibliografische Daten sind im Internet über http://dnb.dnb.de abrufbar.

Druck und Bindung: Hubert & Co GmbH und Co KG, Göttingen
♾ Gedruckt auf säurefreiem Papier
Printed in Germany

www.degruyter.com

Vorwort

Der Bankrechtstag 2014 der Bankrechtlichen Vereinigung – Wissenschaftliche Gesellschaft für Bankrecht e.V. fand am 27. Juni 2014 in Frankfurt statt. Die beiden Themenblöcke „Rechtsfragen rund um notleidende Fonds“ und „Rechtsfragen des Verbraucherkreditgeschäfts“ wurden vor mehr als 250 Teilnehmern verhandelt.

Die erste Abteilung „Rechtsfragen rund um notleidende Fonds“ führte thematisch den zweiten Themenblock des Bankrechtstags 2013 in Berlin fort. Einleitend stellte *G. Nobbe* kenntnisreich die zahlreichen Problemfacetten vor, die sich bei Schließung und Abwicklung offener Immobilienfonds ergeben. In seinem thematisch als Parallelreferat für geschlossene Immobilienfonds angelegten Vortrag gab *J. Schneider* sodann einen informativen Überblick über die zahlreichen Rechtsfragen, die sich bei diesen Fondsgestaltungen ergeben können. Im Anschluss beleuchtete *M. Schlitt* mit der Frage nach den Haftungsadressaten der Prospekthaftung nach KAGB und VerrmAnlG einige auch für die Dogmatik des Personengesellschaftsrechts spannende Folgeprobleme der Überführung der früheren bürgerlich-rechtlichen Prospekthaftung in spezialgesetzliche Prospekthaftungstatbestände. Zum Abschluss gab *A. Tilp* einen durch profunde Kenntnis der Praxis glänzenden ausführlichen Überblick über die Erfahrungen mit dem reformierten KapMuG.

In der zweiten Abteilung „Rechtsfragen des Verbraucherkreditgeschäfts“ ging es um eine zentrale Dimension des modernen Bankvertragsrechts. Zunächst entfaltete *A. Piekenbrock* souverän den durch die Wohnimmobilienkreditrichtlinie unionsrechtlich vorgegebenen neuen Rechtsrahme für die Wohnimmobilienkreditverträge, der in der Zwischenzeit auf nationaler Ebene zu einem umfangreichen Referentenentwurf geführt hat. Im Anschluss erläuterte *M. Artz* höchst kenntnisreich die Neuerungen im Verbraucherkreditrecht nach Umsetzung der Verbraucherrichtlinie, wobei er einige weiterer Klärung bedürfende offene Fragen aufzeigte. *P. Federlin* schließlich widmete sich den Grenzen der Durchsetzung von Verbraucherkreditforderungen und behandelte einige speziellere Fragestellungen dieses spannenden Problemfelds.

Die Drucklegung dieses Bandes wurde dankenswerter Weise von Frau Dr. *Sandra Sandri*, Universität Mainz, vorbereitet; Herr *Daniel Schneider* hat das Stichwortverzeichnis erstellt.

Allen, die zum Gelingen des Bankrechtstages 2014 beigetragen haben, insbesondere Frau *Sylvia Mahler*, sei besonders gedankt.

München, Mainz, Karlsruhe, Essen Habersack, Mülbert, Nobbe, Wittig
Im Dezember 2014

Inhalt

1. Abteilung: **Rechtsfragen rund um notleidende Fonds**

Dr. h.c. Gerd Nobbe, Vors. Richter am BGH a.D., Pfinztal

Probleme im Zusammenhang mit der Schließung und Abwicklung offener Immobilienfonds

1 Einleitung

Die Schließung und Abwicklung offener Immobilienfonds war bis zum 21. Juli 2013 im Investmentgesetz vom 15. Dezember 2003[1] geregelt. Das Investmentgesetz ist durch das am 22. Juli 2013 in Kraft getretene Kapitalanlagegesetzbuch (KAGB) vom 4. Juli 2013[2] aufgehoben und ersetzt worden. Bis Juli 2013 ist das Investmentgesetz mehrfach geändert worden. Besonders bedeutsam ist die Änderung durch das Anlegerschutz- und Funktionsverbesserungsgesetz (AnsFuG) vom 5. April 2011,[3] das überwiegend am 8. April 2011 in Kraft getreten ist. Dieses Gesetz stellt

1 BGBl. I S. 2676.
2 BGBl. I S. 1981.
3 BGBl. I S. 538.

die Reaktion des Gesetzgebers auch auf die Krise offener Immobilienfonds seit dem Herbst 2008 dar.

Nach dem Zusammenbruch der Investmentbank Lehman Brothers im September 2008 machten viele Anleger, darunter große institutionelle Anleger, von ihrem Recht zur börsentäglichen Rückgabe von Anteilen umfangreich Gebrauch. Bei einer ganzen Reihe von offenen Publikum-Immobilienfonds reichten die liquiden Mittel im Oktober 2008 oder in der Folgezeit nicht aus, um alle Rückgabeanträge erfüllen zu können. Einige Kapitalverwaltungsgesellschaften (KVG) mussten die Rücknahme von Anteilen deshalb aussetzen. In der Folgezeit kündigten sie die Verwaltung der offenen Immobilien-Sondervermögen. 17 Fonds mit einem Volumen von insgesamt ca. 30 Milliarden € sind betroffen.[4] Zurzeit befinden sich noch 14 offene Publikum-Immobilienfonds mit einem Volumen von noch rd. 15,6 Milliarden €, d.h. etwa 19 % aller bestehenden offenen Publikum-Immobilienfonds,[5] in der Abwicklung. Die betroffenen Anleger haben bisher Verluste in einem Gesamtvolumen von rund 5,4 Milliarden € erlitten.[6] Durchschnittlich beträgt die Cash-Burn-Rate gegenüber dem Stand vom 31. Dezember 2007 bis zum Jahr 2013 13,4 %,[7] Tendenz steigend. Bei drei in Abwicklung befindlichen Fonds beträgt die Rate schon jetzt jeweils mehr als 50 Prozent.[8]

Die bei der Rücknahmeaussetzung und Abwicklung offener Immobilienfonds aufgetretenen Probleme sind Gegenstand des nachfolgenden Beitrags. Berücksichtigt werden dabei nur Fragen im Zusammenhang mit offenen Publikum-Immobilienfonds, nicht von Spezialfonds für institutionelle Anleger, und auch nicht von Immobilien-Dachfonds. Nicht behandelt werden ferner Prospekthaftungsansprüche gegen Kapitalverwaltungsgesellschaften. Gleiches gilt für Ansprüche von Anlegern gegen Kreditinstitute wegen eines Aufklärungs- oder Beratungsverschuldens, weil über das Risiko einer Aussetzung der Rücknahme von Fondsanteilen und/oder der Abwicklung von offenen Immobilienfonds nicht aufgeklärt wurde. Insoweit kann auf die zutreffenden beiden Urteile des XI. Zivilsenats des Bundesgerichtshofs vom 29. April 2014[9] verwiesen werden.

---

4 Branchenblatt „Fonds professionell" v. 1.6.2014 S. 136.

5 Quelle: Statistik des BVI per 28.2.2014, abrufbar unter www.bvi.de/statistik/offene Immobilienfonds.

6 Frankfurter Allgemeine Zeitung vom 2.5.2014 S. 13.

7 Süddeutsche Zeitung v. 23.5.2014 S. 25.

8 Quelle: Drescher Cie. Immo Consult, Immobilien-Zeitung vom 24.4.2014 S. 5; Frankfurter Allgemeine Zeitung vom 2.5.2014 S. 13.

9 BGH, Urteil vom 29.4.2014 – XI ZR 130/13, WM 2014, 1221 ff.; BGH, Urt. v. 29.4.2014 – XI ZR 477/12,EWiR 2014, 471 (*Wösthoff*).

Die angesprochenen mehrfachen Änderungen des Investmentrechts in neuerer Zeit erschweren die Behandlung des Themas, da die Gesetzes- und Rechtslage für unterschiedliche Zeiträume verschieden ist bzw. sein kann. Dem wird nachfolgend nach der Darstellung der Grundlagen und der Funktionsweise offener Immobilienfonds Rechnung getragen.

2 Grundlagen und Funktionsweise offener Immobilienfonds

2.1 Immobilien-Sondervermögen und Anteilscheine

Offene Immobilienfonds, die im Sprachgebrauch der EU und des Kapitalanlagegesetzbuchs zu den alternativen Investmentfonds (AIF) gehören und der AIFM-Richtlinie[10] unterfallen, sind Immobilien-Sondervermögen, die in der Praxis vor allem aus Gewerbeimmobilien wie Bürogebäuden, Geschäftshäusern und Einkaufszentren, Beteiligungen an Immobilien-Gesellschaften und aus liquiden Mitteln bestehen (§§ 230 Abs. 1, 231 Abs. 1 KAGB (früher[11] §§ 66, 67 Abs. 1 InvG). Eigentümerin der Immobilien und der liquiden Mittel ist nach § 245 KAGB (früher § 75 InvG) die Kapitalverwaltungsgesellschaft. Sie hält die Immobilien und sonstigen Vermögenswerte aufgrund eines Treuhandverhältnisses für die Anleger und verwaltet sie für deren Rechnung.

Für das von ihnen eingesetzte Kapital erhalten die Anleger in Form von Anteilscheinen, in denen ihre Rechte wertpapiermäßig verbrieft sind, einen oder mehrere Anteile an dem Immobilien-Sondervermögen (§ 95 Abs. 1 Satz 1 KAGB, früher § 33 Abs. 1 Satz 1 InvG). Dieses besitzt selbst keine Rechtspersönlichkeit. Die Anteilscheine werden von der Depotbank, die das Kapitalanlagegesetzbuch als Verwahrstelle bezeichnet,[12] in aller Regel in Form von Inhaberpapieren ausgegeben und auch zurückgenommen (§ 71 Abs. 1 Satz 1 KAGB, früher § 23 Abs. 1 Satz 1 InvG). Bis zum Inkrafttreten des Anlegerschutz- und Funktionsverbes-

10 Richtlinie 2011/61/EU des Europäischen Parlaments und des Rates vom 8.6.2011 über die Verwalter alternativer Investmentfonds, ABl. L 174/1 v. 1.7.2011.

11 Der Hinweis unter dem Stichwort „früher" auf eine Vorschrift des Investmentgesetzes darf nicht dahin missverstanden werden, dass diese Vorschrift mit der Bestimmung im Kapitalanlagegesetzbuch völlig übereinstimmt. Es wird insoweit lediglich auf den Regelungsort im Investmentgesetz verwiesen.

12 Im Folgenden wird gleichwohl immer der plastischere Begriff „Depotbank" verwendet.

serungsgesetz (AnsFuG) vom 5. April 2011 zeichneten sich offene Immobilienfonds dadurch aus, dass grundsätzlich jederzeit Kapital eingezahlt und wieder entnommen werden konnte.[13] Die Anzahl der Anteilscheine ist nach dem open-end-Prinzip nicht begrenzt, das Fondsvermögen also keine statische Größe. Die Anteilscheine werden von der depotführenden Stelle, die nicht mit der Depotbank verwechselt werden darf, verwahrt und im Freiverkehr an Börsen, vor allem an der Börse Hamburg, gehandelt. Das Risiko nach Rücknahmeaussetzung ist im Börsenkurs mit einem Abschlag auf den Nettoinventarwert des Fondsanteils eingepreist.[14] Der Nettoinventarwert des Anteils ergibt sich aus der Teilung des aktuellen Nettoinventarwerts des gesamten Fondssondervermögens durch die Zahl der in den Verkehr gelangten Anteile (§ 168 Abs. 1 Satz 1 KAGB, früher § 36 Abs. 1 Satz 1 InvG).

Der Wert des offenen Immobilien-Sondervermögens ist aufgrund der jeweiligen Verkehrswerte der Vermögensgegenstände abzüglich aufgenommener Kredite und Verbindlichkeiten börsentäglich zu ermitteln (§ 168 Abs. 1 Satz 2 KAGB, früher § 36 Abs. 1 Satz 2 InvG). Die Bewertung der Immobilien hat jetzt durch zwei externe, von einander unabhängige qualifizierte Bewerter, die aufgrund einer Ortsbesichtigung jeweils eine eigene Bewertung vorzunehmen haben, in einem Turnus von drei Monaten (§ 251 Abs. 1 Satz 1 KAGB) zu erfolgen (§ 249 Abs. 1 KAGB). § 79 Abs. 1 Satz 2 und 2 InvG sah insoweit eine Bewertung durch einen aus drei unabhängigen Personen bestehenden Sachverständigenausschuss (§ 77 Abs. 1a InvG) einmal im Jahr vor.

2.2 Rechtsbeziehungen zwischen Kapitalverwaltungsgesellschaft, Depotbank und Anleger

Zwischen den am sog. Investmentdreieck Beteiligten, d.h. der Kapitalverwaltungsgesellschaft, der Depotbank und dem Anleger, bestehen jeweils schuldrechtliche Beziehungen.[15]

13 *Hartrott/Goller* BB 2013, 1603, 1604.

14 OLG Frankfurt, Urt. v. 13.2.2013 – 9 U 131/11, BKR 2013, 290, 292.

15 *Köndgen/Schmies* in: Schimansky/Bunte/Lwowski, Bankrechts-Handbuch, 4. Aufl., § 113 Rdn. 114, die einen integral dreiseitigen Charakter des Investment-Rechtsverhältnisses annehmen; *Jakovou* in: Langenbucher/Bliesener/Spindler, Bankrechts-Kommentar, 2013, 39. Kapitel Rdn. 143; *Einsele*, Bank- und Kapitalmarktrecht, 3. Aufl., § 10 Rdn. 20; *Burgard* WM 2014, 821, 827.

2.2.1 Investmentvertrag zwischen Kapitalverwaltungsgesellschaft und Anleger

Der wichtigste Vertrag ist der Investmentvertrag. Er kommt zwischen der Kapitalverwaltungsgesellschaft und dem Anleger mit dem Erwerb eines Anteilsscheins zustande und endet u.a. mit der Rückgabe des Scheins. Der Inhalt dieses Vertrages ist durch die Vorschriften des Kapitalanlagegesetzbuchs und die Anlagebedingungen (§ 162 KAGB, früher § 43 InvG) geprägt.[16] Der Investmentvertrag ist ein entgeltlicher Geschäftsbesorgungsvertrag (§ 675 Abs. 1 BGB), der auf eine Dienstleistung im Sinne der §§ 611 ff. BGB gerichtet ist.[17] Er verpflichtet die Kapitalverwaltungsgesellschaft insbesondere zur treuhänderischen Verwaltung des Immobilien-Sondervermögens ausschließlich im Interesse der Anleger (§ 26 Abs. 1 KAGB, früher § 9 Abs. 1 Satz 2 InvG). Die wesentlichen allgemeinen Verhaltenspflichten der Kapitalverwaltungsgesellschaft ergeben sich aus § 26 Abs. 2 Nr. 1 und 2 KAGB (früher § 9 Abs. 2 InvG). Danach hat sie ihrer Tätigkeit ehrlich, mit der gebotenen Sachkenntnis, Sorgfalt und Gewissenhaftigkeit und redlich nachzugehen und im besten Interesse des von ihr verwalteten Investmentvermögens oder der Anleger zu handeln.

2.2.2 Depotbankvertrag zwischen Kapitalverwaltungsgesellschaft und Depotbank

Zwischen der Kapitalverwaltungsgesellschaft und der Depotbank – nicht zu verwechseln mit der depotführenden Stelle, die die Anteilscheine der Anleger verwahrt – besteht ein Depotbankvertrag. Nach § 68 Abs. 1 Satz 1 und 2 KAGB (früher § 20 Abs. 1 InvG) hat die Kapitalverwaltungsgesellschaft für jeden offenen Immobilienfonds eine Verwahrstelle zu beauftragen und mit ihr einen schriftlichen Depotbankvertrag abzuschließen. Bei dem Vertrag handelt es sich vor allem um einen entgeltlichen Geschäftsbesorgungsvertrag (§ 675 Abs. 1 BGB), der Elemente

---

16 Vgl. *Geibel* in: Derleder/Knops/Bamberger, Handbuch zum deutschen und europäischen Bankrecht, 2. Aufl., § 59 Rdn. 24; *Reiter* in: Kümpel/Wittig, Bank- und Kapitalmarktrecht, 4. Aufl., Rdn. 9.153; *Jakovou* in: Langenbucher/Bliesener/Spindler, Bankrechts-Kommentar, 2013, 39. Kapitel Rdn. 146.

17 *Baur/Ziegler* in: Hellner/Steuer, Bankrecht und Bankpraxis (BuB), Rdn. 9/269; *Reiter* in: Kümpel/Wittig, Bank- und Kapitalmarktrecht, 4. Aufl., Rdn. 9.152; *Schmitz* in: Berger/Steck/Lübbehüsen, InvG, InvStG, 2010, § 43 Rdn. 6; *Lenenbach*, Kapitalmarktrecht, 2. Aufl., Rdn. 14.94. a.A. *Köndgen/Schmies* in: Schimansky/Bunte/Lwowski, Bankrechts-Handbuch, 4. Aufl., § 113 Rdn. 115 (Vertrag sui generis).

eines Dienst- und eines Verwahrungsvertrages enthält.[18] Soweit Vermögensgegenstände wie etwa Immobilien nicht verwahrfähig sind, trifft die Depotbank eine Pflicht zu laufender Überwachung.

Die Depotbank ist für die Ausgabe und Rücknahme der Anteilscheine zuständig und fungiert als Zahlstelle der Kapitalverwaltungsgesellschaft etwa bei der Zahlung des Rücknahmepreises oder der Ausschüttung von Erträgen an Anleger.[19] Sie kontrolliert die Einhaltung der gesetzlichen und vertraglichen Vorschriften, nicht auch die Zweckmäßigkeit der Handlungen der Kapitalverwaltungsgesellschaft.[20] Zur Veräußerung und Belastung von Immobilien des Immobilien-Sondervermögens bedarf die Kapitalverwaltungsgesellschaft der Zustimmung der Depotbank (§ 84 Abs. 1 Nr. 3 und 4 KAGB, früher § 26 Abs. 1 Nr. 3 und 4 InvG). Diese ist zu erteilen, wenn die Veräußerung weder gesetz- noch vertragswidrig ist (§ 84 Abs. 2 Satz 1 KAGB, früher § 26 Abs. 2 Satz 1 InvG). Bei der Wahrnehmung ihrer Aufgaben hat sie ausschließlich im Interesse der Anleger zu handeln (§ 70 Abs. 1 KAGB, früher § 22 Abs. 1 Satz 1 InvG).

2.2.3 Rechtsbeziehung zwischen Depotbank und Anleger

Die Anleger schließen zwar im Regelfall selbst keinen Vertrag mit der Depotbank. Da diese bei der Wahrnehmung ihrer Aufgaben ausschließlich im Interesse der Anleger handeln muss,[21] wird der Depotvertrag zwischen der Depotbank und der Kapitalverwaltungsgesellschaft als Vertrag zugunsten der Anleger entsprechend § 328 BGB angesehen.[22] Außerdem besteht nach herrschender Meinung zum

---

18 *Geibel* in: Derleder/Knops/Bamberger, Handbuch zum deutschen und europäischen Bankrecht, 2. Aufl., § 59 Rdn. 79; *Reiter* in: Kümpel/Wittig, Bank- und Kapitalmarktrecht, 4. Aufl., Rdn. 9.157.

19 *Jakovou* in: Langenbucher/Bliesener/Spindler, Bankrechts-Kommentar, 2013, 39. Kapitel Rdn. 165.

20 BGH, Urt. v. 18.9.2001 – XI ZR 337/00, BGHZ 149, 33, 36 = WM 2001, 2053 = NJW 2001, 3633; OLG Frankfurt, Urt. v. 19.12.1996 – 16 U 109/06, WM 1997, 364, 367 = WuB I G 8.-3.97 *Zeller*; *Jakovou* in: Langenbucher/Bliesener/Spindler, Bankrechts-Kommentar, 2013, 39. Kapitel Rdn. 166; *Baur/Ziegler* in: Hellner/Steuer, BuB, Rdn. 9/654; *Reiter* in: Kümpel/Wittig, Bank- und Kapitalmarktrecht, 4. Aufl., Rdn. 9.159; *Geibel* in: Derleder/Knops/Bamberger, Handbuch zum deutschen und europäischen Bankrecht, 2. Aufl., § 59 Rdn. 76 f.; *Burgard* WM 2014, 821, 827; weitergehend *Klaus Müller* DB 1975, 485, 488.

21 *Baur/Ziegler* in: Hellner/Steuer, BuB, Rdn. 9/116.

22 *Geibel* in: Derleder/Knops/Bamberger, Handbuch zum deutschen und europäischen Bankrecht, 2. Aufl., § 59 Rdn. 81; *Jakovou* in: Langenbucher/Bliesener/Spindler, Bankrechts-Kommentar, 2013, 39. Kapitel Rdn. 168.

Schutz der Anleger ein atypisches gesetzliches Schuldverhältnis zwischen dem Anleger und der Depotbank.[23]

3 Rücknahmeaussetzung bei offenen Immobilienfonds

Das Charakteristikum von offenen Immobilienfonds war bis zum Inkrafttreten des Anlegerschutz- und Funktionsverbesserungsgesetzes am 8. April 2011 das Recht der Anleger, ihre Anteile grundsätzlich börsentäglich ohne Einschränkung gegen Auszahlung des Nettoinventarwerts zurückzugeben (§ 37 Abs. 1 InvG a.F.). Dieses Recht konfligierte augenfällig mit der langfristig orientierten Anlage des Fondsvermögens vor allem in oftmals großvolumigen illiquiden Immobilien.[24] Offene Immobilienfonds haben deshalb ein strukturelles Problem, das sich insbesondere nach Ausbruch der Finanzkrise zeigte und ab Herbst 2008 zur Aussetzung der Rücknahme von Anteilen führte.

3.1 Aussetzung der Rücknahme von Fondsanteilen

3.1.1 Diskussionsentwurf zum Anlegerschutz- und Funktionsverbesserungsgesetz

Zu einer zweiten Welle von Rücknahmeaussetzungen kam es, als der nicht ausreichend durchdachte Diskussionsentwurf zum Anlegerschutz- und Funktions-

23 OLG Frankfurt, Urt. v. 19.12.1996 – 16 U 109/06, WM 1997, 364, 367 = WuB I G 8.-3.97 *Zeller*; *Jakovou* in: Langenbucher/Bliesener/Spindler, Bankrechts-Kommentar, 2013, 39. Kapitel Rdn. 168; *Köndgen/Schmies* in: Schimansky/Bunte/Lwowski, Bankrechts-Handbuch, 4. Aufl., § 113 Rdn. 133; *Geibel* in: Derleder/Knops/Bamberger, Handbuch zum deutschen und europäischen Bankrecht, 2. Aufl., § 59 Rdn. 81 f.; *Baur* in: Assmann/Schütze, Handbuch des Kapitalanlagerechts, 3. Aufl., § 20 Rdn. 223; *Canaris*, Bankvertragsrecht, 2. Aufl., Rdn. 2464; *Klaus Müller* DB 1975, 485, 487; *Hövekamp/Hugger*, Festschrift Hopt, 2010, S. 2015, 2017; *Gringel* ZBB 2012, 106, 115; offengelassen vom BGH, Urt. v. 18.9.2001 – XI ZR 337/00, BGHZ 149, 33, 35 = WM 2001, 2053 = NJW 2001, 3633.

24 *Köndgen/Schmies* in: Schimansky/Bunte/Lwowski, Bankrechts-Handbuch, 4. Aufl., § 113 Rdn. 22; *Reiter* in: Kümpel/Wittig, Bank- und Kapitalmarktrecht, 4. Aufl., Rdn. 9.105; *Jakovou* in: Langenbucher/Bliesener/Spindler, Bankrechts-Kommentar, 2013, 39. Kapitel Rdn. 184; *Ortmann* ZfIR 2006, 229, 231.

verbesserungsgesetz im Frühjahr 2010 veröffentlicht wurde.[25] Er sah u.a. einen generellen Bewertungsabschlag von 10 % auf alle zum Immobilien-Sondervermögen gehörenden Immobilien mit einer entsprechenden Ermäßigung des Nettoinventarwerts der Fondsanteile vor. Viele Anleger nahmen dies zum Anlass, ihre Fondsanteile zurückzugeben. Weitere Kapitalverwaltungsgesellschaften mussten mangels ausreichender liquider Mittel die Rücknahme von Anteilen aussetzen.

3.1.2 Aussetzungsphasen

Zur befristeten Aussetzung der Rücknahme von Anteilen war eine Kapitalverwaltungsgesellschaft nach § 37 Abs. 2 Satz 1 InvG a.F. bereits bei außergewöhnlichen Umständen, etwa exorbitant hohen Rückgabewünschen von Anlegern, berechtigt.[26] Die Rücknahmeaussetzung soll Zeit zur Generierung frischer liquider Mittel schaffen. Dabei sind verschiedene Phasen zu unterscheiden, die nach dem bis zum 7. April 2011 geltenden § 81 InvG a.F., nach § 81 InvG in der ab 8. April 2011 geltenden neuen Fassung sowie nach § 257 KAGB unterschiedlich geregelt sind.

3.1.2.1 Rücknahmeaussetzung nach § 81 InvG a.F.

Nach § 81 InvG a.F., der bei den Rücknahmeaussetzungen der meisten offenen Immobilienfonds galt, betrug die erste Aussetzungsphase in der Regel drei Monate. In dieser Phase beschränkte sich die Kapitalverwaltungsgesellschaft darauf, durch die Ausgabe neuer Anteile Liquidität zu generieren. Wenn die liquiden Mittel nach Ablauf von drei Monaten weiterhin zur Erfüllung aller Rücknahmewünsche nicht ausreichten, sah § 81 Satz 2 und 3 InvG a.F. eine weitere Rücknahmeaussetzung, d.h. ein Leistungsverweigerungsrecht der Kapitalverwaltungsgesellschaft, längstens bis zu einem Jahr und die Verpflichtung zur Veräußerung von Immobilien zu „angemessenen Bedingungen" vor. Die Jahresfrist konnte, was in der Praxis regelmäßig geschah, nach den Vertragsbedingungen gemäß § 81 Satz 4 InvG a.F. auf zwei Jahre verlängert werden. Nach Ablauf der Aussetzungsmaximalfrist von zwei Jahren durften Kapitalverwaltungsgesellschaften die Rücknahme von Anteilen nicht mehr verweigern. Sie waren vielmehr nach § 81 Satz 5 InvG a.F. notfalls gehalten, die Mittel zur Rücknahme von Anteilen durch Belastung von Immobilien zu beschaffen und die Belastungen durch

---

25 *Paul*, Das neue Recht der offenen Immobilienfonds, in: Stärkung des Anlegerschutzes – Neuer Rechtsrahmen für Sanierungen, Bankrechtstag 2011, S. 31, 35.

26 LG Frankfurt/Main, Urt. v. 19. 12. 2006 – 2-19 O 124/06, WM 2007, 2108, 2109.

Veräußerung von Immobilien oder in sonstiger Weise abzulösen, sobald dies zu „angemessenen Bedingungen" möglich war (§ 81 Satz 6 InvG a.F.).

3.1.2.2 Rücknahmeaussetzung nach § 81 InvG n.F.

Nach § 81 InvG n.F. war eine Aussetzung der Rücknahme von Anteilen nicht nur während eines Zeitraums von maximal 24 Monaten zulässig, sondern während eines solchen von 30 Monaten. Dabei waren vier Phasen zu unterscheiden. In der ersten, sechs Monate umfassenden Phase war die Kapitalverwaltungsgesellschaft zu einer Veräußerung von Immobilien nicht verpflichtet[27] und eine Veräußerung zu einem Preis unterhalb des gutachterlichen Verkehrswerts unzulässig. In der Phase 2, die bis zum Ablauf des 12. Monats nach Aussetzung der Rücknahme dauerte, hatte die Kapitalverwaltungsgesellschaft auch Immobilien zu „angemessenen Bedingungen" zu veräußern (§ 81 Abs. 1 Satz 2 und 3 InvG n.F.). In der anschließenden, bis zum Ablauf des 24. Monats dauernden Phase 3 durfte der Erlös aus der Veräußerung einer Immobilie den gutachterlichen Verkehrswert um bis zu 10 Prozent unterschreiten (§ 81 Abs. 2 Satz 2 InvG n.F.). In der abschließenden, auf sechs Monate begrenzten Phase 4 war ein Verkauf von Immobilien zu einem Preis bis zu 20 Prozent unter dem gutachterlichen Verkehrswert zulässig (§ 81 Abs. 3 Satz 2 InvG n.F.).

3.1.2.3 Rücknahmeaussetzung nach § 257 KAGB

Nach § 257 KAGB, der Ähnlichkeiten mit § 81 InvG n.F. aufweist, in einigen Punkten aber davon abweicht, ist eine Aussetzung der Rücknahme von Anteilen mangels ausreichender liquider Mittel nicht nur während eines Zeitraums von maximal 30 Monaten, sondern eines solchen von 36 Monaten zulässig. Dabei sind nicht vier, sondern nur drei Aussetzungsphasen zu unterscheiden. In der ersten, 12 Monate umfassenden Phase hat eine Veräußerung von Immobilien nur zu „angemessenen Bedingungen" zu erfolgen, um liquide Mittel zu beschaffen (§ 257 Abs. 1 Satz 2 KAGB). In der anschließenden, bis zum Ablauf des 24. Monats dauernden Phase 2 darf der Erlös aus der Veräußerung einer Immobilie den gutachterlichen Verkehrswert um bis zu 10 Prozent unterschreiten (§ 257 Abs. 2 KAGB). In der abschließenden, auf 12 Monate begrenzten Phase 3 ist ein Verkauf zu einem Preis, der bis zu 20 Prozent unter dem gutachterlichen Verkehrswert der Immobilie liegt, zulässig (§ 257 Abs. 3 KAGB).

---

27 *Reiter/Plumridge* WM 2012, 388, 393.

3.2 Schließung und Abwicklung von offenen Immobilienfonds nach dem bis zum 7. April 2011 geltenden Investmentgesetz

3.2.1 Kündigung der Verwaltung des Immobilien-Sondervermögens

Nach § 38 Abs. 1 Satz 1 InvG a.F. hatten Kapitalverwaltungsgesellschaften die Möglichkeit, die Verwaltung des Immobilien-Sondervermögens vor Ablauf der Rücknahmeaussetzungsfrist von maximal 24 Monaten ohne einen besonderen Kündigungsgrund[28] unter Einhaltung einer Kündigungsfrist von mindestens sechs Monaten zu kündigen. Davon haben alle Kapitalverwaltungsgesellschaften, deren 14 offene Immobilienfonds sich in der Abwicklung befinden, Gebrauch gemacht. In der Praxis wurden die Kündigungsfristen in Abstimmung mit der BaFin deutlich länger bemessen, und zwar recht unterschiedlich. Sie reichen je nach Größe des Fonds von knapp zwei bis zu fast fünf Jahren, mehrheitlich ca. drei Jahre. Unter Berücksichtigung der Maximalaussetzungsfrist von zwei Jahren nach § 81 InvG a.F. können Anleger ihre Fondsanteile überwiegend bis zu fünf, zum Teil sogar bis zu sieben Jahre lang nicht zurückgeben, sondern nur mit deutlichen Abschlägen auf den Nettoinventarwert im Freiverkehr an der Börse verkaufen.

3.2.2 Rechtslage während der Kündigungsfrist

Während des Laufs der Kündigungsfrist ist die Rückgabe der Fondsanteile weiterhin ausgesetzt, da Ursache der Kündigung die fortdauernde unzureichende Liquidität des Fonds-Sondervermögens ist. Sie stellt einen außergewöhnlichen Umstand i.S. des § 37 Abs. 2 Satz 1 InvG a. F. dar, der die Aussetzung rechtfertigt.[29] Da die Kündigung des Investmentvertrages erst mit Ablauf der Kündigungsfrist wirksam wird, ist die Kapitalverwaltungsgesellschaft weiterhin zur Verwaltung des Immobilien-Sondervermögens und zu dessen Veräußerung berechtigt und verpflichtet. Der Verkehrswert der Fondsimmobilien wird wie bisher durch den Sachverständigenausschuss ermittelt, der Nettoinventarwert der Fondsanteile gemäß §§ 36 Abs. 1 Satz 2, 79 Abs. 1 und 3 InvG a.F. börsentäglich bestimmt und

---

28 *Gutsche* in: Emde/Dornseifer/Dreibus/Hölscher, InvG, 2013, § 38 Rdn. 8; *Schmitz* in Berger/Steck/Lübbehüsen, InvG, InvSt, 2010, § 38 InvG Rdn. 4.

29 *Gutsche* in: Emde/Dornseifer/Dreibus/Hölscher, InvG, 2013, § 38 Rdn. 16; *Schmitz* in: Berger/Steck/Lübbehüsen, InvG, InvSt, 2010, § 37 InvG Rdn. 17; s. auch *Beckmann* in: Beckmann/Scholtz/Vollmer, Investment, § 38 InvG Rdn. 17.

veröffentlicht. Neue Anteile dürfen nicht ausgegeben werden (§ 37 Abs. 2 Satz 2 InvG a.F.).

3.2.3 Abwicklung von offenen Immobilienfonds durch die Depotbank

Mit Ablauf der Kündigungsfrist gehen das Eigentum an den Immobilien und das Recht zur Verfügung auf die Depotbank über, ohne dass die einzelnen Immobilien übertragen werden müssen (§ 39 Abs. 1 Satz 1 InvG a.F.). Bei fünf in Abwicklung befindlichen offenen Immobilienfonds ist dies inzwischen geschehen.[30] Der Übergang in Deutschland belegener Immobilien auf die Depotbank führt nach § 1 Abs. 1 Nr. 3 Satz 1 Grunderwerbssteuergesetz dazu, dass Grunderwerbssteuer in Höhe von 3,4 % des Verkehrswerts anfällt.[31]

Die Depotbank hat das auf sie übergegangene Sondervermögen durch Veräußerung der verbliebenen Immobilien abzuwickeln und den Erlös an die einzelnen Anleger zu verteilen (§ 39 Abs. 2 InvG a.F.). Stattdessen kann sie mit Genehmigung der BaFin die Immobilien sowie die Verwaltung einer anderen Kapitalverwaltungsgesellschaft übertragen (§ 39 Abs. 3 InvG a.F.). Die Verwaltungsfunktion der Kapitalverwaltungsgesellschaft übernimmt die Depotbank zwar nicht.[32] Ihr obliegt es aber, den Wert des Sondervermögens und den Nettoinventarwert der Fondsanteile weiterhin zu ermitteln.[33]

3.3 Schließung und Abwicklung von offenen Immobilienfonds nach dem ab 8. April 2011 geltenden Investmentgesetz sowie nach dem Kapitalanlagegesetzbuch

Nach § 81 Abs. 3 Satz 3 InvG n.F. kann jeder Anleger 30 Monate nach Aussetzung der Rücknahme gegen Rückgabe seines Anteils verlangen, dass ihm sein Anteil am Sondervermögen ausgezahlt wird. Nach § 257 Abs. 3 Satz 3 KAGB gilt dasselbe 36 Monate nach der Rücknahmeaussetzung. Reichen die liquiden Mittel im Fondsvermögen dazu nicht aus, so erlischt das Recht der Kapitalverwaltungsge-

30 Branchenblatt „Fonds professionell" v, 1.6.2014 S. 137.

31 *Gringel* ZBB 2012, 106, 113.

32 *Beckmann* in: Beckmann/Scholtz/Vollmer, Investment, § 39 InvG Rdn. 8; *Schmitz* in: Berger/Steck/Lübbehüsen, InvG, InvStG, 2010, § 39 InvG Rdn. 7; *Gringel* ZBB 2012, 106, 113 f.

33 *Beckmann* in: Beckmann/Scholtz/Vollmer, Investment, § 39 InvG Rdn. 12; *Weiser/Jang* BB 2011, 1219, 1223.

sellschaft zur Verwaltung des Immobilien-Sondervermögens automatisch (§ 257 Abs. 4 Satz 1 KAGB und § 81 Abs. 4 Satz 1 InvG n.F.) und das Fondssondervermögen geht auf die Depotbank über (§ 100 Abs. 1 Nr. 1 KAGB und § 39 Abs. 1 InvG n.F.).

Aus § 81 Abs. 4 Satz 1 InvG n.F. wird vereinzelt entnommen, dass es sich bei den 30 Monaten um einen maximalen Zeitraum handelt und die Kapitalverwaltungsgesellschaft das Erlöschen ihres Verwaltungsrechts nicht dadurch hinauszögern kann, dass sie die Verwaltung vor Ablauf des Zeitraums von 30 Monaten mit einer längeren Kündigungsfrist als den Restzeitraum von 30 Monaten kündigt. § 81 Abs. 4 Satz 1 InvG n.F. entfalte insoweit eine Sperrwirkung.[34] In einem anderen Beitrag wird davon ausgegangen, dass die Kapitalverwaltungsgesellschaft die Verwaltung wie bisher mit einer längeren Kündigungsfrist gemäß § 38 Abs. 1 Satz 1 InvG kündigen kann.[35]

Dem Wortlaut des § 81 Abs. 4 InvG n.F. sowie des § 257 Abs. 4 KAGB lässt sich ein Ausschluss oder auch nur eine Einschränkung des für alle Arten von Publikums-Sondervermögen geltenden Kündigungsrechts der Kapitalverwaltungsgesellschaft aus § 38 Abs. 1 Satz 1 InvG bzw. § 99 Abs. 1 KAGB nicht entnehmen. Auch die Materialien des Anlegerschutz- und Funktionsverbesserungsgesetzes zu § 81 InvG n.F. geben dafür nichts her. In der Gesetzesbegründung zu § 81a InvG n.F.[36] heißt es vielmehr: „§ 81a hat klarstellende Funktion. Im Fall einer Kündigungserklärung dauert die Verwaltungsbefugnis der Kapitalanlagegesellschaft für das Sondervermögen bis zum Wirksamwerden der Kündigung. ... Die Phase zwischen Erklärung und Wirksamwerden der Kündigung soll der Kapitalanlagegesellschaft erlauben, ihr Know-how zu einem unter den Umständen möglichst günstigen Abverkauf der Immobilien einzusetzen.“ Nichts spricht angesichts dessen dafür, dass die Kapitalverwaltungsgesellschaft zur Veräußerung von Immobilien nur innerhalb des maximalen Rücknahmeaussetzungszeitraums von 30 bzw. 36 Monaten befugt sein soll. Vom Gesetzgeber ist vielmehr im Gegenteil gewollt, dass die Kapitalverwaltungsgesellschaft ihr Know-how nach einer Kündigung der Verwaltung noch länger nutzen kann, um Immobilien im Interesse der Anleger möglichst günstig zu verkaufen. Das ist auch sinnvoll, denn Depotbanken verfügen oft nicht über die dafür erforderlichen Kenntnisse und Erfahrungen. Im Übrigen wird auch aus dem systematischen Zusammenhang von § 81 und § 81a InvG n.F. sowie von § 257 und § 258 KAGB deutlich, dass eine Kündigungser-

---

34 *Gringel* ZBB 2012, 106, 111.

35 *Paul,* Das neue Recht der offenen Immobilienfonds, in: Stärkung des Anlegerschutzes – Neuer Rechtsrahmen für Sanierungen, Bankrechtstag 2011, S. 31, 41.

36 BT-Drucks. 17/3628 S. 29.

klärung der Kapitalverwaltungsgesellschaft wie bisher auch während der Aussetzung der Rücknahme von Fondsanteilen uneingeschränkt zulässig ist.

4 Veräußerung von Immobilien durch die Kapitalverwaltungsgesellschaft während der Rücknahmeaussetzung

Neben der laufenden Verwaltung ist es während der Rücknahmeaussetzung Aufgabe der Kapitalverwaltungsgesellschaft, Immobilien zu veräußern. Ihr Hauptproblem besteht darin, dass dies zu „angemessenen Bedingungen“ an Käufer zu geschehen hat, denen die Aussetzung der Rücknahme von Fondsanteilen bekannt sind und die versuchen werden, den jeweiligen Kaufpreis massiv zu drücken.

4.1 Angemessene Bedingungen

4.1.1 Zentrale Bedeutung des gutachterlich ermittelten Verkehrswerts

Der Begriff der „angemessene Bedingungen“ wird im Gesetz nicht definiert. Der Begriff hat einen engen Bezug zu dem ermittelten gutachterlichen Verkehrswert der einzelnen Fondsimmobilien, der vom Sachverständigenausschuss (§ 77 InvG a.F.), jetzt von zwei externen Bewertern (§ 250 Abs. 1 Nr. 1 KAGB), festgestellt wurde. Dieser Wert gab nach § 82 Abs. 1 Satz 1 InvG a.F. den Mindestpreis bei einem Verkauf der Immobilie verbindlich vor. Auch eine unwesentliche Unterschreitung dieser Untergrenze war nicht zulässig.[37] Nur wenn mehrere Immobilien an ein und denselben Erwerber veräußert wurden, durfte der Preis die Summe der Verkehrswertsätze der veräußerten Immobilien um nicht mehr als fünf Prozent unterschritten werden, wenn dies den Interessen der Anleger nicht zuwider lief (§ 82 Abs. 1 Satz 3 InvG). Eine entsprechende Regelung enthält § 260 Abs. 1 Satz 2 KAGB. Daraus und aus dem Umstand, dass der Nettoinventarwert des Immobilien-Sondervermögens entscheidend vom gutachterlich festgestellten

---

37 *Zöll* in: Beckmann/Scholtz/Vollmer, Investment, § 82 InvG Rdn. 14; *Baur* in: Assmann/Schütze, Handbuch des Kapitalanlagerechts, 3. Aufl., § 20 Rdn. 269; *Patzner/Döser/Kempf*, Investmentrecht, 2012, § 82 InvG Rdn.1; *Christian Möller* ZfIR 2008, 528, 533.

Verkehrswert abhängt (§ 36 Abs. 3 Satz 1 InvG), erhellt die zentrale Bedeutung dieses Werts.

4.1.2 Ermittlung des gutachterlichen Verkehrswerts

Die Ermittlung des gutachterlichen Verkehrswerts hat nach den Vorgaben des § 248 Abs. 1 i.V. mit § 168 Abs. 3 KAGB (früher § 36 Abs. 3 Satz 1 InvG) nach geeigneten Bewertungsmodellen unter Berücksichtigung der aktuellen Marktgegebenheiten zu erfolgen, soll also kein realitätsferner Buchwert sein. Ziel ist vielmehr die Ermittlung des Preises, der im Zeitpunkt der Wertermittlung im gewöhnlichen Geschäftsverkehr unter Berücksichtigung aller tatsächlichen und rechtlichen Gegebenheiten ohne Rücksicht auf ungewöhnliche oder persönliche Verhältnisse zu erzielen wäre (§ 27 Abs. 1 Investment-Rechnungslegungs- und Bewertungsverordnung (InvRBV) vom 16. Dezember 2009,[38] jetzt § 30 Abs. 1 Kapitalanlage-Rechnungslegungs- und Bewertungsverordnung (KARBV) vom 16. Juli 2013[39]).[40] Chancen und Risiken der Immobilie müssen in der Bewertung Niederschlag finden.[41] Bereits § 79 Abs. 1 Satz 3 InvG a.F. schrieb eine neue Ermittlung des gutachterlichen Verkehrswerts mindestens alle zwölf Monate vor. Nach § 251 Abs. 1 Satz 1 KAGB hat eine erneute Bewertung sogar in einem Turnus von nur drei Monaten zu erfolgen.

Die Ermittlung des danach stets aktuellen Verkehrswerts hat nach der Verordnung über die Grundsätze für die Ermittlung der Verkehrswerte von Grundstücken (ImmoWertV) vom 19.5.2010[42] zu erfolgen.[43] § 249 Abs. 1 Nr. 2 KAGB schreibt dabei Ortsbesichtigungen durch die Bewerter vor. Bei Gewerbeimmobilien ist das Ertragswertverfahren erste Wahl (§ 30 Abs. 1 Satz 1 KARBV, § 17 ImmoWertV). Leerstandsquoten, mehr oder weniger lange Restmietlaufzeiten sowie die Qualität der Mieter sind bei der Bewertung zu berücksichtigen. Gleiches gilt nach § 2 ImmoWertV für die allgemeinen Wertverhältnisse auf dem Grundstücksmarkt in einer bestimmten Region. Berücksichtigung finden auch Baujahr und Lage des Objekts, die Restnutzungsdauer, der Grundstückszustand sowie künftig zu

---

38 BGBl. I S. 3871. Die InvRBV galt bis zum 21. Juli 2013.

39 BGBl. I S. 2483.

40 *von Cölln/Behrendt* BB 2010, 1444, 1446; s. auch *Schmitz* in: Berger/Steck/Lübbehüsen, InvG, InvStG, 2010, § 36 InvG Rdn. 23.

41 *Baur* in: Assmann/Schütze, Handbuch des Kapitalanlagerechts, 3. Aufl., § 20 Rdn. 269.

42 BGBl. I S. 639.

43 *Klusak* in: Berger/Steck/Lübbehusen, InvG, InvStG, § 77 InvG Rdn. 8; *von Cölln/Behrendt* BB 2010, 1444 f.

erwartende Entwicklungen wie etwa Mietpreisermäßigungen. Nicht zu berücksichtigen sind nach § 7 ImmoWertV allerdings ungewöhnliche und persönliche Verhältnisse wie etwa ein (akuter) Verkaufsdruck.

4.2 Veräußerung von Immobilien zu Preisen unterhalb des gutachterlichen Verkehrswerts während der Rücknahmeaussetzung

Besondere haftungsrechtlich bedeutsame Fragen wirft eine Veräußerung von Immobilien zur Generierung liquider Mittel zu Preisen unterhalb des gutachterlichen Verkehrswerts während der Rücknahmeaussetzung auf.

4.2.1 Veräußerung unter der Geltung des § 81 InvG a.F. bis zum 7. April 2011

Die Aufgabe einer Kapitalverwaltungsgesellschaft, während der Rücknahmeaussetzung, Fondsimmobilien zu veräußern, berechtigte sie anders als nach § 82 Abs. 1 Satz 1 InvG auch zu einer Veräußerung zu einem angemessenen Preis unterhalb des vom Sachverständigenausschuss ermittelten Verkehrswerts.[44] Das ergab sich aus § 82 Abs. 1 Satz 1 InvG, der die Notwendigkeit einer Veräußerung zum Verkehrswert unter den Vorbehalt stellte, dass sie nicht gemäß § 81 InvG a.F. erfolge.[45] Notverkäufe zu nicht mehr angemessenen Bedingungen waren dagegen nicht erlaubt.[46] Exakte Regelungen, wie hoch der prozentuale Abschlag auf den gutachterlichen Verkehrswert sein durfte, enthielt das Investmentgesetz bis zum 7. April 2011 nicht. Die BaFin hatte sich nicht in der Lage gesehen, insoweit Zahlen für einen zulässigen Abschlag zu nennen, sondern auf die Notwendigkeit einer Entscheidung im Einzelfall verwiesen.[47]

---

44 BaFin Schreiben v. 6.2.2009, GA WA 42-Wp2136-2009/0081; *Zöll* in: Beckmann/Scholtz/Vollmer, Investment, § 82 InvG Rdn. 6; *Klusak* in: Berger/Steck/Lübbehüsen, InvG, InvStG, § 81 InvG Rdn. 4; *Ortmann* ZfIR 2006, 229, 231; *Thömmes* ZfIR 2009, 121, 124; *Gringel* ZBB 2012, 106, 108; zum KAGG *Baur*, Investmentgesetze, 2. Aufl., § 36 KAGG Rdn. 6.

45 *Klusak* in: Berger/Steck/Lübbehüsen, InvG, InvStG, § 81 InvG Rdn. 4.

46 Vgl. *Zöll* in: Beckmann/Scholtz/Vollmer, Investment, § 82 InvG Rdn. 6; *Klusak* in: Berger/Steck/Lübbehüsen, InvG, InvStG, § 81 InvG Rdn. 8; *Ortmann* ZfIR 2006, 229, 231; *Thömmes* ZfIR 2009, 121, 124.

47 Schreiben der BaFin vom 6. Februar 2009, GA WA 42-Wp2136-2009/0081, abgedruckt in Beckmann/Scholtz/Vollmer, Investment, 412, Nr. 53.

4.2.2 Veräußerung nach Inkrafttreten des § 81 InvG n.F. am 8. April 2011

Das überwiegend am 8. April 2011 in Kraft getretene Anlegerschutz- und Funktionsverbesserungsgesetz hat durch § 81 InvG insoweit mehr Klarheit geschaffen. In der ersten sechs Monate umfassenden Phase der Rücknahmeaussetzung ist eine Veräußerung von Immobilien zu einem Preis unterhalb des gutachterlichen Verkehrswerts unzulässig. In der Phase 2, die bis zum Ablauf des 12. Monats nach Aussetzung der Rücknahme dauert, hat die Kapitalverwaltungsgesellschaft auch Immobilien zu „angemessenen Bedingungen" zu veräußern (§ 81 Abs. 1 Satz 2 und 3 InvG n.F.). In der bis zum Ablauf des 24. Monats dauernden Phase 3 darf der Veräußerungserlös den gutachterlichen Verkehrswert um bis zu 10 Prozent unterschreiten (§ 81 Abs. 2 Satz 2 InvG n.F.). In der anschließenden auf sechs Monate begrenzten Phase 4 ist ein Verkauf von Immobilien zu einem Preis, der bis zu 20 Prozent unter dem gutachterlichen Verkehrswert liegt, zulässig (§ 81 Abs. 3 Satz 2 InvG n.F.).

Die vom Gesetzgeber festgelegten Grenzen von maximal 10 bzw. 20 Prozent Mindererlös in den Phasen 3 und 4 und die Gesetzesmaterialien geben Anhaltspunkte dafür, was unter einer Veräußerung zu „angemessenen Bedingungen" in der Phase 2 zu verstehen ist. Der Verkaufspreis muss in dieser Phase sicherlich deutlich über dem in Phase 3 zulässigen Mindestpreis liegen.[48] Nach der Gesetzesbegründung zu § 81 InvG soll in der Phase 2 eine Veräußerung „unwesentlich unterhalb des Verkehrswertes" zulässig sein.[49] Angeknüpft wird damit an den Wortlaut des § 27 Abs. 1 KAGG sowie des § 82 Abs. 1 Satz 1 InvG in der bis zum Inkrafttreten des Investmentänderungsgesetzes[50] am 28. Dezember 2007 geltenden Fassung. Als unwesentlich wurde damals in Anlehnung an die Verwaltungspraxis der BaFin eine Unterschreitung des gutachterlichen Verkehrswerts um etwa drei Prozent angesehen.[51] Anknüpfend daran dürfte eine Veräußerung von Immobilien in Aussetzungsphase 2 zu einem Preis von mehr als fünf Prozent unterhalb des gutachterlichen Verkehrswerts jedenfalls nicht zulässig sein.

Die vom Gesetzgeber in der am 8. April 2011 in Kraft getretenen Neufassung des § 81 Abs. 1 bis 3 InvG festgelegten Untergrenzen dürften grundsätzlich bei

---

48 *Schultz-Süchting* in: Emde/Dornseifer/Dreibus/Hölscher, InvG, 2013, § 81 Rdn. 11.
49 BT-Drucks. 17/3628 S. 28.
50 BGBl. I 2007, S. 3089.
51 *Baur*, Investmentgesetze, 2. Aufl., § 27 KAGG Rdn. 36; *Lindner-Figura* in: Brinkhaus/Scherer, KAGG, § 27 Rdn. 26; s. auch *Zöll* in: Beckmann/Scholtz/Vollmer, Investment, § 82 InvG Rdn. 14; *Schultz-Süchting* in: Emde/Dornseifer/Dreibus/Hölscher, InvG, 2013, § 81 Rdn. 11; *Paul*, Das neue Recht der offenen Immobilienfonds, in: Stärkung des Anlegerschutzes – Neuer Rechtsrahmen für Sanierungen, Bankrechtstag 2011, S. 31, 41; *Gringel* ZBB 2012, 106, 109.

allen nach dem 7. April 2011 erfolgten Veräußerungen einzuhalten sein, auch wenn die Rücknahme von Fondsanteilen bereits vorher ausgesetzt wurde und § 81 InvG n.F. nach der in § 145 Abs. 4 InvG enthaltenen Übergangsregelung erst ab 1. Januar 2013 oder noch später angewandt werden muss. Denn für die Auslegung des unbestimmten Begriffs „angemessene Bedingungen" in § 81 InvG Satz 3 und 6 InvG a.F. liefern die vom Gesetzgeber in § 81 InvG n.F. festgelegten Grenzen bedeutsame Anhaltspunkte. Diese dürfen bei Veräußerungen von Immobilien nach dem 7. April 2011 nicht ignoriert werden.

4.2.3 Veräußerung nach Inkrafttreten des § 257 KAGB am 22. Juli 2013

Das Kapitalanlagegesetzbuch enthält in § 257 KAGB eine Regelung der Aussetzung der Rücknahme von Anteilen, die Ähnlichkeiten mit § 81 InvG n.F. aufweist, eine Rücknahmeaussetzung aber nicht nur für 30 Monate, sondern für maximal 36 Monate zulässt. Bei § 257 KAGB sind nicht vier, sondern nur drei Phasen zu unterscheiden. In der ersten, 12 Monate umfassenden Phase der Rücknahmeaussetzung darf eine Veräußerung von Immobilien nur zu „angemessenen Bedingungen" erfolgen (§ 257 Abs. 1 Satz 2 KAGB). Unter Berücksichtigung der Absätze 2 und 3 des § 257, die § 81 Abs. 2 und 3 InvG n.F. nachgebildet sind, ist ebenso wie in der Phase 2 bei § 81 Abs. 1 Satz 2 und 3 InvG eine Veräußerung nur unwesentlich unterhalb des gutachterlichen Verkehrswertes zulässig. Dafür spricht wesentlich auch § 260 Abs. 1 Satz 1 KAGB, der an die Stelle des § 82 Abs. 1 Satz 1 InvG getreten ist und eine in den Anlagebedingungen vorgesehene Veräußerung von Immobilien zu einem Preis erlaubt, der den gutachterlichen Verkehrswert nicht oder nicht wesentlich unterschreitet. Aus den oben[52] dargelegten Gründen dürfte jedenfalls eine Veräußerung von Immobilien in der Aussetzungsphase 1 zu einem Preis von mehr als fünf Prozent unter dem gutachterlichen Verkehrswert nicht zulässig sein. In der anschließenden bis zum Ablauf des 24. Monats dauernden Phase 2 darf der Veräußerungserlös den gutachterlichen Verkehrswert um bis zu 10 Prozent unterschreiten (§ 257 Abs. 2 Satz 2 KAGB). In der letzten auf 12 Monate begrenzten Phase 3 ist ein Verkauf zu einem Preis, der bis zu 20 Prozent unter dem gutachterlichen Verkehrswert liegt, zulässig (§ 257 Abs. 2 Satz 2 KAGB).

52 4.2.2.

5 Veräußerung von Immobilien durch die Kapitalverwaltungsgesellschaft nach Kündigung der Verwaltung

5.1 Veräußerung von Immobilien in der Zeit bis zum 7. April 2011

Das Gesetz enthielt bis zum Inkrafttreten des Anlegerschutz- und Funktionsverbesserungsgesetz am 8. April 2011 keine besonderen Regelungen über die Aufgaben der Kapitalverwaltungsgesellschaft nach Kündigung des Verwaltungsvertrages. Eine Verpflichtung, alle Immobilien vor Ablauf der Kündigungsfrist zu veräußern, ist dem Investmentgesetz nicht zu entnehmen und nicht anzuerkennen.[53]

Die Pflicht der Kapitalverwaltungsgesellschaft zur Verwaltung des Immobilien-Sondervermögens im Interesse der Anleger berechtigte und verpflichtete sie allerdings dazu, Immobilien des Sondervermögens zu angemessenen Bedingungen zu veräußern. Dabei besteht zwischen dem Interesse der Anleger an einer möglichst schnellen Rückerlangung geleisteter Einlagen und einem möglichst hohen Verkaufserlös oftmals ein Spannungsverhältnis.[54] Die Aufgabe einer Kapitalverwaltungsgesellschaft besteht darin, beiden widerstreitenden Zielen der Anleger in möglichst großem Umfang gerecht zu werden.

Daraus ergibt sich einerseits, dass die Kapitalverwaltungsgesellschaft berechtigt ist, Fondsimmobilien auch zu Preisen unterhalb des vom Sachverständigenausschuss ermittelten Verkehrswerts zu veräußern. Dafür sprach insbesondere § 82 Abs. 1 Satz 1 InvG, der die Notwendigkeit einer Veräußerung zum Verkehrswert unter den Vorbehalt stellte, dass sie nicht gemäß § 81 InvG a.F. erfolge.[55] Andererseits haben Notverkäufe zu nicht mehr angemessenen Bedingungen zu unterbleiben.[56] Dafür spricht wesentlich, dass die Kapitalverwaltungsgesellschaft während des Laufs der Kündigungsfrist nicht wirklich unter einem hohen Verkaufsdruck steht, da sie nicht verpflichtet ist, alle Immobilien vor Ablauf der Frist zu veräußern, sondern dies nach deren Ablauf der Depotbank überlassen kann und darf.

53 *Gringel* ZBB 2012, 106, 111 f.

54 *Gringel* ZBB 2012, 106, 113.

55 *Klusak* in: Berger/Steck/Lübbehüsen, InvG, InvStG, 2010, § 81 InvG Rdn. 4.

56 Vgl. *Zöll* in: Beckmann/Scholtz/Vollmer, Investment, § 82 InvG Rdn. 6; *Klusak* in: Berger/Steck/Lübbehüsen, InvG, InvStG, § 81 InvG Rdn. 8; *Ortmann* ZfIR 2006, 229, 231.

Kapitalverwaltungsgesellschaften haben danach Anlass, zur Vermeidung von Haftungsrisiken nicht hemdsärmelig, sondern behutsam vorzugehen und in jedem Einzelfall abzuwägen, ob den Interessen der Anleger durch eine (zügige) Veräußerung unter Hinnahme eines erheblichen Abschlags auf den gutachterlichen Verkehrswert oder aber durch eine Zurückstellung der Veräußerung in Erwartung eines höheren Veräußerungserlöses besser gedient ist. Bedeutsam für die Abwägung sind dabei die seit der Rücknahmeaussetzung vergangene Zeit und die Restlaufzeit der Kündigungsfrist.

Zu berücksichtigen sein wird beim Verkauf von Immobilien aber auch der prozentuale Spread zwischen dem Nettoinventarwert eines Fondsanteils und dem aktuellen niedrigeren Börsenkurs. Der Börsenkurs gibt Auskunft darüber, wie hoch – in der Regel gut informierte – Marktteilnehmer das Risiko einschätzen, bei der Veräußerung des gesamten verbliebenen Immobilienportfolio die von den Bewertern festgestellten Verkehrswerte, die in den Nettoinventarwert eingeflossen sind, nicht erzielen zu können. Gegen eine Berücksichtigung des Börsenkurses kann nicht mit Erfolg eingewandt werden, es handele sich um einen rein spekulativen Wert, die Börse habe keineswegs immer Recht. Dies trifft zwar zu, ist in diesem Zusammenhang aber nicht von maßgeblicher Bedeutung. Denn der aktuelle Börsenkurs markiert den Betrag, zu dem Anleger, die Liquidität benötigen oder daran vorrangig interessiert sind, ihre Fondsanteile veräußern können. Eine Kapitalverwaltungsgesellschaft, die die Interessen der Anleger wahrzunehmen hat, darf das gesamte verbliebene Immobilienportfolio deshalb nicht in einem Vertrag zu einem Gesamtpreis veräußern, der bei Berücksichtigung des übrigen Fondsvermögens unter dem Börsenkurswert alle ausgegebenen Fondsanteile liegt. Das gilt besonders, da der Erlös aus der Veräußerung von Immobilien in aller Regel durch Vorfälligkeitsentschädigungen bei der Ablösung von Immobilienkrediten, Maklerprovisionen, Rechtsberatungs- und Transaktionskosten deutlich gemindert wird.

Beachtlich, aber nicht in gleicher Weise bedeutsam sind der Börsenkurs und der angesprochene Spread auch bei der Veräußerung eines Teils der Immobilien durch die Kapitalverwaltungsgesellschaft. Insoweit ist ohne weiteres denkbar, dass das für die Veräußerung zusammengestellte Portfolio nur oder überwiegend aus Objekten besteht, die bezogen auf das Portfolio der noch zum Fondsvermögen gehörenden Immobilien unterdurchschnittlich marktgängig sind. In einem solchen Fall markiert der prozentuale Spread zwischen Nettoinventarwert und Börsenkurs eines Fondsanteils nicht die Obergrenze für einen zulässigen prozentualen Abschlag auf den gutachterlichen Gesamtverkehrswert der im Portfolio enthaltenen veräußerten Immobilien. Allerdings muss die Kapitalverwaltungsgesellschaft in einem solchen Fall in der Lage sein, schlüssig darzulegen, dass das veräußerte Portfolio nur oder überwiegend aus Objekten besteht, die nur unterdurchschnittlich marktgängig sind. Entsprechendes gilt, wenn die Kapitalverwaltungsgesellschaft in einem Vertrag nur eine einzelne Immobilie veräußert.

5.2 Veräußerung von Immobilien in der Zeit nach dem 7. April 2011

Mit Inkrafttreten des Anlegerschutz- und Funktionsverbesserungsgesetzes am 8. April 2011 sind u.a. § 81a und § 81b InvG n.F. in das Investmentgesetz eingefügt worden. Nach § 81a Abs. 2 InvG n.F. ist die Kapitalverwaltungsgesellschaft, die die Verwaltung eines Immobilien-Sondervermögens gekündigt hat, bis zum Erlöschen ihres Verwaltungsrechts berechtigt und verpflichtet, in Abstimmung mit der Depotbank sämtliche Immobilien des Sondervermögens „zu angemessenen Bedingungen oder mit Einwilligung der Anleger gemäß § 81b InvG zu veräußern." Der im Gesetzeswortlaut nicht näher definierte Begriff der „angemessenen Bedingungen" hat einen Bezug zu dem vom Sachverständigenausschuss festgelegten gutachterlichen Verkehrswert, der gemäß § 82 Abs. 1 Satz 1 InvG an sich den Mindestpreis beim Verkauf vorgibt.[57] Für diese Sicht sprechen insbesondere § 81 Abs. 2 Satz 2 und Abs. 3 Satz 2 InvG n.F. In diesen Bestimmungen wird jeweils ausdrücklich auf den gutachterlichen Verkehrswert gemäß § 82 Abs. 1 Satz 1 InvG verwiesen und gestattet, Fondsimmobilien unter bestimmten Voraussetzungen zu Preisen zu veräußern, die diesen Wert um bis zu 10 bzw. bis zu 20 Prozent unterschreiten.

Auf diese Regelung wird in der Begründung des Gesetzentwurfs zum Anlegerschutz- und Funktionsverbesserungsgesetz zu § 81a Abs. 2 InvG[58] Bezug genommen. Darin heißt es u.a.: „Das Interesse der Anleger ist ... somit ab dem Zeitpunkt der Kündigung regelmäßig auf die möglichst zügige Auszahlung eines höchstmöglichen Liquidationserlöses gerichtet. ... Die Wertungen des § 81 Abs. 2 und 3 sind auch hier zu berücksichtigen. Verkäufe unterhalb dieser Werte können auf Basis der Gläubigerbeteiligung ... erfolgen".

Daraus ergibt sich, dass sich die Kapitalverwaltungsgesellschaft bei einer Veräußerung von Immobilien an den in § 81 InvG bzw. jetzt in § 257 KAGB genannten Wertgrenzen orientieren muss und eine Veräußerung unterhalb dieser Grenzen grundsätzlich nur unter Beteiligung der Anleger erfolgen soll.[59] § 81b Abs. 1 Satz 1 InvG n.F., jetzt § 259 Abs. 1 Satz 1 KAGB, ermöglicht mit Einwilli-

57 *Schultz-Süchting* in: Emde/Dornseifer/Dreibus/Hölscher, InvG, § 81a Rdn. 6
58 BT-Drucks. 17/3628 S. 29.
59 *Patzner/Döser/Kempf*, Investmentrecht, 2012, § 81a Rdn. 2.

gung der einfachen Mehrheit der Anleger bei einem Quorum von mindestens 30 Prozent der Stimmrechte einen Notverkauf von Immobilien zu nicht angemessenen Bedingungen. Von einer Beteiligung der Anleger nach § 81b InvG n.F. bei über 20 Prozent hinausgehenden Abschlägen auf den gutachterlichen Verkehrswert wird die Kapitalverwaltungsgesellschaft allerdings in begründeten Ausnahmefällen absehen dürfen.[60] Aus den in § 81 InvG n.F. genannten Wertgrenzen wird man unter Berücksichtigung des § 81a Abs. 2 InvG n.F. entnehmen können, dass eine Veräußerung mit einem Abschlag von mehr als 25 Prozent auf den aktuellen gutachterlichen Verkehrswert bedenklich und eine solche mit einem Abschlag von mehr als 30 Prozent grundsätzlich als unzulässig anzusehen ist, es sei denn, der gutachterlich festgestellte Verkehrswert ist nachweislich falsch.

Das Gesagte muss grundsätzlich bei allen nach dem 7. April 2011 erfolgten Veräußerungen gelten, auch wenn die Rücknahme von Fondsanteilen bereits vorher ausgesetzt wurde und § 81a InvG n.F. nach der in § 145 Abs. 4 InvG enthaltenen Übergangsregelung erst ab 1. Januar 2013 oder noch später angewandt werden muss. Denn die in § 81 InvG n.F. festgelegten Grenzen und die darin enthaltenen Wertungen dürfen bei Veräußerungen von Immobilien nach dem 7. April 2011 nicht unbeachtet bleiben.[61]

Wenn eine Kapitalverwaltungsgesellschaft diese Grenzen überschreiten möchte, erscheint es, jedenfalls wenn die Ermittlung des Verkehrswerts durch den Sachverständigenausschuss mehr als ein halbes Jahr zurückliegt, unbedingt ratsam, den Sachverständigenausschuss vor Abschluss des Vertrages über die Veräußerung einer Immobilie um ein aktuelles Verkehrswertgutachten zu bitten.[62] Die Einholung eines Gutachtens eines Sachverständigen, den die Kapitalverwaltungsgesellschaft möglicherweise mit Rücksicht auf das gewünschte Ergebnis des Wertgutachten gezielt ausgesucht und informiert hat, kann eine Neubewertung durch den Sachverständigenausschuss nicht ersetzen.

Auch eine Veräußerung von Immobilien zu Preisen innerhalb der vorgenannten Abschlagsgrenzen kann pflichtwidrig sein, wenn die Kapitalverwaltungsgesellschaft eine Immobilie nicht bestmöglichst veräußert. Dies kann insbesondere

---

60 So *Schultz-Süchting* in: Emde/Dornseifer/Dreibus/Hölscher, InvG, 2013, § 81a Rdn. 6 a.E. mit zwei Beispielsfällen

61 Nach der Allgemeinverfügung der BaFin vom 27. November 2011 (WA 42-Wp 2136-2012/0036), abgedruckt in WA 42-Wp 2136-2012/0039, abgedruckt in Beckmann/Scholtz/Vollmer, Investment, 412, Nr. 101, S. 890, haben Kapitalverwaltungsgesellschaften beabsichtigte Veräußerungen von Fondsimmobilien an dieselbe Gesellschaft für Rechnung eines anderen offenen Immobilienfonds sowie an Mutter-, Schwester- oder Tochterunternehmen außerdem der BaFin rechtzeitig anzuzeigen.

62 Vgl. *Ortmanns* ZfIR 2006, 229, 231.

in Betracht kommen, wenn der prozentuale Abschlag auf den aktuellen gutachterlichen Verkehrswert höher ist als der prozentuale Spread zwischen dem Nettoinventarwert eines Fondsanteils und dem aktuellen Börsenkurs.[63]

5.3 Veräußerung von Immobilien nach Inkrafttreten des KAGB am 22. Juli 2013

Das Kapitalanlagegesetzbuch enthält in §§ 258 und 259 KAGB eine den §§ 81a und 81b InvG n.F. entsprechende Regelung. Danach ist eine Veräußerung vorbehaltlich des § 257 KAGB nur zulässig, wenn die Gegenleistung den gemäß § 249 Abs. 1 KAGB von zwei unabhängigen Bewertern ermittelten Verkehrswert nicht oder nicht wesentlich unterschreitet (§ 260 Abs. 1 Satz 1 KAGB). Der Begriff „angemessene Bedingungen" hat in § 258 Abs. 2 KAGB dieselbe Bedeutung wie in der inhaltsgleichen Norm des § 81 a Abs. 2 InvG n.F. Hier wie dort sind die Wertungen des § 257 Abs. 2 und 3 KAGB zu berücksichtigen. Da nach § 257 Abs. 3 Satz 2 KAGB im Zeitraum vom 25. bis zum 36. Monat nach der Rücknahmeaussetzung eine Veräußerung mit einem Abschlag von bis zu 20 Prozent auf den gutachterlichen Verkehrswert zulässig ist, muss dies nach Ablauf des 36. Monats erst Recht gelten.

Der Erhöhung der zulässigen Abschläge mit zunehmender Dauer der Rücknahmeaussetzung lässt sich entnehmen, dass die Interessen der rückgabewilligen Anleger nach dem Willen des Gesetzgebers zunehmend stärker berücksichtigt werden sollen, d.h. sich die Angemessenheit der Bedingungen von Veräußerungen mit zunehmender Dauer der Kündigungsfrist verändern kann.[64] Da jeder Anleger nach § 257 Abs. 3 Satz 3 KAGB 36 Monate nach der Rücknahmeaussetzung die Auszahlung seines Anteils am Sondervermögen verlangen kann, kann insbesondere vor dem nahenden Ende der Kündigungsfrist eine Veräußerung mit einem über 20 Prozent hinausgehenden Abschlag auf den gutachterlichen Verkehrswert angemessen sein. Denn durch eine solche Veräußerung wird vermieden, dass die Immobilie nach § 100 Abs. 1 Satz 1 KAGB auf die Depotbank übergeht und damit Grunderwerbssteuer in Höhe von 3,4 % des Verkehrswerts anfällt, die zu Lasten der Anleger geht. Auf der anderen Seite wird aber auch zu berücksichtigen sein, wenn durch eine Zurückstellung der Veräußerung vermie-

63 Dazu oben 5.1.

64 *Paul*, Das neue Recht der offenen Immobilienfonds, in: Stärkung des Anlegerschutzes – Neuer Rechtsrahmen für Sanierungen, Bankrechtstag 2011, S. 31, 42; *Gringel* ZBB 2012, 106, 109 f., 113.

den werden kann, dass bei kreditfinanzierten Immobilien eine erhebliche Vorfälligkeitsentschädigung anfällt.

Berücksichtigung finden darf grundsätzlich wohl auch, dass die Depotbank oft über keine oder wenig Erfahrung im Immobiliengeschäft verfügt und der zu erwartende Erlös bei einem Abverkauf durch sie deshalb möglicherweise geringer ausfällt.[65] Dies spielt allerdings keine Rolle, wenn sich abzeichnet, dass die Depotbank die Kapitalverwaltungsgesellschaft mit der weiteren Abwicklung des Fondsvermögens beauftragen wird, so dass diese auch kurz vor dem Ende ihres Verwaltungsrechts nicht unter einem besonders hohen Verkaufsdruck steht. Eine Pflicht der Kapitalverwaltungsgesellschaft, „sämtliche" Immobilien innerhalb der Kündigungsfrist zu „angemessenen Bedingungen" zu veräußern, ist häufig nicht erfüllbar und trotz des Wortlauts des § 258 Abs. 2 KAGB nicht anzuerkennen. Eine Veräußerung mit einem Abschlag von mehr als 25 Prozent auf den aktuellen gutachterlichen Verkehrswert erscheint auch hier bedenklich. Eine solche mit einem Abschlag von mehr als 30 Prozent wird grundsätzlich als unzulässig anzusehen sein, es sei denn, der gutachterlich festgestellte Verkehrswert ist nachweislich falsch.

6 Abwicklung des Immobilien-Sondervermögens nach dem Ende des Verwaltungsrechts der Kapitalverwaltungsgesellschaft durch die Depotbank

Besondere Vorschriften über die Abwicklung des nach § 100 Abs. 1 KAGB (früher § 39 Abs. 1 InvG) auf sie übergegangenen Immobilien-Sondervermögens enthalten weder das Investmentgesetz noch das Kapitalanlagegesetzbuch. § 100 Abs. 2 KAGB (früher § 39 Abs. 2 InvG) beschränkt sich auf die Statuierung der Pflicht der Depotbank, das Sondervermögen abzuwickeln und an die Anleger zu verteilen. Nach § 100 Abs. 3 Satz 1 KAGB (früher § 39 Abs. 3 Satz 1 InvG) kann die Depotbank mit Genehmigung der BaFin von der Abwicklung und Verteilung absehen und die Verwaltung des Sondervermögens einer anderen Kapitalverwaltungsgesellschaft übertragen. Angesichts einer fehlenden kodifizierten Regelung ist vieles ungeklärt.

---

65 *Schultz-Süchting* in: Emde/Dornseifer/Dreibus/Hölscher, InvG, 2013, § 81a Rdn. 6.

6.1 Umfang der Rechtsnachfolge

Das gilt zunächst einmal für die Frage, ob nur die aktiven, von der Kapitalverwaltungsgesellschaft für die Anleger treuhänderisch gehaltenen Vermögenswerte kraft Gesetzes im Wege der Rechtsnachfolge auf die Depotbank übergehen oder auch Verbindlichkeiten, die die Kapitalverwaltungsgesellschaft für Rechnung des Fonds-Sondervermögens eingegangen ist. Da sich die Aufgabe der Depotbank nach § 100 Abs. 2 KAGB auf die Abwicklung des Sondervermögens beschränkt, der Investmentvertrag der Kapitalverwaltungsgesellschaft mit den Anlegern erloschen und die Depotbank zur Verwaltung des Sondervermögens nicht befugt ist, ist mit der herrschenden Meinung davon auszugehen, dass solche Schulden nicht auf die Depotbank übergehen. Es ist vielmehr Sache der Kapitalverwaltungsgesellschaft, die Verbindlichkeiten zu erfüllen und alsdann einen aus dem Sondervermögen zu erfüllenden Aufwendungsersatzanspruch geltend zu machen.[66]

6.2 Anwendbares Abwicklungsrecht

Streitig ist weiter, ob und welche Bestimmungen aus Gesetzen außerhalb des Investmentgesetzes bzw. des Kapitalanlagegesetzbuchs analog herzuziehen sind, wenn es um die Rechte und Pflichten der Depotbank bei der Abwicklung des auf sie übergegangenen Fondssondervermögens geht. Ein Teil der Literatur[67] befürwortet eine Heranziehung von Rechtsgedanken des § 264 AktG über die Abwicklung einer aufgelösten Aktiengesellschaft. Ein anderer Teil[68] möchte §§ 749 ff. BGB über die Aufhebung einer Bruchteilsgemeinschaft und, soweit diese

---

66 *Canaris*, Bankvertragsrecht, 2. Aufl., Rdn. 2478; *Schödermeier/Ba*ltzer in: Brinkhaus/Scherer, KAGG, 2003, § 14 Rdn. 3; *Beckmann* in: Beckmann/Scholtz/Vollmer, Investment, § 39 InvG Rdn. 8; *Gutsche* in: Emde/Dornseifer/Dreibus/Hölscher, InvG, 2013, § 39 Rdn. 6; *Schmitz* in: Berger/Steck/Lübbehüsen, InvG, InvStG, 2010, § 39 InvG Rdn. 8; a.A. *Baur*, Investmentgesetze, 2. Aufl., § 14 KAGG Rdn. 1.

67 *Siara/Tormann*, KAGG, 1957, § 13 Anm. II; *Beckmann* in: Beckmann/Scholtz/Vollmer, Investment, § 39 InvG Rdn. 15; *Schmitz* in: Berger/Steck/Lübbehüsen, InvG, InvStG, 2010, § 39 InvG Rdn. 11.

68 *Canaris*, Bankvertragsrecht, 2. Aufl., Rdn. 2479; *Schödermeier/Ba*ltzer in: Brinkhaus/Scherer, 2003, KAGG, § 14 Rdn. 5; *Baur/Ziegler* in: Hellner/Steuer, BuB, Rdn. 9/293; *Gutsche* in: Emde/Dornseifer/Deribus/Hölscher, InvG, 2013, § 39 Rdn. 10; *Reiss*, Pflichten der Kapitalverwaltungsgesellschaft und der Depotbank gegenüber dem Anleger und die Rechte des Anlegers bei Pflichtverletzungen, 2006, S. 171.

Vorschriften keine adäquate Lösung bieten, §§ 731 ff. BGB über die Auseinandersetzung des Vermögens einer BGB-Gesellschaft analog anwenden.

Beide Ansichten überzeugen nicht. Es handelt sich um mehr oder weniger unbehelfliche akademisch geprägte Versuche, unpassende Bestimmungen heranzuziehen. Ein Immobiliensondervermögen ist kein rechtsfähiges, einer Aktiengesellschaft vergleichbares Gebilde. Die Anleger bilden in Bezug auf das Fondssondervermögen auch weder eine Bruchteilsgemeinschaft noch eine Gesamthandsgemeinschaft. Eigentümerin aller Fondsimmobilien war zunächst allein die Kapitalverwaltungsgesellschaft und ist nach Übergang des Sondervermögens allein die Depotbank. Für die in § 753 Abs. 1 Satz 1 BGB bei Grundstücken vorgesehene Zwangsversteigerung besteht keinerlei Anlass. Sie widerspricht zudem dem Interesse der Anleger augenfällig. Auch auf eine Bruchteilsgemeinschaft aller Anleger an den schuldrechtlichen Ansprüchen aus dem Treuhandverhältnis mit der Kapitalverwaltungsgesellschaft kann nicht abgestellt werden,[69] da eine solche Gemeinschaft jedenfalls mit dem Wirksamwerden der Kündigung des Investmentvertrages durch die Kapitalverwaltungsgesellschaft nicht mehr besteht. Die Rechte und Pflichten der Depotbank müssen danach anhand des Zwecks der von ihr nach § 100 Abs. 2 KAGB (früher § 39 Abs. 2 InvG) geschuldeten Abwicklung entwickelt werden.

6.3 Rechte und Pflichten der Depotbank bei der Abwicklung

Aufgabe der Depotbank ist es nach §§ 100 Abs. 2 KAGB (früher § 39 Abs. 2 InvG), ein aus Geldmitteln bestehendes verteilungsfähiges Vermögen herzustellen oder gemäß § 100 Abs. 3 KAGB (früher § 39 Abs. 3 InvG) mit Zustimmung der BaFin eine andere Kapitalverwaltungsgesellschaft mit der Verwaltung des Sondervermögens zu beauftragen.

6.3.1 Einziehung und Erfüllung von Forderungen

Zu diesem Zweck muss die Depotbank etwaige zum Sondervermögen gehörende Ansprüche geltend machen und durchsetzen sowie Verbindlichkeiten, etwa Aufwendungsersatzansprüche der Kapitalverwaltungsgesellschaft, aus dem Sondervermögen befriedigen.[70]

---

69 So aber *Gringel* ZBB 2012, 106, 114.

70 *Zöll* in: Beckmann/Scholtz/Vollmer, Investment, § 258 KAGB Rdn. 11; *Gutsche* in: Emde/

6.3.2 Veräußerung aller Immobilien

6.3.2.1 Veräußerungspreis

Zur Schaffung eines verteilungsfähigen Vermögens ist sie ferner berechtigt, sämtliche Immobilien des Fondssondervermögens zu veräußern. Dabei ist sie nicht gehalten, Immobilien unter Orientierung an den nur für Kapitalverwaltungsgesellschaften geltenden §§ 257 und 258 KAGB, früher §§ 81 und 81a InvG n.F., nur zu „angemessenen Bedingungen" im Sinne dieser Bestimmungen zu veräußern.[71] Da sie das Immobiliensondervermögen aber treuhänderisch für die Anleger hält, muss sie sich bei der Veräußerung aber an deren Interesse, einen möglichst großen Teil des von ihnen investierten Kapitals zurückzuerhalten, orientieren und die Immobilien in dem zur Verfügung stehenden Abwicklungszeitraum zum bestmöglichen, am Markt realisierbaren Verkaufspreis veräußern. Sie wird bei einer Veräußerung den aktuellen gutachterlichen Verkehrswert der Immobilie zwar zur Kenntnis zu nehmen haben, kann aber ganz erhebliche Abschläge akzeptieren. Insoweit ist zu berücksichtigen, dass seit der Rücknahmeaussetzung und der Kündigung der Verwaltung durch die Kapitalverwaltungsgesellschaft inzwischen einige Jahre vergangen sind und es der Kapitalverwaltungsgesellschaft nicht gelungen ist, die Restimmobilien des Fonds zu veräußern. Da die marktgängigen Immobilien erfahrungsgemäß längst verkauft wurden, handelt es sich bei den noch im Fondsvermögen verbliebenen Immobilien um eine Negativauswahl. Weiteren Vorgaben im Hinblick auf die Höhe des zu erzielenden Erlöses etwa in Relation zum letzten festgestellten Verkehrswert unterliegt die Depotbank nicht.[72]

6.3.2.2 Veräußerungszeitraum

Einen bestimmten feststehenden Zeitraum für die Veräußerung aller Immobilien durch die Depotbank gibt es nicht.[73] Die Depotbank wird sich insoweit mit der BaFin ins Benehmen setzen. Diese wird bei dem ins Auge zu fassenden Abwicklungszeitraum berücksichtigen, wie lange es den Anlegern aufgrund einer Aussetzung der Rücknahme sowie des Lauf der Frist für die Kündigung der Verwaltung durch die Kapitalverwaltungsgesellschaft schon nicht mehr möglich war, Anteile

---

Dornseifer/Dreibus/Hölscher, InvG, 2013, § 39 Rdn. 13; *Baur/Ziegler* in: Hellner/Steuer, BuB, Rdn. 9/293; *Schmitz* in: Berger/Steck/Lübbehüsen, InvG, InvStG, 2010, § 39 InvG Rdn. 11.

71 A.A. *Gringel* ZBB 2012, 106, 114.

72 So Auslegungsentscheidung der BaFin zu § 39 Abs. 2 InvG, Schreiben vom 27. November 2012 WA 42-Wp 2136-2012/0039, abgedruckt in Beckmann/Scholtz/Vollmer, Investment, 412, Nr. 99, S. 887.

73 *Gringel* ZBB 2012, 106, 115.

zurückzugeben. Je länger dieser Zeitraum ist, desto kürzer wird der Abwicklungszeitraum für die Depotbank zu bemessen sein.[74] Nach einem Schreiben der BaFin vom 27. November 2012[75] zur Auslegung des § 39 Abs. 2 InvG sollen alle Immobilien binnen drei Jahren von der Depotbank veräußert werden. Über eine Frist für die Liquidation des dann vorhandenen Barvermögens des Fonds verhält sich das Schreiben der BaFin nicht. Aus Sicht der Depotbanken ist es gerechtfertigt, den Fonds erst nach Ablauf der beim Verkauf von Immobilien bestehenden zivilrechtlichen Gewährleistungspflichten endgültig aufzulösen.

6.3.2.3 Einschaltung Dritter bei der Veräußerung

Bei der Veräußerung der noch im Sondervermögen vorhandenen Immobilien steht die Depotbank vor besonderen Herausforderungen, da sie, insbesondere wenn das Vermögen aus Immobilien verschiedenster Art in ausländischen Staaten besteht, regelmäßig nicht die erforderliche Expertise für eine Veräußerung zum bestmöglichen Preis haben wird. Das gilt auch unter Berücksichtigung des § 26 Abs. 1 Nr. 3 InvG (jetzt § 84 Abs. 1 Nr. 3 KAGB), wonach Veräußerungen von Immobilien durch die Kapitalverwaltungsgesellschaft der Zustimmung der Depotbank bedürfen. Diese hat deshalb im Rahmen der vorzunehmenden Rechtmäßigkeitskontrolle zwar stets zu prüfen, ob die Veräußerung zu „angemessenen Bedingungen" i.S. der §§ 257, 258 Abs. 1 und 260 Abs. 1 KAGB (früher §§ 81, 81a Abs. 1 und 82 Abs. 1 InvG) erfolgt. Dies erfordert aber keine besonderen Erfahrungen beim Kauf- und Verkauf von Immobilien und grundsätzlich auch keine vertieften Immobilienmarktkenntnisse, da sich die Depotbank bei ihrer Prüfung an dem jeweils vorliegenden aktuellen Gutachten des Sachverständigenausschusses bzw. der Bewerter über den Verkehrswert der betreffenden Immobilie orientieren kann.

6.3.2.3.1 Auslagerung der Abwicklungsaktivitäten

Es stellt sich danach die Frage, ob die Depotbank nach Übergang des restlichen Immobiliensondervermögens auf sie gemäß § 100 Abs. 1 KAGB (früher § 39 Abs. 1 InvG) die Abwicklung auf Dritte auslagern kann. Nach § 25b Abs. 1 KWG in der ab

---

74 Vgl. *Gutsche* in: Emde/Dornseifer/Dreibus/Hölscher, InvG, 2013, § 39 Rdn. 14 unter Hinweis auf ein Schreiben der BaFin an den BVI vom 29. Juni 2011.

75 WA 42-Wp 2136-2012/0039, abgedruckt in Beckmann/Scholtz/Vollmer, Investment, 412, Nr. 99, S. 887.

4. September 2013 geltenden Fassung[76] (früher § 25a Abs. 2 KWG) sind Kreditinstitute unter den dort genannten Voraussetzungen berechtigt, bestimmte Aktivitäten auf ein anderes Unternehmen auszulagern. Dies erlaubt auch die Auslagerung von Aktivitäten zur Veräußerung von Immobilien.[77] Allerdings muss sich die Depotbank die Entscheidung, ob und zu welchem Preis eine Immobilie verkauft wird, vorbehalten. Nach § 84 Abs. 1 Nr. 3 KAGB (früher § 26 Abs. 1 Nr. 3 InvG) ist die Wirksamkeit der Veräußerung einer Immobilie durch die Kapitalverwaltungsgesellschaft von der Zustimmung der Depotbank abhängig. Diese trägt also schon bei der Verwaltung des Immobilien-Sondervermögens durch die Kapitalverwaltungsgesellschaft Verantwortung bei der Veräußerung von Immobilien. Das muss erst recht gelten, nachdem das Sondervermögen auf die Depotbank übergegangen und sie für die Veräußerung allein zuständig ist. Die Haftung etwa für eine rechtswidrige Veräußerung von Immobilien zu einem unvertretbar niedrigen Verkaufspreis verbleibt auch nach Auslagerung bei der Depotbank (§ 25b Abs. 2 Satz 2 KWG, früher § 25a Abs. 2 Satz 5 KWG a.F.).

Als Auslagerungsunternehmen kommt nicht zuletzt auch die Kapitalverwaltungsgesellschaft in Betracht, die das Immobilien-Sondervermögen bis zum Übergang auf die Depotbank verwaltet hat.[78] Denn sie kennt die zu veräußernden Immobilien am besten und hat außerdem Erfahrungen mit der Veräußerung von Immobilien. Eine Auslagerung auf sie wird mangels Eignung allerdings nicht in Betracht kommen, wenn sie durch eine Veräußerung von Immobilien während der Dauer der Rücknahmeaussetzung oder der Kündigungsfrist zu unangemessenen Bedingungen auffällig geworden ist. Dass die vorgenannte Kapitalverwaltungsgesellschaft zur Übernahme von Veräußerungsaktivitäten für die Depotbank berechtigt ist, steht angesichts der Regelung des § 20 Abs. 3 Nr. 1 KAGB (früher § 7 Abs. 2 InvG) außer Frage.

---

76 BGBl. I S. 3395.

77 Anlage zum Rundschreiben 6/2010 (WA) der BaFin vom 2. Juli 2010 zu den Aufgaben und Pflichten der Depotbank nach §§ 20 ff. InvG, abgedruckt in Beckmann/Scholtz/Vollmer, Investment, 412, Nr. 85, S. 722, 750; Auslegungsentscheidung der BaFin zu § 39 Abs. 2 InvG, Schreiben vom 27. November 2012 WA 42-Wp 2136-2012/0039, abgedruckt in Beckmann/Scholtz/Vollmer, Investment, 412, Nr. 99, S. 887.

78 Auslegungsentscheidung der BaFin zu § 39 Abs. 2 InvG, Schreiben vom 27. November 2012 WA 42-Wp 2136-2012/0039, abgedruckt in Beckmann/Scholtz/Vollmer, Investment, 412, Nr. 99, S. 887; *Reiter/Plumridge* WM 2012, 388, 394 Fn. 125.

6.3.2.3.2 Beratung durch Dritte

An Stelle einer Auslagerung der Veräußerungsaktivitäten kann sich die Depotbank selbstverständlich auch damit begnügen, sich bei der Veräußerung beraten zu lassen. Als Berater kommen neben der früher für die Verwaltung zuständigen Kapitalverwaltungsgesellschaft Immobilienunternehmen oder Immobilienmakler in Betracht.

6.3.3 Vergütung und Aufwendungsersatz

Über die Vergütung und einen Aufwendungsersatzanspruch der Depotbank enthalten das Kapitalanlagegesetzbuch und das Investmentgesetz keine Regelung. Der Vergütungs- und Aufwendungsersatzanspruch der Depotbank können und sollten im Depotvertrag zwischen der Kapitalverwaltungsgesellschaft und der Depotbank geregelt werden.[79] Das Erlöschen des Verwaltungsrechts der Kapitalverwaltungsgesellschaft führt nicht zum Erlöschen des Depotbankvertrags. Die Depotbank muss ihre sich daraus sowie aus gesetzlichen Vorschriften ergebenden Aufgaben und Verpflichtungen vielmehr weiterhin wahrnehmen, soweit sie nicht durch das Erlöschen des Verwaltungsrechts der Kapitalverwaltungsgesellschaft obsolet geworden sind.[80] Dafür kann sie weiterhin die vertraglich festgelegte Vergütung, die regelmäßig in § 21 Abs. 2 der Allgemeinen Vertragsbedingungen für Immobilien-Sonderfonds geregelt ist, sowie den Ersatz erforderlicher Aufwendungen etwa für Beratungs- oder Maklerleistungen verlangen.[81] Dass der Investmentvertrag zwischen der Kapitalverwaltungsgesellschaft und den Anlegern durch Kündigung erloschen ist, ändert nichts. Es ist nämlich zu berücksichtigen, dass zwischen den Anlegern und der Depotbank, wie oben[82] dargelegt, ein gesetzliches Schuldverhältnis besteht, das vom Bestand des Investmentvertrages unabhängig ist.[83] Da das Verwaltungsrecht der Kapitalverwaltungsgesellschaft

79 Vgl. § 10 des Muster-Depotbankvertrags des BVI für Immobilien-Sondervermögen, abgedruckt in Beckmann/Scholtz/Vollmer, Investment, § 20 InvG Anh. 2.

80 *Beckmann* in: Beckmann/Scholtz/Vollmer, Investment, § 39 InvG Rdn. 12; *Schmitz* in: Berger/Steck/Lübbehüsen, InvG, InvStG, 2010, § 39 Rdn. 14.

81 *Schmitz* in: Berger/Steck/Lübbehüsen, InvG, InvStG, 2010, § 39 Rdn. 12.

82 2.2.3.

83 OLG Frankfurt, Urt. v. 19.12.1996 – 16 U 109/06, WM 1997, 364, 367; *Jakovou* in: Langenbucher/Bliesener/Spindler, Bankrechts-Kommentar, 2013, 39. Kapitel Rdn. 168; *Geibel* in: Derleder/Knops/Bamberger, Handbuch zum deutschen und europäischen Bankrecht, 2. Aufl., § 59 Rdn. 81 f.; *Baur/Ziegler* in: Hellner/Steuer, BuB, Rdn. 9/121; *Baur* in: Assmann/Schütze, Handbuch des Kapitalanlagerechts, 3. Aufl., § 20 Rdn. 223.

erloschen ist, darf die Depotbank die Beträge ohne deren Zustimmung aus dem Sondervermögen entnehmen.[84]

6.3.4 Sonstige Rechte und Pflichten

In den nach § 100 Abs.1 KAGB (früher § 39 Abs. 1 InvG) erloschenen Investmentvertrag zwischen der Kapitalverwaltungsgesellschaft und den Anlegern tritt die Depotbank nicht ein. Ein Recht zur Verwaltung des auf sie übergegangenen Immobilien-Sondervermögens hat sie nur, soweit dies zur sachgerechten Abwicklung erforderlich ist.[85] Nicht befugt ist sie danach zur Rücknahme von Fondsanteilen oder gar zur Ausgabe neuer Anteile.[86] Gleiches gilt grundsätzlich auch für den Erwerb neuer Vermögensgegenstände für das Immobilien-Sondervermögen.[87]

Die Depotbank ist auch nicht etwa zur Vermeidung von Haftungsrisiken berechtigt, den fortbestehenden Depotvertrag aus wichtigem Grund zu kündigen, weil ihr Geschäftsbetrieb personell und/oder sachlich auf die Veräußerung von Immobilien nicht eingerichtet ist und sie nicht über die dafür erforderlichen Kenntnisse verfügt.[88] Wer, wie eine Depotbank, Dienstleistungen übernimmt, hat – notfalls durch Inanspruchnahme der Hilfe Dritter – dafür zu sorgen, dass er in der Lage ist, diese Dienste zu erbringen.

Die Depotbank kann den Depotvertrag mit der Kapitalverwaltungsgesellschaft zwar ordentlich kündigen. Wegen des mit den Anlegern bestehenden gesetzlichen Schuldverhältnisses[89] wird sie dadurch von ihrer Verpflichtung, das verbliebene Immobilien-Sondervermögen treuhänderisch zu übernehmen und abzuwickeln, aber erst frei, wenn ein anderes Kreditinstitut diese Aufgabe übernommen hat.[90] Andernfalls würde die groteske Situation eintreten, dass für die

---

84 *Gringel* ZBB 2012, 106, 118.

85 *Beckmann* in: Beckmann/Scholtz/Vollmer, Investment, § 39 InvG Rdn. 20; *Gringel* ZBB 2012, 106, 115.

86 *Gutsche* in: Emde/Dornseifer/Dreibus/Hölscher, InvG, 2013, § 39 Rdn. 12; *Beckmann* in: Beckmann/Scholtz/Vollmer, Investment, § 39 InvG Rdn. 21; *Schmitz* in: Berger/Steck/Lübbehüsen, InvG, InvStG, 2010, § 39 Rdn. 12.

87 *Reiss*, Pflichten der Kapitalverwaltungsgesellschaft und der Depotbank gegenüber dem Anleger und die Rechte des Anlegers bei Pflichtverletzungen, 2006, S. 169.

88 S. aber *Paul*, Das neue Recht der offenen Immobilienfonds, in: Stärkung des Anlegerschutzes – Neuer Rechtsrahmen für Sanierungen, Bankrechtstag 2011, S. 31, 53.

89 Oben 2.2.3.

90 Vgl. *Geibel* in: Derleder/Knops/Bamberger, Handbuch zum deutschen und europäischen Bankrecht, 2. Aufl., § 59 Rdn. 74.

Abwicklung und Verteilung des Immobilien-Sondervermögens niemand mehr zuständig ist. Die Depotbank muss sich deshalb bis zur Übernahme der Aufgabe durch eine andere Depotbank um die Abwicklung des Sondervermögens weiterhin kümmern.[91] Andernfalls ist sie den Anlegern aus § 280 Abs. 1 BGB zum Ersatz ihres Schadens verpflichtet.[92]

Zu den aus dem Depotbankvertrag folgenden fortbestehenden Rechten und Pflichten der Depotbank gehört auch die Ermittlung des Wertes des Immobilien-Sondervermögens.[93] Gleiches gilt für die Geltendmachung von Ansprüchen der Anleger gegen die Kapitalverwaltungsgesellschaft gemäß § 89 Abs. 1 Nr. 1 KAGB (früher § 28 Abs. 1 Satz 1 Nr. 1 InvG).

7 Probleme bei der Verteilung der Erlöse aus der Veräußerung von Immobilien durch die Kapitalverwaltungsgesellschaft oder die Depotbank

Nach Veräußerung der Immobilien, Einziehung von Forderungen und Begleichung von Verbindlichkeiten, die im Zusammenhang mit dem Fondssondervermögen bestanden, hat die Depotbank das nunmehr vorhandene Barvermögen gemäß § 100 Abs. 2 KAGB (früher § 39 Abs. 2 InvG) nach Maßgabe ihrer Beteiligung an die einzelnen Anleger auszukehren. Dies hat Zug um Zug gegen Rückgabe der Fondsanteile zu erfolgen.[94] Probleme bereitet dies, wenn Inhaberanteilscheine in effektiven Stücken ausgegeben worden und die Inhaber der Scheine nicht bekannt sind. In diesen Fällen bleibt der Depotbank nichts anderes übrig, als den auf die Anteilscheine unbekannter Inhaber entfallenden Anteil am Barvermögen beim zuständigen Amtsgericht nach §§ 372 ff. BGB zu hinterlegen.[95]

---

91 Vgl. *Schödermeier/Baltzer* in Brinkhaus/Scherer, KAGG, 2003, § 12 Rdn. 32; *Reiss*, Pflichten der Kapitalverwaltungsgesellschaft und der Depotbank gegenüber dem Anleger und die Rechte des Anlegers bei Pflichtverletzungen, 2006, S. 162 f.

92 A.A. *Paul*, Das neue Recht der offenen Immobilienfonds, in: Stärkung des Anlegerschutzes – Neuer Rechtsrahmen für Sanierungen, Bankrechtstag 2011, S. 31, 53 f.

93 *Schmitz* in: Berger/Steck/Lübbehüsen, InvG, InvStG, 2010, § 39 Rdn. 14.

94 *Gutsche* in: Emde/Dornseifer/Dreibus/Hölscher, InvG, 2013, § 39 Rdn. 10; *Schmitz* in: Berger/Steck/Lübbehüsen, InvG, InvStG, 2010, § 39 Rdn. 13.

95 *Beckmann* in: Beckmann/Scholtz/Vollmer, Investment, § 39 InvG Rdn. 16; *Gutsche* in: Emde/Dornseifer/Dreibus/Hölscher, InvG, 2013, § 39 Rdn. 10.

8 Schadensersatzhaftung der Kapitalverwaltungsgesellschaft und der Depotbank im Zusammenhang mit der Veräußerung von Immobilien

8.1 Schadensersatzhaftung der Kapitalverwaltungsgesellschaft

8.1.1 Anspruchsgrundlagen

8.1.1.1 § 26 Abs. 2 Nr. 1 KAGB

Nach § 26 Abs. 2 Nr. 1 KAGB (vgl. früher § 9 Abs. 1 Satz 2 InvG) hat die Kapitalverwaltungsgesellschaft ihrer Tätigkeit mit der gebotenen Sachkenntnis, Sorgfalt und Gewissenhaftigkeit und redlich nachzugehen. Dabei handelt es sich nicht nur um die Festlegung des Haftungsmaßstabs, sondern um eine eigenständige Anspruchsgrundlage für Anleger.[96] Für ihre Organe haftet die Kapitalverwaltungsgesellschaft nach § 31 BGB, für Erfüllungsgehilfen nach § 278 BGB. Bei einer pflichtwidrigen Veräußerung von Immobilien kommt deshalb ein Schadensersatzanspruch des Anlegers aus § 26 Abs. 2 Nr. 1 KAGB in Betracht.[97]

8.1.1.2 § 280 Abs. 1 BGB

Nach § 280 Abs. 1 BGB haftet die Kapitalverwaltungsgesellschaft ferner wegen positiver Verletzung des mit ihnen bestehenden Investmentvertrages, wenn sie pflichtwidrig und schuldhaft Immobilien veräußert hat.[98]

---

96 *Baur/Ziegler* in: Hellner/Steuer, BuB, Rdn. 9/647; *Lenenbach*, Kapitalmarktrecht, 2. Aufl., Rdn. 14.101; alle zu § 9 Abs. 1 Satz 2 InvG.

97 Vgl. *Lenenbach*, Kapitalmarktrecht, 2. Aufl., Rdn. 14.100.

98 *Steck* in: Emde/Dornseifer/Dreibus/Hölscher, InvG, (2013) § 9 Rdn. 56; *Schmitz* in: Berger/Steck/Lübbehüsen, InvG, InvStG, 2010, § 43 Rdn. 18; *Köndgen/Schmies* in: Schimansky/Bunte/Lwowski, Bankrechts-Handbuch, 4. Aufl., § 113 Rdn. 138; *Geibel* in: Derleder/Knops/Bamberger, Handbuch zum deutschen und europäischen Bankrecht, 2. Aufl., § 59 Rdn. 13, 102; *Baur/Ziegler* in: Hellner/Steuer, BuB, Rdn. 9/647; *Beckmann* in: Beckmann/Scholtz/Vollmer, Investment, § 9 InvG Rdn. 512; *Lenenbach*, Kapitalmarktrecht, 2. Aufl., Rdn. 14.101.

8.1.2 Anspruchsvoraussetzungen

8.1.2.1 Objektiv pflichtwidrige Veräußerung von Immobilien

Zentral für einen Schadensersatzanspruch gegen die Kapitalverwaltungsgesellschaft im Zusammenhang mit der Veräußerung von Immobilien während der Aussetzung der Rücknahme von Fondsanteilen sowie nach Kündigung der Verwaltung ist die Antwort auf die Frage, ob der erzielte Verkaufspreis (noch) angemessen ist.

8.1.2.1.1 Unangemessenheit des Verkaufspreises während der Rücknahmeaussetzung

Bei Veräußerungen nach Inkrafttreten des Anlegerschutz- und Funktionsverbesserungsgesetzes am 8. April 2011 sind die in § 81 InvG n.F. festgelegten Grenzen für Abschläge auf den gutachterlichen Verkehrswert, nach Inkrafttreten des Kapitalanlagegesetzbuchs am 22. Juli 2013 die in § 257 KAGB bestimmten Abschläge für die Beurteilung der Angemessenheit des Verkaufspreises von entscheidender Bedeutung. In den ersten zwölf Monaten der Rücknahmeaussetzung ist danach[99] eine Veräußerung mit einem Abschlag von mehr als fünf Prozent unter dem gutachterlichen Verkehrswert, in den folgenden zwölf Monaten eine solche mit einem Abschlag von mehr als 10 Prozent und in der restlichen Aussetzungszeit eine solche mit einem Abschlag von mehr als 20 Prozent grundsätzlich pflichtwidrig. Eine Ausnahme muss gelten, wenn der gutachterlich ermittelte Verkehrswert nachweislich unrichtig ist. Dieser Nachweis obliegt der Kapitalverwaltungsgesellschaft.

8.1.2.1.2 Unangemessenheit des Verkaufspreises nach Kündigung der Verwaltung

Für Veräußerungen von Immobilien nach Kündigung der Verwaltung und nach dem 7. April 2011 enthält das Gesetz keine exakte Bestimmung des zulässigen Abschlags vom gutachterlichen Verkehrswert. Es gelten insoweit grundsätzlich die oben entwickelten Untergrenzen. Eine Veräußerung zu einem Preis darunter wird die Kapitalverwaltungsgesellschaft zu rechtfertigen haben. An einer Pflichtwidrigkeit mag es im Einzelfall fehlen können, wenn die Kündigungsfrist alsbald abläuft und dies von allen potentiellen Käufern erfahrungsgemäß ausgenutzt wird, den Kaufpreis für die noch im Fondsvermögen verbliebenen Immobilien zu

99 S. oben 4.2.2.

drücken.[100] Eine Verschleuderung ist aber auch dann pflichtwidrig, weil die Kapitalverwaltungsgesellschaft nicht gehalten ist, alle Immobilien bis zum Ablauf der Kündigungsfrist zu veräußern.

Ein weitergehender Ermessensspielraum der Kapitalverwaltungsgesellschaft, der ihr in den Grenzen der Vertragsbedingungen als unternehmerisch tätige Verwalterin des Fondsvermögens zuzubilligen ist,[101] ist nach Kündigung der Verwaltung nicht mehr anzuerkennen. Die Kapitalverwaltungsgesellschaft hat nunmehr nicht mehr auf ausreichend informierter Basis vorrangig unternehmerische Entscheidungen zur Mehrung des Fondsvermögens zu treffen. Ihre Hauptaufgabe besteht vielmehr jetzt darin, im Rahmen der oben genannten Abschlagsgrenzen auf den gutachterlichen Verkehrswert für die bestmögliche Veräußerung eines Großteils der Fondsimmobilien zu sorgen.

Wenn die oben genannten Grenzen für einen Abschlag auf den gutachterlichen Verkehrswert eingehalten sind, liegt eine pflichtwidrige Veräußerung einer Immobilie grundsätzlich nur dann vor, wenn der erzielte Verkaufspreis unter Berücksichtigung aller relevanten Umstände des Einzelfalles ex ante betrachtet objektiv nicht vertretbar ist. Dies darzulegen und nachzuweisen ist Sache des Anlegers. Dieser Nachweis wird nur sehr schwer zu führen sein, zumal der Anleger weder von den Bemühungen der Kapitalverwaltungsgesellschaft zur Veräußerung der Immobilien noch von den Verhandlungen, die letztendlich zur Veräußerung einer Immobilie geführt haben, Kenntnis hat.

8.1.2.2 Vertretenmüssen einer objektiv pflichtwidrigen Veräußerung von Immobilien

Bei der Beurteilung der Frage, ob die Kapitalverwaltungsgesellschaft bei der Veräußerung einer Immobilie zu einem niedrigen Preis ein Verschulden trifft, gilt ein objektivierter Verschuldensmaßstab.[102] Die Kapitalverwaltungsgesellschaft muss mit der Sorgfalt eines ordentlichen Kaufmanns handeln (§ 26 Abs. 2 Nr. 1 KAGB, früher § 9 Abs. 1 Satz 1 InvG). Die Darlegungs- und Beweislast für die Wahrung

---

100 *Paul*, Das neue Recht der offenen Immobilienfonds, in: Stärkung des Anlegerschutzes – Neuer Rechtsrahmen für Sanierungen, Bankrechtstag 2011, S. 31, 42 f.

101 *Steck* in: Emde/Dornseifer/Dreibus/Hölscher, InvG, 2013, § 9 Rdn. 23; *Schödermeier/Baltzer* in: Brinkhaus/Scherer, KAGG, 2003, § 10 Rdn. 13; *Reiss*, Pflichten der Kapitalverwaltungsgesellschaft und der Depotbank gegenüber dem Anleger und die Rechte des Anlegers bei Pflichtverletzungen, 2006, S. 243 f.

102 *Reiss*, Pflichten der Kapitalverwaltungsgesellschaft und der Depotbank gegenüber dem Anleger und die Rechte des Anlegers bei Pflichtverletzungen, 2006, S. 276.

der erforderlichen Sorgfalt trägt die Kapitalverwaltungsgesellschaft (§ 280 Abs. 1 Satz 2 BGB).[103]

8.1.2.3 Schaden und Kausalität

Der aus der schuldhaft pflichtwidrigen Veräußerung von Immobilien resultierende Schaden des einzelnen Anlegers besteht darin, dass er einen geringeren Betrag seines eingesetzten Kapitals im Rahmen der Abwicklung eines offenen Immobilienfonds zurückerhält als dies bei pflichtgemäßem Verhalten der Kapitalverwaltungsgesellschaft der Fall gewesen wäre. Die Höhe dieses Schadens kann, ausreichendes Vorbringen vorausgesetzt, gemäß § 287 Abs. 1 ZPO geschätzt werden.

8.1.3 Klageberechtigte

8.1.3.1 Depotbank

Nach § 89 Abs. 1 Satz 1 Nr. 1 KAGB (früher § 28 Abs. 1 Satz 1 Nr. 1 InvG) ist die Depotbank nicht nur berechtigt, sondern auch verpflichtet, Schadensersatzansprüche der Anleger in gesetzlicher Prozessstandschaft im eigenen Namen geltend zu machen. In der Praxis wird dies nur äußerst selten vorkommen. Kapitalverwaltungsgesellschaften und Depotbanken sind häufig konzernrechtlich verbunden oder haben sonst gemeinsame wirtschaftliche Interessen.[104] Es ist deshalb wichtig, dass § 89 Abs. 1 Satz 2 KAGB (früher § 28 Abs. 1 Satz 2 InvG) bestimmt, dass das vorgenannte Recht der Depotbank das Recht der Anleger zur Geltendmachung von Schadensersatzansprüchen gegen die Kapitalverwaltungsgesellschaft nicht ausschließt.

8.1.3.2 Anleger

Ob der einzelne Anleger seinen ihm entstandenen Schaden einklagen kann oder ob er nur im Wege der actio pro socio auf Leistung des Gesamtschadens in das Sondervermögen bzw. an die Gemeinschaft der Anleger klagen kann, ist streitig.

---

103 *Beckmann* in: Beckmann/Scholtz/Vollmer, Investment, § 9 Rdn. 512.

104 *Reiss*, Pflichten der Kapitalverwaltungsgesellschaft und der Depotbank gegenüber dem Anleger und die Rechte des Anlegers bei Pflichtverletzungen, 2006, S. 312; *Köndgen/Schmies* WM 2004 Sonderbeilage Nr. 1 S. 13; *Schmolke* WM 2007, 1907, 1910.

Das Oberlandesgericht Frankfurt[105] und ein Teil der Literatur[106] hält nur letzteres für möglich, da er einen Anspruch der Anlegergemeinschaft, der dieser als Bruchteilsgemeinschaft zustehe, geltend mache.[107] Ein anderer Teil des Schrifttums[108] ist demgegenüber der Ansicht, dass der einzelne Anleger den von der Kapitalverwaltungsgesellschaft verursachten Wertverlust seines Fondsanteils ersetzt verlangen und einklagen kann. Der Schaden entstehe mangels Rechtssubjektivität nicht beim Sondervermögen und treffe den Anleger auch nicht nur mittels seiner Mitberechtigung am Sondervermögen.[109]

Zu folgen ist der letztgenannten Ansicht. Die Anlegergemeinschaft ist weder eine Gesellschaft bürgerlichen Rechts noch eine Bruchteilsgemeinschaft. Die Pflichtverletzung der Kapitalverwaltungsgesellschaft betrifft zwar alle Investmentverträge, geht aber nicht aus der Verletzung von gemeinschaftlichen Rechten hervor. Verletzt wird jeweils der einzelne Investmentvertrag mit einem einzelnen Anleger. Der daraus resultierende Schadensersatzanspruch fällt dementsprechend weder unmittelbar noch im Wege der Surrogation in das Sondervermögen.[110] Auch ist die Schadensersatzforderung keineswegs unteilbar im Sinne des § 432 BGB.[111] Der Schadensersatzanspruch steht deshalb jedem einzelnen Anleger zu, geht auf Ersatz des Wertverlustes seines Anteils und kann von ihm durch eine Klage auf Leistung an sich geltend gemacht werden. Für diese Sicht spricht insbesondere auch die Betrachtung des Falles, dass ein Anleger den ein-

---

105 OLG Frankfurt, Urt. v. 19. 12. 1996 – 16 U 109/96, WM 1997, 364, 367 (für Klage gegen die Depotbank).

106 *Canaris*, Bankvertragsrecht, 2. Aufl., Rdn. 2437; *Lenenbach*, Kapitalmarktrecht, 2. Aufl., Rdn. 14.156; *Beckmann* in: Beckmann/Scholtz/Vollmer, Investment, § 28 InvG Rdn. 31, 36; *Alfes* in: Emde/Dornseifer/Dreibus/Hölscher, InvG, 2013, § 28 Rdn. 34 f.; *Schödermeier/Baltzer* in: Brinkhaus/Scherer, KAGG, 2003, § 12c Rdn. 18.

107 *Lenenbach*, Kapitalmarktrecht, 2. Aufl., Rdn. 14.156; *Beckmann* in: Beckmann/Scholtz/Vollmer, Investment, § 28 InvG Rdn. 8.

108 *Köndgen/Schmies* in: Schimansky/Bunte/Lwowski, Bankrechts-Handbuch, 4. Aufl., § 113 Rdn. 139; *Köndgen* in: Berger/Steck/Lübbehüsen, InvG, InvSt, 2010, § 28 InvG Rdn. 17; *Einsele*, Bank- und Kapitalmarktrecht, 3. Aufl., § 10 Rdn. 42; Baumbach/*Hopt*, HGB, 36. Aufl., BankGesch X; s. auch OLG Celle, Urt. v. 13. 5. 2009 – 3 U 137/08, WM 2009, 1652, 1655 für Sonderfall eines Spezialfonds mit nur einem Anleger.

109 *Köndgen/Schmies* in: Schimansky/Bunte/Lwowski, Bankrechts-Handbuch, 4. Aufl., § 113 Rdn. 139.

110 *Köndgen/Schmies* in: Schimansky/Bunte/Lwowski, Bankrechts-Handbuch, 4. Aufl., § 113 Rdn. 139; so auch *Alfes* in: Emde/Dornseifer/Dreibus/Hölscher, InvG, 2013, § 28 Rdn. 33.

111 *Geibel* in: Derleder/Knops/Bamberger, Handbuch zum deutschen und europäischen Bankrecht, 2. Aufl., § 59 Rdn. 102; *Jakovou* in: Langenbucher/Bliesener/Spindler, Bankrechts-Kommentar, 2013, 39. Kapitel Rdn. 172; a.A. *Beckmann* in: Beckmann/Scholtz/Vollmer, Investment, § 28 Rdn. 8, 12.

getretenen Wertverlust durch Veräußerung des Anteils an der Börse realisiert hat, er also nicht mehr zu einer wie auch immer gearteten Gemeinschaft der Anleger gehört. Ein solcher Anleger muss die Möglichkeit haben, seinen Wertverlust von der Kapitalverwaltungsgesellschaft ersetzt zu verlangen. Dies kann nur im Wege einer Individualklage auf Leistung an sich selbst geschehen. Nichts spricht dafür, dass Anleger, nur weil sie sich von ihren Anteilen noch nicht getrennt haben, schlechter stehen und nur im Wege der actio pro socio klagen können sollen. Hinzuweisen ist schließlich auch noch darauf, dass der Streitwert und damit verbunden das Prozesskostenrisiko des einzelnen am Sondervermögen nur mit einem geringen Anteil beteiligten Anlegers für ein Klage auf Ersatz des Gesamtschadens aller Anleger im Wege der actio pro socio so hoch wäre, dass die Kapitalverwaltungsgesellschaft selbst bei gröbsten Pflichtverletzungen so gut wie nie mit einer Klage rechnen müsste.[112]

8.2 Schadensersatzhaftung der Depotbank

8.2.1 Anspruchsgrundlage

Zwischen der Depotbank und den Anlegern besteht, wie oben[113] dargelegt, ein gesetzliches Schuldverhältnis. Im Falle einer schuldhaften Verletzung von Pflichten aus diesem Schuldverhältnis, ist sie den Anlegern aus § 280 Abs. 1 BGB schadensersatzpflichtig.[114]

8.2.2 Anspruchsvoraussetzungen

8.2.2.1 Zustimmung zu einer pflichtwidrigen Veräußerung von Immobilien durch die Kapitalverwaltungsgesellschaft

Aufgrund des genannten gesetzlichen Schuldverhältnisses ist die Depotbank den Anlegern pflichtet, die Kapitalverwaltungsgesellschaft zu überwachen.[115] Dazu gehört auch, einer rechtswidrigen Verfügung der Kapitalverwaltungsgesellschaft

112 Vgl. *Einsele*, Bank- und Kapitalmarktrecht, 3. Aufl., § 10 Rdn. 43; *Schmolke* WM 2007, 1909, 1915.

113 2.2.3.

114 OLG Frankfurt, Urt. v. 19.12.1996 – 16 U 109/06, WM 1997, 364, 367; *Gringel* ZBB 2012, 106, 115; s. auch *Jakovou* in: Langenbucher/Bliesener/Spindler, Bankrechts-Kommentar, 2013, 39. Kapitel Rdn. 171.

115 *Klaus Müller* DB 1975, 485, 488.

über eine Immobilie unter Hinnahme eines zu hohen Abschlags auf den gutachterlichen Verkehrswert die Zustimmung zu verweigern.[116] Wenn die Depotbank bei der Erteilung ihrer Zustimmung schuldhaft handelt, ist sie den Anlegern nicht nur nach § 280 Abs. 1 BGB, sondern auch nach § 823 Abs. 2 BGB i.V. mit § 84 Abs. 1 Nr. 3 KAGB (früher § 26 Abs. 1 Nr. 3 InvG) schadensersatzpflichtig; denn § 84 KAGB stellt ein Schutzgesetz zugunsten der Anleger dar.[117]

8.2.2.2 Pflichtwidrige Veräußerung von Immobilien durch die Depotbank

Weder das Kapitalanlagegesetzbuch noch das Investmentgesetz enthalten Vorschriften über die Angemessenheit des Verkaufspreises bei der Veräußerung von Immobilien durch die Depotbank. §§ 257 f. KAGB und §§ 81 und 81a InvG n.F. sind nicht analog anwendbar. Auch darin zum Ausdruck gekommene Rechtsgedanken spielen für die Depotbank keine Rolle. Der Depotbank ist bei der Beurteilung der Frage, ob ein Verkaufspreis einer Immobilie noch angemessen ist, ein weiter Ermessensspielraum einzuräumen.

Angesichts dessen liegt eine pflichtwidrige Veräußerung einer Immobilie durch die Depotbank nur dann vor, wenn der erzielte Verkaufspreis unter Berücksichtigung aller relevanten Umstände des Einzelfalles ex ante betrachtet objektiv nicht mehr vertretbar war. Weiter lässt sich die Unangemessenheit des Verkaufspreises über den Einzelfall hinaus nicht konkretisieren.[118]

Im Falle einer Veräußerung zu einem unvertretbar niedrigen Preis selbst trifft die Depotbank angesichts des auch für sie geltenden objektivierten Verschuldensmaßstabs ein Verschulden. Die Darlegungs- und Beweislast für die Wahrung der erforderlichen Sorgfalt trotz Pflichtwidrigkeit obliegt der Depotbank (§ 280 Abs. 1 Satz 2 BGB).

Der aus der Pflichtwidrigkeit resultierende Schaden des einzelnen Anlegers besteht darin, dass er einen zu geringen Betrag seines eingesetzten Kapitals zurückerhält. Die Höhe dieses Schadens kann, ausreichendes Vorbringen vorausgesetzt, gemäß § 287 Abs. 1 ZPO geschätzt werden.

---

116 *Klaus Müller* DB 1975, 485, 488.

117 *Dreibus* in: Emde/Dornseifer/Dreibus/Hölscher, InvG, 2013, § 26 Rdn. 24; *Beckmann* in: Beckmann/Scholtz/Vollmer, Investment, § 26 InvG Rdn. 65; *Reiss*, Pflichten der Kapitalverwaltungsgesellschaft und der Depotbank gegenüber dem Anleger und die Rechte des Anlegers bei Pflichtverletzungen, 2006, S. 359, alle für § 26 InvG.

118 Vgl. Schreiben der BAFin vom 6. Februar 2009 – WA 42-Wp 2136-2009/0081, abgedruckt in Beckmann/Scholtz/Vollmer, Investment, 412, Nr. 53, S. 398.

8.2.3 Klageberechtigte

8.2.3.1 Anleger

Anspruchs- und klageberechtigt ist der einzelne Anleger. Das ergibt sich schon aus dem Wortlaut des § 89 Abs. 2 Satz 2 KAGB (früher § 28 Abs. 2 Satz 2 InvG). Der Anleger kann danach einen „eigenen Schadensersatzanspruch" gegen die Depotbank geltend machen. Er kann den Wertverlust seiner Anteile einklagen.[119]

8.2.3.2 Kapitalverwaltungsgesellschaft

Eine Klage der Kapitalverwaltungsgesellschaft für die Anleger gegen die Depotbank gemäß § 89 Abs. 2 Satz 1 KAGB (früher § 28 Abs. 2 Satz 1 InvG) kommt nicht in Betracht, da der Investmentvertrag durch die Kündigung der Kapitalverwaltungsgesellschaft beendet ist und ihre Pflichten daraus erloschen sind.

9 Ausblick

Die Verluste, die Anleger bei der Schließung und der Abwicklung offener Immobilienfonds erlitten haben, haben den Gesetzgeber veranlasst, das Recht für offene Immobilienfonds so zu ändern, dass Schließungen künftig möglichst vermieden werden. Die Änderungen sind bereits durch das Anlegerschutz- und Funktionsverbesserungsgesetz erfolgt und mit einer gewissen Verschärfung ins Kapitalanlagegesetzbuch übernommen worden.

Die Ursache für die Schließung einer ganzen Reihe von offenen Immobilienfonds in der Vergangenheit lag, wie dargelegt, in der Fristeninkongruenz zwischen der börsentäglichen Verfügbarkeit des gesamten investierten Kapitals für die Anleger und der langfristig orientierten Anlage dieses Kapitals ganz überwiegend in illiquiden Immobilien. Zur Beseitigung der damit verbundenen Probleme für die Kapitalverwaltungsgesellschaft hat der Gesetzgeber durch das Anlegerschutz- und Funktionsverbesserungsgesetz für Anteilsrückgaben von mehr als

119 *Beckmann* in: Beckmann/Scholtz/Vollmer, Investment, § 28 InvG Rdn. 14, 36; *Alfes* in: Emde/Dornseifer/Dreibus/Hölscher, InvG, 2013, § 28 Rdn. 46; *Köndgen* in: Berger/Steck/Lübbehüsen, InvG, InvSt, 2010, § 28 InvG Rdn. 16; a.A. OLG Frankfurt, Urt. v. 19. 12. 1996 – 16 U 109/96, WM 1997, 364, 367; *Canaris*, Bankvertragsrecht, 2. Aufl., Rdn. 2482; *Hövekamp/Hugger*, Festschrift Hopt, 2010, S. 2015, 2018 (nur actio pro socio); offen gelassen von BGH, Urt. v. 18.9.2001 – XI ZR 337/00, BGHZ 149, 33, 35 = WM 2001, 2053 = NJW 2001, 3633;LG Frankfurt, Urt. v. 19. 12. 2006 – 2-19 O 124/06, WM 2007, 2108, 2109.

30.000 € pro Kalenderhalbjahr eine Mindesthaltefrist von 24 Monaten (§ 80c Abs. 3 InvG n.F.) und die Einhaltung einer Rückgabefrist von 12 Monaten durch eine unwiderrufliche Rückgabeerklärung gegenüber der Kapitalverwaltungsgesellschaft (§ 80c Abs. 4 InvG n.F.) eingeführt. Die Rückgabeerklärung kann dabei in der Mindesthaltefrist von 24 Monaten erfolgen.[120] Diese Regelungen wurden in § 255 Abs. 3 und 4 KAGB mit der Maßgabe übernommen, dass die Möglichkeit, Anteile bis zu 30.000 € pro Kalenderhalbjahr zurückzugeben, entfallen ist. Zusätzlich können die Vertragsbedingungen von offenen Immobilienfonds vorsehen, dass die Rücknahme von Anteilen nur zu bestimmten Rücknahmeterminen, mindestens jedoch einmal jährlich erfolgt (§ 255 Abs. 2 Satz 1 KAGB).

Durch diese Regelungen wird erreicht, dass das mehr oder wenige kurzfristige „Parken“ von Geldern insbesondere durch institutionelle Anleger[121] in offenen Publikum-Immobilienfonds nicht mehr möglich ist. Die Rückgabefrist von 12 Monaten gewährleistet zusätzlich, dass die Kapitalverwaltungsgesellschaft nicht durch größere kurzfristige Mittelabflüsse überrascht wird, sondern Zeit hat, sich im Rahmen ihrer Liquiditätssteuerung darauf einzustellen.[122] Damit die Rückgabeerklärung durch Anleger nicht nur vorsorglich erfolgt, ist auch die Verbindlichkeit der Erklärung sinnvoll.

Dies sowie die Herabsetzung der zulässigen Fremdfinanzierungsquote auf 30 Prozent des Verkehrswerts der Immobilien (§ 254 Abs. 1 Satz 1 KAGB, früher § 80a Satz 1 InvG n.F.) macht eine Anlage von Geldern in offenen Immobilienfonds für die Anleger deutlich sicherer und schützt sie besser vor Verlusten. Allerdings hat dies seinen Preis. Ein kurzfristiger Liquiditätsbedarf lässt sich mit Hilfe der Rückgabe von Fondsanteilen nicht mehr decken. Anteile an offenen Immobilienfonds eignen sich damit kaum noch als „Notgroschen“ und sind für Anleger weniger attraktiv.[123] Da offene Immobilienfonds derzeit noch eine Rendite von durchschnittlich zwei bis drei Prozent erwirtschaften,[124] macht sich dies angesichts des sehr niedrigen Zinsniveaus zurzeit weniger bemerkbar. Dies wird aber bei einem deutlich steigenden Zinsniveau bedeutsam werden, etwa wenn risikolose Festgeldanlagen wieder ähnlich hohe Renditen abwerfen wie mit einem gewissen Wertverlustrisiko sowie insbesondere mit einem beachtlichen Ausgabeaufschlag behaftete Fondsanteile. Es bleibt deshalb abzuwarten, ob Anlagen in

120 *Schultz-Süchting* in: Emde/Dornseifer/Dreibus/Hölscher, InvG, 2013, § 80c Rdn. 18; *Paul*, Das neue Recht der offenen Immobilienfonds, in: Stärkung des Anlegerschutzes – Neuer Rechtsrahmen für Sanierungen, Bankrechtstag 2011, S. 31, 36; *Görke/Ruhl* BKR 2013, 142.

121 Vgl. *Görke/Rühl* BKR 2013, 142, 143 „Liquiditätsparkplatz“ für institutionelle Gelder.

122 *Stumpf/Kotte* BB 2013, 1613, 1619.

123 *Stumpf/Kotte* BB 2013, 1613, 1619.

124 Handelsblatt vom 21.2.2014 S. 32.

offenen Immobilienfonds trotz der gesetzlichen Änderungen für Privatanlege auf Dauer attraktiv genug sind.

Dr. Johan Schneider, Rechtsanwalt, Heuking Kühn Lüer Wojtek, Hamburg

Probleme und Haftungsfragen bei der Abwicklung geschlossener Fonds

1 Einleitung

Die Probleme und Haftungsfragen bei der Abwicklung geschlossener Fonds sind vielschichtig und stellen die Praxis vor erhebliche Herausforderungen. Diese sind vor allem darin begründet, dass geschlossene Fonds in unterschiedlichen Gesellschaftsformen auftreten und dabei häufig sog. Publikumsgesellschaften sind, die in den vergangenen Jahren Gegenstand zahlreicher höchstrichterlicher Entscheidungen waren und eine ganze Bandbreite von schwierigen rechtlichen Fragen berühren. Da Anteile an geschlossenen Fonds in aller Regel nicht wertpapiermäßig verbrieft sind, hat für die bis zum Inkrafttreten des Kapitalanlagegesetzbuches (KAGB) am 22.07.2013 aufgelegten geschlossenen Fonds das Bankrecht bislang keine besondere Rolle gespielt. Schwerpunktmäßig ging es um gesellschaftsrechtliche, steuerrechtliche oder prospekthaftungsrechtliche Fragen. Alle diese Themen im Rahmen des folgenden Beitrags erschöpfend zu behandeln, ist allerdings nicht das Ziel. Nachfolgend sollen ausgewählte Probleme und Haftungsfragen im Zusammenhang mit der Abwicklung geschlossener Fonds und dabei schwerpunktmäßig gesellschafts- und insolvenzrechtliche Fragen behandelt werden.

2 Definition geschlossener Fonds

Für die weitere Betrachtung der Abwicklungsfragen müssen geschlossene Fonds zunächst begrifflich richtig eingeordnet werden.

2.1 Herkömmliche Definition

Nach herkömmlichem Marktverständnis sind geschlossene Fonds in aller Regel als Personengesellschaft in der Form der GmbH & Co. KG organisierte Investitionsvehikel, an denen sich private oder institutionelle Anleger in einem bestimmten Platzierungszeitraum bzw. bis zu einer geplanten Eigenkapitalquote (üblicherweise 30 bis 70 %) durch Zeichnung eines Anteils unmittelbar oder mittelbar (über einen Treuhänder) beteiligen können. Während früher der Beitritt häufig allein aus steuerlichen Gründen (Stichwort: Verlustzuweisungen) erfolgte, steht heute – gerade in Zeiten niedriger oder sogar negativer Zinsen – eine hohe Nachsteuer-Rendite im Vordergrund. Eine Rückgabe der Anteile ist innerhalb der Laufzeit üblicherweise nicht möglich. Die Anteile sind wenig fungibel und auf einem teilweise bestehenden Zweitmarkt in der Regel nur mit erheblichen Auf- bzw. Abgeldern verkäuflich[1]. Geschlossene Fonds investieren am häufigsten in Immobilien im In- und Ausland (im Jahre 2013: ca. 64 % des Gesamtvolumens), daneben in Energieprojekte wie Photovoltaikanlagen, Wind-, Wasser- oder Biomassekraftwerke (Anteil 2013: knapp 18 %), Flugzeuge, Eisenbahnen, Schiffe oder in Unternehmen (Private Equity Fonds)[2]. Bis ins Jahre 2005 sind aus steuerlichen Gründen auch vielfach Medienfonds aufgelegt worden.

Geschlossene Fonds sind oft, jedoch nicht zwangsläufig sog. Publikumsgesellschaften, die eine unbestimmte Anzahl privater Anleger haben.[3] Für diese Publikumsgesellschaften hat der II. Zivilsenat des BGH seit 1972 aus Gründen des Anlegerschutzes ein Sonderrecht geschaffen[4]. Diese zeichnen sich dadurch aus, dass sie zwar Personengesellschaften sind, in ihrer Struktur wegen der unbestimmten Vielzahl rein kapitalistisch beteiligter Anlagegesellschafter – insbesondere aufgrund eines vorformulierten Gesellschaftsvertrages ohne Einflussnahme auf die Person der Mitgesellschafter – dem Recht der Kapitalgesellschaften angenähert sind und damit eine hybride Stellung einnehmen[5]. Neben der vielfach aus steuerlichen Gründen gewählten GmbH & Co. KG-Struktur findet man geschlossene Fonds auch in Form der stillen Gesellschaft (auch als Teil einer GmbH & Co. KG)[6] und der GbR (z. B. die geschlossene Immobilien-GbR).[7]

---

1 FAZ.NET-Börsenlexikon „Geschlossener Fonds“, http://boersenlexikon.faz.net/geschlos.htm; Wikipedia „Geschlossener Fonds“, http://de.wikipedia.org/wiki/Geschlossener_Fonds.

2 bsi Branchenzahlenerhebung 2013.

3 Immerhin betrug der Anteil der institutionellen Anleger am gesamten Fondsvolumen im Jahre 2012 noch 30 %, vgl. Branchenzahlen Geschlossene Fonds 2012 des Verbandes Geschlossene Fonds e.V. (VGF).

4 Grundlegend: BGH, 14.12.1972 – II ZR 82/70, NJW 1973, 1604.

5 BGH, 14.04.1975 – II ZR 147/73, BGHZ 64, 238, 241; *Roth*, in: Baumbach/Hueck, HGB. 36. Aufl. 2014, Anh § 177 a, Rn. 52 ff.

6 BGH, 28.06.2012 – IX ZR 191/11, WM 2012, 1874; *Roth*, in: Baumbach/Hueck, a.a.O. (Fn 5).

7 BGH, 15.02.2005 – XI ZR 396/03, WM 2005, 1698; BGH, 18.07.2006 – XI ZR 143/05, WM 2006, 1673; BGH, 17.10.2006 – XI ZR 19/05, WM 2007, 62.

2.2 Definition nach dem KAGB

Mit dem Inkrafttreten des KAGB hat der Gesetzgeber eine neue Definition von geschlossenen Fonds, sog. alternativen Investmentsfonds (AIF), eingeführt, die – im Vergleich zu einem offenen AIF – allein an das fehlende jährliche Rückgaberecht der Anteile anknüpft (§ 1 Abs. 5 iVm. Abs. 4 KAGB). Diese Definition wird allerdings europarechtlich wieder eingeschränkt. Nach Art. 1 Abs. 2 der delegierten Verordnung (EU) Nr. 694/2014 der Kommission vom 17.12.2013 zur Ergänzung der Richtlinie 2011/61/EU[8] soll ein offener AIF vielmehr vorliegen, wenn nach den Anlagebedingungen oder dem Gesellschaftsvertrag vor Beginn der Liquidations- oder Auslaufphase zu irgendeinem Zeitpunkt ein Rückgaberecht für die Anleger besteht. Dementsprechend handelt es sich um einen geschlossenen Fonds, wenn eine solche Rückgabemöglichkeit während der gesamten Laufzeit nicht besteht. Diese Verordnung tritt am 20. Tag nach ihrer Veröffentlichung im Amtsblatt der Europäischen Union, also seit dem 14.07.2014, in Kraft (Art. 2).

Für die nach dem 22.07.2013 gegründeten geschlossenen Fonds gibt es im KAGB darüber hinaus nunmehr einen numerus clausus der Rechtsformen, die Invest-AG mit fixem Kapital (§§ 140 bis 148 KAGB) und die geschlossene Invest-KG (§§ 149 bis 161 KAGB). Eine Publikums-GbR wird es deshalb in Zukunft nicht mehr geben[9]. Bei der Abwicklung notleidender geschlossener Fonds spielen diese neuen Regelungen in der Praxis bislang noch keine besondere Rolle. Soweit ersichtlich, waren solche Fonds noch nicht Gegenstand gerichtlicher Entscheidungen. Gleichwohl sollen nachfolgend auch die wesentlichen Änderungen zur bisherigen Rechtslage in Bezug auf die Abwicklung solcher Fonds und die damit einhergehenden Haftungsfragen kurz dargestellt werden.

2.3 Schiffsfonds in üblicher Struktur einer GmbH & Co. KG

Von besonderer praktischer Relevanz für die rechtlichen Fragen der Abwicklung geschlossener Fonds sind Schiffsfonds, weshalb diese hier gesondert zu erwähnen sind.

Das Anlagevolumen geschlossener Fonds hat sich in den letzten Jahren zwar insgesamt erheblich reduziert. Während es im Jahre 2010 noch € 10,8 Mrd. jährlich betrug, wovon € 5,8 Mrd. eingesammelte Anlegergelder betrafen, war das

8 ABl. der Euroäischen Union, L 183/18 DE, vom 26.06.2014; vgl. auch Nummer C(2013)9098/F1, http://ec.europa.eu.

9 So auch *Servatius*, ZfIR 2014, 134.

Anlagevolumen im Jahre 2012 bereits auf € 7,38 Mrd. jährlich bei € 4,5 Mrd. eingesammeltem Eigenkapital zurückgegangen und im Jahre 2013 auf € 7,06 Mrd.[10] Den größten Rückgang haben indes geschlossene Schifffonds zu verzeichnen, bei denen das investierte Eigenkapital von € 3,2 Mrd. im Jahre 2007 vor allem aufgrund der Schifffahrtskrise auf € 161 Mio. im Jahre 2012 geradezu eingebrochen ist. Im Jahre 2013 belief sich das gesamte Fondsvolumen neu platzierter geschlossener Schifffonds nur noch auf € 40,1 Mio.[11] Viele Banken sind hier noch in ganz erheblichem Umfang mit notleidenden Krediten engagiert. Neufinanzierungen gibt es kaum. Ende des Jahres 2013 ist bereits die Anzahl von 300 insolventen geschlossenen Schifffonds überschritten worden[12]. Zu diesem Zeitpunkt befanden sich nur ca. 20 % der Schiffe weder in Sanierung noch in unmittelbarer Gefahr[13]. Knapp 30 % der Schiffe konnten nach einer Marktstudie nicht einmal die laufenden Kosten decken, weitere ca. 30 % fuhren gerade einmal die Schiffsbetriebskosten ein, ohne jedoch Tilgungsraten leisten zu können.[14] Da nach Meinung vieler Experten eine Erholung am Schiffsmarkt nicht in Sicht ist, wird dieser Trend anhalten, so dass in den kommenden Jahren noch eine Vielzahl geschlossener Schiffsfonds abgewickelt werden müssen.

Für die weitere Betrachtung soll deshalb exemplarisch die übliche Beteiligungs- und Finanzierungsstruktur eines geschlossenen Schiffsfonds als Grundlage dienen. Hierbei ist die Fondsgesellschaft eine GmbH & Co. KG, die Eigentümerin eines Containerschiffes ist (sog. Einschiffgesellschaft). Der Schiffskauf ist sowohl durch Fremdkapital (Banken) als auch durch Eigenkapital (Kommanditisten) finanziert worden. Die Kommanditisten sind entweder private oder institutionelle Anleger, die sich mit festen Beträgen – in der Regel zwischen € 5.000,00 und € 25.000,00 je Kommanditanteil zzgl. eines Agios von bis zu 5 % – an der Gesellschaft beteiligen. In der Regel gibt es einen sog. Treuhandkommanditisten, der im Außenverhältnis die Kommanditanteile für die Anleger hält und über eine Treuhandvereinbarung deren Rechte wahrnimmt. Der Treuhandkommanditist wird häufig durch das Emissionshaus, also den Initiator des Fonds, gestellt. Die Geschäftsführung in der GmbH & Co. KG wird durch die Komplementär-GmbH und dort wiederum durch deren Geschäftsführer ausgeübt. In der Regel ist die Geschäftsführung durch Vertreter des Emissionshauses und der Reederei besetzt.

---

10 VGF Branchenzahlen Geschlossene Fonds.

11 Ebenda.

12 *Fabarius*, in: manager magazin online, Artikel vom 26.11.2013, „Das 300. Schiff ist pleite – Anleger verlieren Milliarden".

13 Deutsche Fonds Research, Kurzstudie, Aktuelle Lage auf dem Schiffsmarkt, November 2013.

14 Ebenda.

3 Verfahren der Abwicklung geschlossener Fonds

Ein in der Rechtsform der GmbH & Co. KG organisierter geschlossener Fonds ist eine Personengesellschaft, die nicht einfach „geschlossen“ werden kann. Diese Gesellschaft muss vielmehr abgewickelt werden. Hierfür kommen folgende Arten der Abwicklung in Betracht:

- die reguläre Liquidation[15],
- eine sog. „stille Liquidation“ mit einer späteren Löschung der Gesellschaft im Handelsregister wegen Vermögenslosigkeit (§ 394 FamFG), nachdem der Betrieb stillgelegt, alle Vermögensgegenstände veräußert und alle Verbindlichkeiten befriedigt worden sind, und
- die Insolvenz, die allerdings auch zu einer Sanierung des Rechtsträgers und einer Fortführung führen kann (vgl. §§ 1, 217 ff. InsO).

Der Vollständigkeit halber sei an dieser Stelle auch noch die sog. illegale Firmenbestattung genannt, die jedoch bei geschlossenen Fonds oder Publikumsgesellschaften keine Rolle spielen dürfte[16].

In der Praxis notleidender geschlossener Fonds gibt es im Wesentlichen zwei Ansätze der Abwicklung:

- Die Abwicklung nach einem außergerichtlichen Sanierungs- oder Abwicklungskonzept mit einem einvernehmlichen Verkauf der Assets und einer sich anschließenden regulären oder stillen Liquidation oder
- das Insolvenzverfahren, im Rahmen dessen die Assets veräußert werden oder die Gesellschaft insgesamt saniert wird.

15 Im Aktiengesetz auch „Abwicklung“ genannt (§§ 264 ff. AktG).

16 Bei der illegalen Firmenbestattung wird die Gesellschaft einer ordnungsgemäßen Abwicklung entzogen. Dazu wird ein neuer Geschäftsleiter häufig als „Strohmann“ eingesetzt. Dieser ist nicht in der Lage, die Geschäfte der Gesellschaft ordnungsgemäß zu führen, und hat in der Regel keinen Zugriff auf Geschäftsunterlagen. Typische Begleitumstände einer solchen Firmenbestattung sind: Nichteinhaltung von Insolvenzantragspflichten, Sitzverlegung nur zum Schein, Vernichtung der Geschäftsunterlagen. Dadurch soll die Durchsetzung der Gläubigeransprüche erschwert werden.

3.1 Sanierungskonzept/Liquidation

Ein Sanierungs- oder Abwicklungskonzept mit gleichzeitiger oder sich anschließender Liquidation ist auf eine einvernehmliche und abschließende Befriedigung der Gläubiger gerichtet. Bei Schiffsfonds sind in der Vergangenheit zahlreiche Sanierungskonzepte entwickelt worden, die in der Regel das Ziel hatten, eine Insolvenz der Gesellschaft zu vermeiden.

3.1.1 Eckpunkte eines Sanierungs- und Abwicklungskonzeptes

Sanierungs- und Abwicklungskonzepte bei geschlossenen Schiffsfonds beinhalten in der Regel folgende Eckpunkte:

- Veräußerung des Schiffes zu einem möglichst günstigen Zeitpunkt bei gleichzeitigem Weiterbetrieb
- Stillhalten der Banken oder Finanzierung des laufenden Geschäftsbetriebes, also der operativen Kosten (OPEX)
- Einfordern von Sanierungsbeiträgen durch die Gesellschafter, entweder durch freiwillige Einzahlungen von Vorzugskapital oder durch Rückzahlungen von Liquiditätsausschüttungen bzw. erhaltenen Darlehen
- Verteilung des Erlöses im Rahmen eines vereinbarten „Wasserfalls", wobei der Erlös in der Regel nach folgender Reihenfolge verteilt wird:
  - Deckung der Kosten (einschließlich der vorrangigen Schiffsgläubiger) und etwaiger Steuerverbindlichkeiten,
  - Ablösung der finanzierenden Bank,
  - Zahlung eines Gewinnvorab für die Anleger, die in der Krise zusätzliches Kapital gegeben haben,
  - Rückführung des Vorzugskapitals,
  - gleichmäßige Verteilung eines Restbetrages unter den übrigen Gesellschaftern

Nach Befriedigung aller Verbindlichkeiten folgt dann die Löschung der Gesellschaft im Handelsregister. Das kann bei vollständiger Vermögenslosigkeit auf Antrag gemäß § 394 FamFG (iVm. §§ 161 Abs. 2, 131 Abs. 2 Nr. 2 HGB) geschehen. Die vollständige Löschung im Handelsregister kann andererseits der Abschluss eines regulären Liquidationsverfahrens sein.

3.1.2 Ablauf eines Liquidationsverfahrens bei Publikumsgesellschaft

Sofern die Komplementär-GmbH nicht für andere Zwecke benötigt wird – diese haftet jedoch akzessorisch für sämtliche Verbindlichkeiten der KG (§§ 161, 128 HGB) –, muss sowohl für die KG als auch die Komplementär-GmbH eine Liquidation eingeleitet werden. Diese richtet sich für die KG nach den §§ 161 Abs. 2, 131 Abs. 1 Nr. 1 und 2, 145 ff. HGB, während für die GmbH die § 60 Abs. 1 Nr. 1 und 2, 65 ff. GmbHG gelten. Diese Vorschriften passen wiederum teilweise nicht auf die in Liquidation befindliche Publikumsgesellschaft mit ihrer kapitalistischen Struktur und müssen hierfür angepasst werden. Dies wirft teilweise schwierige rechtliche Fragen auf. Der Ablauf eines Liquidationsverfahrens für die GmbH & Co. KG in Form der Publikumsgesellschaft stellt sich wie folgt dar:
Die Gesellschafter müssen zunächst einen Beschluss zur Auflösung (für die KG) bzw. Liquidation (für die GmbH) der Gesellschaft mit der im Gesellschaftsvertrag vorgesehenen Mehrheit fassen. Da ohne eine Bestimmung bei der KG Einstimmigkeit erforderlich ist (§ 119 HGB), ist zu prüfen, ob eine im Gesellschaftsvertrag vorgesehene Mehrheitsentscheidung nicht ausnahmsweise in den Kernbereich der Mitgliedschaftsrechte betroffener Gesellschafter eingreift oder gegen Treuepflichten verstößt. Im Grundsatz wird bei entsprechender Bestimmung im Gesellschaftsvertrag eine Mehrheitsentscheidung als zulässig erachtet werden müssen, weil anderenfalls wegen der Vielzahl der Anleger eine Abwicklung kaum jemals möglich wäre.

Fraglich ist, wer Liquidator einer Publikums-GmbH & Co. KG wird. Nach § 146 Abs. 1 HGB sind bei der KG grundsätzlich sämtliche Gesellschafter Liquidatoren, wozu auch die Kommanditisten gehören, obwohl diese üblicherweise keine Geschäftsführungsbefugnis und Vertretungsmacht haben (§ 170 HGB). Bei der GmbH sind demgegenüber gemäß § 66 Abs. 1 GmbHG grundsätzlich alle Geschäftsführer Liquidatoren. Gibt es hierzu keine abweichende Regelung im Gesellschaftsvertrag – üblicherweise wird bei einer Publikumsgesellschaft die Komplementär-GmbH bzw. deren Geschäftsführer als Liquidator bestimmt, was zulässig wäre – ist umstritten, wer Liquidator wird. Nach einer Meinung bleiben die Leitungsorgane im Zweifel im Amt[17], jedenfalls soll hierüber bei Vorliegen einer Mehrheitsklausel im Gesellschaftsvertrag mehrheitlich abgestimmt werden können[18]. Es wird allerdings auch vertreten, dass schon auf Antrag eines einzelnen Gesellschafters ein Liquidator gemäß § 146 Abs. 2 HGB gerichtlich bestellt

17 *Wertenbruch*, in: Westermann, Handbuch Personengesellschaften, 57. Lieferung, Stand: 09.2013, § 43 Rn 1712.

18 *Wertenbruch*, in: Westermann, a.a.O. (Fn 17), § 43 Rn 1716a.

werden kann[19], was sonst nur bei wichtigem Grund der Fall ist. Die letztgenannte Ansicht steht dem Ziel einer im Interesse des Anlegerschutzes möglichst reibungslosen Abwicklung jedoch entgegen und ist abzulehnen. Entgegen § 147 HGB kann auch die spätere Abberufung des Liquidators durch Mehrheitsbeschluss erfolgen, sofern der Gesellschaftsvertrag dies vorsieht[20].

Auch die nachfolgende Anmeldung der Liquidation zum Handelsregister wirft Fragen auf. Bei der KG erfolgt die Anmeldung nicht – wie bei der GmbH – durch diese selbst, sondern durch sämtliche Gesellschafter (§ 148 Abs. 1 S. 1 HGB). Diese Vorschrift soll generell nicht durch eine Mehrheitsklausel abzubedingen sein[21]. Geht man jedoch von einer wirksamen Bestellung der Komplementär-GmbH als Liquidator aus, muss auch die Anmeldung durch diese erfolgen können[22]. Sodann erfolgt die Eintragung mit dem Zusatz „i. L." oder „i. A." im Handelsregister. Bei der GmbH ist zusätzlich die (einmalige) Bekanntmachung durch die Liquidatoren in den Gesellschaftsblättern – also vor allem dem elektronischen Bundesanzeiger – erforderlich nebst der Aufforderung an die Gläubiger, sich bei der Gesellschaft zu melden. Für die KG gilt diese besondere Bestimmung des Gläubigerschutzes nicht.

Die Liquidatoren haben während des Liquidationsverfahrens die Aufgabe, die Geschäfte zu beenden, Forderungen einzuziehen und das Vermögen zu verwerten. Hieraus sollen alle bekannten Verbindlichkeiten befriedigt oder besichert werden. Das verbleibende Vermögen wird an die Gesellschafter auf Basis einer Schlussbilanz verteilt, wobei bei der GmbH eine Sperrfrist von einem Jahr nach der Aufforderung an die Gläubiger besteht (§ 73 GmbHG). Schließlich folgen die Anmeldung des Erlöschens nach Beendigung der Liquidation zum Handelsregister und die vollständige Löschung der Gesellschaft im Handelsregister.

Bei der KG kann im Gesellschaftsvertrag auch eine andere Art der Auseinandersetzung von Gesellschaftern vereinbart werden, wie z. B. die Übertragung des Gesamtvermögens auf einen Treuhänder zur endgültigen Abfindung der Gläubiger oder die Übertragung aller Anteile auf einen Nichtgesellschafter (§ 158 HGB)[23]. Solange jedoch noch ungeteiltes Gesellschaftsvermögen vorhanden ist, gelten im Verhältnis zu Dritten die für die Liquidation geltenden Vorschriften entsprechend.

---

19 *Kamanabrou*, in: Oetker, HGB, 3. Auflage 2013, § 146 Rn 15.
20 *Roth*, in: Baumbach/Hopt, a.a.O. (Fn. 5), § 147 Rn 1.
21 *Schmidt*, in: Münchener Kommentar zum HGB, 3. Auflage 2011, § 148 Rn 8.
22 *Schmidt*, in: Münchener Kommentar, a.a.O (Fn 21).
23 *Roth*, in: Baumbach/Hopt, a.a.O. (Fn. 5), § 145 Rn 10.

3.1.3 Nachtragsliquidation

Praktische Probleme stellen sich auch bei der sog. Nachtragsliquidation einer Publikums-GmbH & Co. KG. Eine solche Wiederaufnahme der Liquidation ist erforderlich, wenn die Gesellschaft nach Abschluss des Abwicklungsverfahrens im Handelsregister gelöscht wurde und sich nachträglich herausstellt, dass noch Gesellschaftsvermögen vorhanden ist und weitere Abwicklungsmaßnahmen erforderlich sind[24]. In diesem Fall war die Liquidation in Wirklichkeit nicht voll beendet.

Hierbei ist wiederum fraglich, wer Liquidator wird. Nach einer Auffassung ist der frühere Liquidator verpflichtet, seine Tätigkeit wieder aufzunehmen, selbst wenn er mit der Anmeldung der Löschung in der Regel konkludent erklärt, dass er sein Amt für beendet ansieht[25]. Demgegenüber wird teilweise vertreten, dass das Gericht auf Antrag eines Beteiligten entsprechend § 273 Abs. 4 AktG den bisherigen Abwickler neu zu bestellen oder einen anderen Abwickler zu berufen hat[26]. Der letztgenannten Ansicht ist aus Gründen der Rechtssicherheit der Vorzug zu geben. Wenn der Nachtragsliquidator durch das Gericht bestellt wird, stellt sich die weitere Frage nach seiner möglichen Abberufung. Hier wird vertreten, dass die Abberufung nicht durch das Gericht erfolgen muss, sondern durch die Gesellschafter auch durch Mehrheitsbeschluss erfolgen kann, sofern der Gesellschaftsvertrag von der ansonsten erforderlichen Einstimmigkeit abweicht. Das soll wiederum nicht gegen die Stimmen derjenigen möglich sein, auf deren Antrag hin das Gericht den Liquidator bestellt hat[27]. Dem ist zuzustimmen.

Wenn nach einer Auflösung der Gesellschaft durch einfache Löschung wegen Vermögenslosigkeit – ohne vorheriges Liquidationsverfahren – die weitere Liquidation wegen vorhandenen Vermögens erforderlich wird, sieht § 146 Abs. 2 S. 3 HGB explizit die Bestellung des Liquidators durch das Gericht auf Antrag eines Beteiligten vor.

3.2 Insolvenz

Gelingt die außergerichtliche Sanierung nicht und besteht Insolvenzreife, muss die Abwicklung durch ein Insolvenzverfahren erfolgen. Ein solches Verfahren

24 *Schmidt*, in: Münchener Kommentar, a.a.O. (Fn 21), § 157 Rn 33.
25 *Grziwotz*, DStR 1993, 362.
26 BayObLG, Beschluss v. 5.11.1992 – 3 ZBR 46/92, BayObLGZ 1992, 333.
27 *Roth*, in: Baumbach/Hopt, a.a.O. (Fn 5), § 147 Rn 1.

kann – anders als das Liquidationsverfahren - auch auf Sanierung und Erhalt des Rechtsträgers gerichtet sein.

3.2.1 Voraussetzungen und Ablauf eines Insolvenzverfahrens

Ein Insolvenzverfahren setzt zunächst einen Insolvenzgrund voraus. Das ist die drohende Zahlungsunfähigkeit (§ 18 InsO), die Zahlungsunfähigkeit (§ 17 InsO) oder die Überschuldung (§ 19 InsO).

Eine Insolvenzantragspflicht des Geschäftsführers besteht allerdings nur bei Zahlungsunfähigkeit oder Überschuldung einer juristischen Person oder einer Personengesellschaft mit beschränkter Gesellschafterhaftung, nicht dagegen bei drohender Zahlungsunfähigkeit (§ 15 a InsO). Diese berechtigt lediglich zur Stellung eines eigenen Insolvenzantrages.

Ein Insolvenzantrag muss in der Regel sowohl für die KG als auch die Komplementär-GmbH gestellt werden, weil die GmbH akzessorisch für die Verbindlichkeiten der KG haftet und mit Antragstellung der KG in der Regel überschuldet ist. Das wird in der Praxis häufig übersehen.

Bei geschlossenen Fonds wird sich in der Regel ein übliches Insolvenzverfahren – und keine Eigenverwaltung (§ 270 ff. InsO) – anbieten, das von der Bank als häufig größter Gläubigerin gesteuert werden kann. Der Insolvenzverwalter wird bei einem geschlossenen Schiffsfonds die Gesellschaft in der Regel wie folgt abwickeln:

Im Einvernehmen mit der Bank als Sicherungsgläubigerin verkauft er das Schiff an einen Dritten und sichert gleichzeitig den Schiffsbetrieb (sog. übertragende Sanierung). Der Veräußerungserlös wird nach Befriedigung vorrangiger Gläubiger (z.B. Kosten, Schiffsgläubiger) an die bevorrechtigte Bank vorab ausgekehrt (§§ 49 ff. InsO), während der Insolvenzverwalter für die Verwertung Massebeiträge erhält (§§ 170, 171 InsO), die den ungesicherten Gläubigern zur Verfügung stehen. Diese werden am Ende des Verfahrens aus der Masse quotal befriedigt (§§ 187 ff. InsO). Mit Aufhebung des Verfahrens wird die Gesellschaft im Handelsregister gelöscht (§ 394 Abs. 1 S. 1 FamFG).

3.2.2 Gestaltungsmöglichkeiten durch das ESUG

Das zum 01.03.2012 in seinen wesentlichen Teilen in Kraft getretene Gesetz zur weiteren Erleichterung der Sanierung von Unternehmen (ESUG)[28] hat das Insolvenzrecht grundlegend reformiert und bietet auch für geschlossene Fonds Gestaltungsmöglichkeiten.

Erklärtes Ziel des ESUG ist es einerseits, die Eigensanierung von Gesellschaften durch die Insolvenz aufzuwerten, indem beispielsweise die Eigenverwaltung und das Insolvenzplanverfahren gestärkt worden sind und ein sog. „Schutzschirmverfahren" nach § 270 b InsO (Verfahren zur Vorbereitung einer Sanierung) eingeführt wurde. Dadurch sollen Insolvenzverfahren planbarer gestaltet werden können.

Andererseits wollte der Gesetzgeber die Einflussnahme der Gläubiger auf die Auswahl des Insolvenzverwalters stärken, indem beispielsweise bei Erreichen bestimmter Größenkriterien (mindestens zwei von drei) – mindestens € 4,84 Mio. Bilanzsumme nach Abzug eines ausgewiesenen Fehlbetrages, mindestens € 9,68 Mio. Umsatzerlöse in den letzten zwölf Monaten vor dem Abschlussstichtag und im Jahresdurchschnitt 50 Arbeitnehmer – vorläufige Gläubigerausschüsse einzurichten sind (§ 22 a InsO), deren einstimmiges Votum für einen Verwalter das Gericht bindet, es sei denn dieser ist ungeeignet oder nicht unabhängig (§ 56a Abs. 2 InsO). Allerdings kann der Gläubigerausschuss die Kriterien für die Eignung des Insolvenzverwalters selbst festlegen.

Soweit beispielsweise Einschiffgesellschaften in Form der GmbH & Co. KG betroffen sind, werden in der Regel die Schwellenwerte für einen vorläufigen Gläubigerausschuss nicht erreicht. Viele Insolvenzgerichte reagieren jedoch mittlerweile auf (behutsam) vorgetragene Vorschläge für einen bestimmten Insolvenzverwalter offen, zumal in der ersten Gläubigerversammlung mit Kopf- und Stimmenmehrheit der Gläubiger eine Abwahl möglich ist (§ 57 InsO) und gerade bei geschlossenen Fonds die Gläubigerstruktur stark durch die Banken dominiert wird. In der Praxis ist indes leider festzustellen, dass gerade Banken nur in seltenen Fällen einen Sitz im vorläufigen Gläubigerausschuss einnehmen und von den Gestaltungsmöglichkeiten eher reaktiv in ihrer Stellung als häufig größter Gläubiger und weniger proaktiv Gebrauch machen.

Die Gestaltungsmöglichkeiten des ESUG sollten die Banken jedoch gerade im Hinblick auf eine bestmögliche Verwertbarkeit der Assets durch einen Verwalter, auf dessen Person Einfluss genommen werden kann, nicht ungenutzt lassen.

28 BGBl. 2011 Teil I Nr. 64 S. 2582.

4 Haftungsrisiken für Anleger

Je nach Verfahrensstand der Abwicklung stellen sich für die Anleger in geschlossenen Fonds erhebliche Haftungsrisiken. Daraus sind umgekehrt auch eigene Ansprüche der finanzierenden Banken herzuleiten.

4.1 Grundsatz

Für die Haftung der Anleger ist es zunächst wichtig, das System der Kommanditistenhaftung in der KG zu verstehen. Grundsätzlich unterscheidet man zwischen einer sog. Innenhaftung und einer sog. Außenhaftung.

Die Innenhaftung beschreibt das Haftungsverhältnis zwischen der Gesellschaft (dem geschlossenen Fonds) und dem einzelnen Gesellschafter (dem Kommanditisten). Die Außenhaftung betrifft das Verhältnis zwischen einem Gesellschaftsgläubiger und dem Kommanditisten. Allgemein schuldet der Kommanditist eine „Vermögenseinlage" (§ 161 Abs. 1 HGB), um seine Haftung (anders als bei der OHG) gegenüber den Gesellschaftsgläubigern zu beschränken (§ 171 Abs. 1 HGB). Dabei ist zwischen der Beitragspflicht im Innenverhältnis (sog. Pflichteinlage) und der im Außenverhältnis (sog. Hafteinlage) zu unterscheiden.

Im Innenverhältnis übernimmt der Kommanditist mit seinem Beitritt zur Gesellschaft eine Beitragspflicht, die bei einem geschlossenen Fonds in der Regel in Geld zu leisten ist. Diese dient im Ergebnis der Finanzierung des Anlage- und Investitionsgegenstandes. Mit der Leistung dieser Pflichteinlage hat der Kommanditist seine Beitragspflicht zunächst erfüllt. Eine Innenhaftung scheidet vorerst aus.

Von der Beitragspflicht im Innenverhältnis ist die sog. Hafteinlage zu unterscheiden. Nach § 171 Abs. 1 HGB haftet der Kommanditist bis zur Höhe der im Handelsregister eingetragenen Haftsumme (Hafteinlage) persönlich gegenüber den Gläubigern der Gesellschaft; soweit er allerdings seine Pflichteinlage (im Innenverhältnis) – jedenfalls bei betragsmäßiger Einlageidentität – geleistet hat, haftet er nicht mehr. Die Haftung im Außenverhältnis wird durch den im Handelsregister eingetragenen Betrag bestimmt (§ 172 Abs. 1 HGB). Bis zur Eintragung im Handelsregister haftet der Kommanditist für die Verbindlichkeiten allerdings unbeschränkt (§ 176 HGB).

Auch wenn die Begrifflichkeiten zu unterscheiden sind, erfüllt der Kommanditist durch Zahlung der Pflichteinlage zugleich seine Hafteinlage. Es entsteht also nicht eine doppelte Zahlungspflicht[29]. Die Pflichteinlage – und das kann insbesondere für die finanzierenden Banken ein nicht zu unterschätzendes Problem sein – kann deutlich höher (aber auch niedriger) sein, als die für die Außenhaftung bestimmte Haftsumme. Die untere Grenze wird im Ergebnis nach steuerlichen Grundsätzen ermittelt, da der Kommanditist noch hinreichend am unternehmerischen Risiko beteiligt sein muss. Ein Bruchteil von 10 % der Pflichteinlage ist für die Hafteinlage in der Praxis jedoch keine Seltenheit.

Haftungsrechtlich können sich erhebliche Unterschiede zwischen der Innen- und Außenhaftung – insbesondere bei erhaltenen Ausschüttungen – ergeben.

4.2 Innenhaftung

Im Innenverhältnis stellt sich die Frage, ob durch Ausschüttungen die Beitragspflicht des Kommanditisten wieder auflebt.

Das hängt einerseits von dem Charakter der Auszahlung, andererseits von der Auslegung des Gesellschaftsvertrages ab. Es kommt danach sowohl eine Gewinnausschüttung als auch eine Liquiditätsausschüttung bzw. eine schlichte Entnahme als auch eine Darlehensgewährung in Betracht. Daneben können ausnahmsweise auch gesetzliche Rückforderungsansprüche ausgelöst werden.

4.2.1 Gewinnausschüttungen

Gewinnausschüttungen sind vom Kommanditisten grundsätzlich nicht zurückzuerstatten, weil sie die Einlagepflicht nicht berühren. Gemäß § 169 Abs. 2 S. 2 HGB hat der Kommanditist Anspruch auf Auszahlung des ihm zukommenden Gewinns im Umfang seiner Beteiligung. Soweit die Pflichteinlage noch nicht erfüllt ist, kann die Gesellschaft allerdings berechtigt sein, mit dem anteiligen Ausschüttungsbetrag gegenüber dem ausstehenden Teil der Pflichteinlage aufzurechnen[30]. Einmal erhaltene Gewinnausschüttungen muss der Kommanditist wegen späterer Verluste nicht zurückzahlen (§ 169 Abs. 2 HGB).

Die Auszahlung eines Gewinns kann der Kommanditist grundsätzlich nicht fordern, solange sein Kapitalkonto durch Verlust unter den auf die Pflichteinlage geleisteten Betrag herabgemindert ist oder durch die Auszahlung unter dem Betrag herabgemindert werden würde (§ 169 Abs. 1 S. 2 2. Halbsatz HGB). Diese

29 *Schmidt*, in: Münchener Kommentar, a.a.O. (Fn 21), § 172 Rn 4.

30 *Grunewald*, in: Münchener Kommentar, a.a.O. (Fn. 21), § 169 Rn 6.

Regel betrifft allerdings nur das Innenverhältnis der KG und ist dispositiv (vgl. § 163 HGB). Hiervon können die Gesellschafter durch Gesellschaftsvertrag oder Gesellschafterbeschluss abweichen[31].

4.2.2 Liquiditätsausschüttungen/Darlehensgewährung

Soweit kein ausschüttungsfähiger Saldo nach Verrechnung von Gewinnen und Verlusten verbleibt und der Gesellschaftsvertrag die Ausschüttung gleichwohl gestattet, liegt begrifflich keine Gewinnausschüttung, sondern eine Liquiditätsausschüttung bzw. die schlichte Entnahme frei verfügbarer Liquidität vor. In einer Vielzahl geschlossener Fonds ist es in der Vergangenheit zu Ausschüttungen von Liquiditätsüberschüssen an Anleger gekommen, beispielsweise weil wegen abschreibungsbedingter Buchverluste eine Ausschüttung von Gewinnen nicht möglich war. Fraglich ist, ob in diesen Fällen eine Rückzahlung erfolgen muss.

Einen solch typischen Fall hatte der BGH im Jahre 2013 zu entscheiden[32]. Dort hatte sich der Ehemann der Beklagten als Kommanditist in einem geschlossenen Schiffsfonds in der Rechtsform der KG – nicht der GmbH & Co. KG – beteiligt und diesen Kommanditanteil an die beklagte Ehefrau veräußert. Nach dem Gesellschaftsvertrag war eine Nachschusspflicht der Gesellschafter ausgeschlossen. Zudem war geregelt, dass steigende jährliche Ausschüttungen vorgenommen werden, sobald die Liquiditätslage der Gesellschaft dies zulässt. Diese Ausschüttungen sollten „auf Darlehenskonten gebucht" werden. Zudem hieß es, dass die „Bildung einer Darlehensverbindlichkeit entfällt", sofern ein Gesellschafter im Hinblick auf das Wiederaufleben der Haftung auf diese Entnahmen verzichtet. Wegen Verschlechterung der Liquiditätslage beschloss die Gesellschafterversammlung, mehrheitlich die Ausschüttungen zurückzufordern. Weil sich die Beklagte weigerte, klagte die Gesellschaft – nicht ein Gläubiger der Gesellschaft – und hatte in den beiden Vorinstanzen zunächst Erfolg. Die Revision der Beklagten führte jedoch zur Klagabweisung.

Der BGH hatte sich im Streitfall mit der Frage zu befassen, ob nach dem Gesellschaftsvertrag eine echte und endgültige Ausschüttung (ohne Rückzahlungspflicht) oder ein rückzahlbares Darlehen vorliegt. Da es an einer klaren Vertragsregelung fehlte, kam es auf die Vertragsauslegung an. Nach ständiger Rechtsprechung sind die Regelungen in Gesellschaftsverträgen von Pub-

31 BGH, 5.04.1979 – II ZR 98/76, WM 1979, 803.
32 BGH, 12.03.2013 – II ZR 73/11, WM 2013, 1222.

likumsgesellschaften objektiv auszulegen[33] und gehen nach § 305 c Abs. 2 BGB im Zweifel zu Lasten der Gesellschaft[34]. Vorliegend genügte dem BGH allein der Hinweis darauf, dass Ausschüttungen auf „Darlehenskonten" gebucht werden und die „Bildung einer Darlehensverbindlichkeit unterbleibt", sofern ein Gesellschafter auf diese Entnahme verzichtet, nicht, um einen Darlehensrückzahlungsanspruch anzunehmen. Maßgebliche Kriterien für den BGH waren: Die Begriffe „Ausschüttung" und „Entnahme" weisen nicht auf einen Vorbehalt der Rückforderung hin. Der Gesellschaftsvertrag macht die Ausschüttungen nicht von einem erwarteten oder später endgültig festzustellenden Gewinn abhängig, so dass keine Vorauszahlungen auf künftige Gewinne vorlagen (diese sind zurückzuerstatten, wenn die Gewinne ausbleiben). Der Begriff „Darlehenskonto" ist kein feststehender Begriff und wird häufig als Forderungskonto geführt, das eine Forderung des Gesellschafters gegen die Gesellschaft ausweist, auf dem lediglich Entnahmen, Gewinne, sonstige Einlagen und Entnahmen gebucht werden. Die Gesellschafter sind frei zu bestimmen, wie sie wechselseitige Verbindlichkeiten und Forderungen auf Konten verbuchen. Der Gesellschaftsvertrag enthielt hierzu keine klare Regelung. Und schließlich sah der Gesellschaftsvertrag in der Liquidation der Gesellschaft vor, dass gewinnunabhängige Ausschüttungen dem Gesellschafter endgültig verbleiben, so dass ein Gleichlauf mit der werbenden Gesellschaft nahelag.

Soweit der Gesellschaftsvertrag solche Ausschüttungen jedoch eindeutig als rückzahlbare Darlehen deklariert, besteht der Rückzahlungsanspruch der Gesellschaft. Eine typische Klausel für einen solchen Rückzahlungsanspruch lautet: „Ausschüttungen von Liquiditätsüberschüssen werden den Kommanditisten als unverzinsliche Darlehen gewährt, sofern die Ausschüttungen nicht durch Guthaben auf den variablen Kapitalkonten gedeckt sind."

Im Liquidationsstadium der Publikums-KG ist zusätzlich zu berücksichtigen, dass die rückständige Kommanditeinlage erst eingezogen werden kann, wenn die Auseinandersetzungsrechnung einen Passivsaldo zu Lasten des Kommanditisten ergibt[35]. Gleiches gilt deshalb auch für einen Rückzahlungsanspruch wegen erhaltener Ausschüttungen.

33 BGH, 19.07.2011 – II ZR 153/09, ZIP 2011, 1906; 16.10.2012 – II ZR 251/10, ZIP 2013, 68.

34 BGH, 13.09.2004 – II ZR 276/02, ZIP 2004, 2095, 2097f.

35 BGH, 22.01.79 – II ZR 178/77, BGHZ 73, 294, 302; BGH, 14.11.77 – II ZR 183/75, NJW 1978, 424, 425.

4.2.3 Rückzahlungen nach §§ 30, 31 GmbHG analog

Bei einer GmbH & Co. KG können Ausschüttungen an den Anleger daneben auch eine Rückzahlungsverpflichtung nach den §§ 30, 31 GmbHG analog begründen.

Nach ständiger Rechtsprechung des BGH gilt bei der Kommanditgesellschaft zwar grundsätzlich kein im Innenverhältnis wirkender Kapitalerhaltungsgrundsatz und dementsprechend auch kein die Gläubiger schützendes Ausschüttungsverbot (wie bei § 57 AktG, § 30 GmbHG). Allerdings wendet der BGH bei einer GmbH & Co. KG mit allseitiger Haftungsbeschränkung die §§ 30, 31 GmbHG aus Gründen des Gläubigerschutzes analog an[36]. Anerkanntermaßen gilt dies auch dann, wenn der Kommanditist nicht zugleich Gesellschafter der Komplementär-GmbH ist[37].

Rechtlich wird dies damit begründet, dass das Vermögen der Komplementär-GmbH – als einzige persönlich haftende Gesellschafterin der KG – ausgehöhlt wird, wenn durch die Auszahlungen an die Kommanditisten eine Unterbilanz bei der Komplementär-GmbH eintritt oder vertieft wird, also das haftende Stammkapital angegriffen wird[38]. Systematisch ist dieser Rückerstattungsanspruch also nicht die erneute Erfüllung der Beitragspflicht, sondern die Erfüllung eines Zahlungsanspruchs zwecks Erhalts des Stammkapitals der Komplementär-GmbH. Nicht jede Ausschüttung an den Kommanditisten begründet oder vertieft jedoch eine Unterbilanz bei der Komplementär-GmbH. Auch wenn die Komplementär-GmbH im Außenverhältnis für alle Verbindlichkeiten der KG haftet, kann sie von der KG in derselben Höhe Freistellung von diesen Verbindlichkeiten verlangen (§§ 161 Abs. 2, 110 HGB) und diesen Freistellungsanspruch grundsätzlich auch aktivieren. Wenn jedoch durch Wertverschlechterungen des Anlagevermögens der KG der Freistellungsanspruch nicht mehr voll werthaltig ist – weil das Nettoaktivvermögen der Kommanditgesellschaft deren Verbindlichkeiten wertmäßig nicht mehr deckt –, tritt auch bei der Komplementär-GmbH eine Unterbilanz durch rechnerische Herabminderung des ausgegebenen Nennbetrages ein. Wird durch Auszahlung das Vermögen der Kommanditgesellschaft nunmehr weiter gemindert, sind diese entsprechend §§ 30, 31 GmbHG an die Kommanditgesellschaft zurückzuzahlen.

---

36 BGH 29.03.1973 – II ZR 75/70, BGHZ 60, 324, 329 f., WM 1973, 507; BGH, 19.02.1990 – II ZR 268/88, BGHZ 110, 342, NJW 1990, 1725; BGH, 27.03.1995 – II ZR 30/94, NJW 1995, 1960.

37 BGH, 19.02.1990 – II ZR 268/88, BB 1990, 802, 805 f.

38 BGH, 19.02.1990 – II ZR 268/88, BB 1990, 802, 805 f.; *Heidinger*, in: Beck'scher Online-Kommentar zum GmbHG, § 30 Rn 118 f.

Im Vergleich zur Wiedereinlagepflicht führen die §§ 30, 31, GmbHG sogar zu einer Haftungsverschärfung für Kommanditisten. Denn der Rückerstattungsanspruch ist nicht etwa auf die Höhe des wiederherzustellenden Stammkapitals der Komplementär-GmbH beschränkt, sondern umfasst die Rückzahlung sämtlicher erhaltener Entnahmen[39]. Diese Haftung ist vor allem deshalb schwer beherrschbar, weil der Anleger häufig keine hinreichende Kenntnis von einer möglichen Unterbilanz der Komplementär-GmbH hat.

4.2.4 Nachschusspflicht

Thematisch dem Bereich der Innenhaftung zuzurechnen ist auch die Frage einer etwaigen Nachschusspflicht.

Der Kommanditist ist grundsätzlich nicht verpflichtet, Nachschüsse zu leisten (§§ 161 Abs. 2, 105 Abs. 3 HGB, § 707 BGB), es sei denn, aus dem Gesellschaftsvertrag ist im Zeitpunkt seines Beitritts eindeutig Ausmaß und Umfang erkennbar und die Höhe objektiv bestimmbar. Das erfordert die Festlegung einer Obergrenze oder sonstiger Kriterien, die das Erhöhungsrisiko eingrenzen[40]. Ohne eine vertragliche Regelung ist der Kommanditist zu Nachschüssen nur verpflichtet, wenn er der Beschlussfassung über die Erhöhung der Pflichteinlage zugestimmt hat[41], weil hiermit in das mitgliedschaftliche Grundrecht eines Gesellschafters – den sog. Kernbereich – eingegriffen würde. Das entspricht der ständigen Rechtsprechung des BGH[42]

Anderenfalls würde eine Nachschusspflicht nur bestehen, wenn die gesellschaftsrechtliche Treuepflicht dies ausnahmsweise gebietet. Bei einer Publikumsgesellschaft hat der BGH hierfür die drohende Liquidation oder Insolvenz nicht ausreichen lassen[43]. In der Entscheidung vom 12.03.2013[44] hat er das nicht einmal geprüft.

---

39 BGH, 29.03.1973 – II ZR 25/70, BGHZ 60, 324.
40 BGH, 4.07.2005 – II ZR 354/03, WM 2005, 1608, BGH, 23.01.2006 – II ZR 126/04, WM 2006, 774, BGH, 05.03.2007 – II ZR 282/05, WM 2007, 743.
41 BGH, 25.05.2009 – II ZR 259/07. WM 2009, 1413.
42 BGH, 19.11.1984 – II ZR 102/84, NJW 1985, 972, 973.
43 BGH, 23.01.2006 – II ZR 126/04, WM 2006, 774.
44 BGH, 12.03.2013 – II ZR 73/11, WM 2013, 1222.

4.2.5 Kapitalerhöhung/disparate Erlösverteilung

Aus denselben Gründen hat der BGH eine Pflicht zur Teilnahme an einer Kapitalerhöhung vorbehaltlich abweichender Regelungen im Gesellschaftsvertrag verneint[45]. Der BGH erlaubt jedoch die Durchführung einer Kapitalerhöhung mit der erforderlichen Mehrheit, wenn die Teilnahme unter einem Freiwilligkeitsvorbehalt besteht, auch wenn hierdurch eine „Verwässerung" der Anteile eintritt.[46]

Ob die Einräumung von Vorzugs- und Sonderrechte für Nur-Kommanditisten möglich ist, stellt sich gerade im Rahmen der eingangs beschriebenen Sanierungskonzepte, in denen den Gesellschaftern, die sich freiwillig in der Krise mit neuem Kapital beteiligen, im Rahmen der Liquidation Vorzugsrechte eingeräumt werden. Hier könnte die disparate Verteilung an die Gesellschafter als Eingriff in den Kernbereich anzusehen sein. Wenn diese Regelung jedoch Teil des Sanierungskonzeptes ist und hierdurch das Überleben der Gesellschaft erst gesichert wird, ist es dem nichtmitwirkenden Gesellschafter zumutbar, auch ohne seine Zustimmung nachrangig nach den Vorzugskapitalgebern befriedigt zu werden.

Das liegt auch auf einer Linie mit der Entscheidung des BGH vom 19.10.2009[47]. Im Rahmen einer sanierenden Kapitalerhöhung (verbunden mit einem vorherigen Kapitalschnitt) hat der BGH ausnahmsweise sogar das zwangsweise Ausscheiden der nichtzustimmenden und nichtteilnehmenden Gesellschafter für zulässig erachtet. Der BGH hat diese Entscheidung vor allem mit der Unzumutbarkeit der Fortführung der Gesellschaft mit Sanierungsunwilligen begründet, weil diese von der Sanierung ohne eigenes Risiko profitieren. Diese verfolgen keine schutzwürdigen Interessen, so dass ihr Ausscheiden im Vergleich zur Liquidation keine Schlechterstellung bedeutet. Die nachrangige Befriedigung wäre hierzu sogar der geringere Eingriff.

Auch die Entscheidung des BGH vom 20.06.2005 spricht für eine solche Betrachtungsweise[48]. Dort hat der BGH entschieden, dass ein Kommanditist ein die Erstattungspflicht der Gesellschaft nach § 110 HGB auflösendes Sonderopfer erbringt, wenn er ohne rechtliche Verpflichtung Entnahmen an die KG zurückzahlt, selbst wenn damit zugleich Außenhaftungsansprüche wieder beseitigt werden. Ein solches Sonderopfer erbringt auch der Vorzugskapitalgeber.

---

45 BGH, 24.11.1975 – II ZR 89/74, BGHZ 66, 82 = WM 1976, 472.

46 Ebenda.

47 BGH, 19.10.2009 – II ZR 240/08 – Sanieren oder Ausscheiden.

48 BGH, 20.06.2005 –II ZR 252/03, NZG 2007, 807.

4.3 Außenhaftung

Auch bei der Außenhaftung der Kommanditisten stellt sich die Frage, ob diese durch Ausschüttungen berührt wird.

4.3.1 Ausschüttungen

Für die Außenhaftung gibt es in Bezug auf Ausschüttungen eine klare gesetzliche Regelung. Gemäß § 172 Abs. 4 S. 1 HGB lebt die Außenhaftung des Kommanditisten wieder auf, wenn die Hafteinlage zurückgewährt wird. Die Haftung ist auf den Betrag beschränkt, um den die Hafteinlage tatsächlich gemindert ist. Gleiches gilt gemäß § 172 Abs. 4 S. 2 HGB, wenn der Kommanditist Gewinnanteile entnimmt und sein Kapitalkonto („Kapitalanteil") durch Verluste oder durch die Entnahme unter die Haftsumme sinkt.

Die Ausschüttung von echten Gewinnen führt deshalb – wie bei der Innenhaftung – nicht zu einer Einlagenrückgewähr, weil hierdurch die Hafteinlage nicht berührt wird. Werden dagegen vermeintliche Gewinne oder sog. Scheingewinne ausgeschüttet, führt dies gemäß § 172 Abs. 4 S. 2 HGB zu einem Wiederaufleben der Außenhaftung des Kommanditisten. Das gilt sowohl für den Fall, dass die Bilanz gar keinen Gewinn ausweist, als auch für den Fall, dass ausgewiesene Gewinne wegen vorausgehender oder sonderabschreibungsbedingter Verluste nicht ausschüttungsfähig sind. Das hat der BGH ausdrücklich bestätigt[49].

Reine Liquiditätsausschüttungen fallen unmittelbar unter § 172 Abs. 4 S.1 HGB mit der Folge, dass auch hier die Außenhaftung gegenüber den Gesellschaftsgläubigern wieder auflebt. Anders als bei den Regelungen im Innenverhältnis – wonach Liquiditätsausschüttungen auch endgültig bei den Kommanditisten verbleiben dürfen –, hat eine solche Regelung aus Gründen des Gläubigerschutzes keine Wirkung im Außenverhältnis. Das hat der BGH mehrfach klargestellt und folgt auch aus § 172 Abs. 3 HGB[50].

---

49 BGH, 20.04.2009 – II ZR 88/08, WM 2009, 1198.

50 BGH, 05.05.2008 – II ZR 105/07, WM 2008, 1228; BGH, 12.07.1982 – II ZR 201/81, BGHZ 84, 383, 387.

4.3.2 Gutglaubensschutz

Bei der Ausschüttung von Scheingewinnen kann sich der Kommanditist nach § 172 Abs. 5 HGB jedoch möglicherweise auf Gutgläubigkeit berufen. Dies gilt jedoch ausnahmsweise nur, wenn eine unrichtige Bilanz der Gesellschaft aufgestellt ist[51], diese gutgläubig unter Ausweis eines Gewinns erstellt wurde und der Kommanditist gutgläubig auf die Richtigkeit der Bilanz vertraut hat. Daran fehlt es beispielsweise, wenn der Kommanditist Kenntnis von früheren Verlusten hat und nur rechtsirrig annimmt, die in der Bilanz unrichtig ausgewiesenen Gewinne seien ausschüttungsfähig. Bei Ausschüttungen in geschlossenen Fonds gelingt dieser Nachweis in der Praxis deshalb häufig nicht.

4.4 Treuhandkommanditist

Eine Besonderheit bei geschlossenen Fonds bilden die Rechte und Pflichten der Anleger, die sich über einen Treuhandkommanditisten an der Gesellschaft beteiligen. Es ist deshalb die Frage zu klären, ob die vorgenannten Haftungsansprüche auch für den Treuhandkommanditisten bzw. den nicht formal als Kommanditisten eingetragenen Anleger gelten.

4.4.1 Innenverhältnis

Der BGH hat in einer jüngeren Entscheidung zum bislang umstrittenen – nunmehr zuerkannten – Auskunftsanspruch von Treugebern gegen die Gesellschaft hinsichtlich Namen und Anschriften der anderen Anleger[52] seine ständige Rechtsprechung bestätigt, dass der Treuhandkommanditist im Innenverhältnis eine einem unmittelbaren Gesellschafter entsprechende Rechtstellung erlangt, wenn sich dies aus den vertraglichen Bestimmungen, insbesondere der Verzahnung des Gesellschafts- und des Treuhandvertrages, ergibt.

Im Innenverhältnis gelten daher uneingeschränkt die vorgenannten Regelungen, wenn es sich nicht um zwei einfache – zweiseitige – Treuhandverhältnisse zwischen Treugeber und Treuhänder einerseits und Treuhänder und Gesellschaft andererseits handelt, sondern um von gesellschaftsrechtlichen Bindungen

51 BGH, 20.04.2009 – II ZR 88/08, WM 2009, 1198.
52 BGH, 5.02.2013 – II ZR 134/11, WM 2013, 555.

überlagerte Vertragsverhältnisse[53]. Durch die Einbeziehung in den Gesellschaftsvertrag beruht die Rechtsstellung des Treugebers dann nicht nur auf einer schuldrechtlichen Abrede mit der Gesellschaft. Vielmehr verschaffen dadurch die Gesellschafter – und nicht nur die Gesellschaft – dem Treugeber die einem unmittelbaren Gesellschafter entsprechende Stellung, so dass auch diesen beispielsweise die gesellschaftsrechtliche Treupflicht trifft. Bei einem in den Treuhandvertrag einbezogenen Gesellschaftsvertrag kann die Gesellschaft deshalb auch unmittelbar Leistung der Pflichteinlage vom Treugeber verlangen[54].

4.4.2 Außenverhältnis

Dagegen knüpft die Außenhaftung an die formale Gesellschafterstellung an, so dass Ansprüche aus den §§ 171, 172 HGB anerkanntermaßen nicht gegen den Treugeber geltend gemacht werden können[55].

Wird allerdings der Treuhänder wegen der zurückgezahlten Einlagen an den Treugeber aufgrund der wieder aufgelebten Haftung nach § 172 Abs. 4 HGB von einem Gesellschaftsgläubiger in Anspruch genommen, kann dieser vom Treugeber gemäß § 670 BGB Erstattung der Aufwendungen bzw. die Freihaltung von diesen Verbindlichkeiten gemäß § 257 BGB verlangen[56]. Diesen Freistellungsanspruch kann der Treuhänder an die Gesellschaft bzw. deren Insolvenzverwalter abtreten, wodurch er sich in einen Zahlungsanspruch umwandelt[57]. Gegen diesen Anspruch kann der Treugeber wiederum nicht mit etwaigen Schadensersatzansprüchen gegen den Treuhänder aufrechnen[58]. Der Treugeber kann sich also im Ergebnis diesen Außenhaftungsansprüchen nicht entziehen.

4.5 Anspruchsgeltendmachung

Abgesehen von der Abtretung stellt sich die Frage, wer diese Innen- und Außenhaftungsansprüche geltend machen kann. Das hängt auch davon ab, in welchem Abwicklungsstadium sich der geschlossene Fonds befindet.

53 BGH, 23.03.2003 – II ZR 64/02, ZIP 2003, 1702, 1703.

54 BGH, 18.09.2012 – II ZR 201/10, WM 2012, 2234.

55 Vgl. BGH, 28.01.1980 – II ZR 250/78, BGHZ 76, 127; BGH, 22.03.2011 – II ZR 271/08, WM 2011, 897.

56 BGH, 28.01.1980 – II ZR 250/78, BGHZ 76, 127; BGH, 22.03.2011 – II ZR 271/08, WM 2011, 897.

57 BGH, 05.05.2010 – III ZR 209/09, ZIP 2010, 1295; BGH, 22.03.2011 – II ZR 271/08, WM 2011, 897.

58 BGH, 22.03.2011 – II ZR 271/08, WM 2011, 897.

4.5.1 Außerhalb eines Insolvenzverfahrens

Außerhalb eines Insolvenzverfahrens sind Innenhaftungsansprüche von der Gesellschaft geltend zu machen, während die Außenhaftungsansprüche von den Gläubigern – beispielsweise von Darlehensgebern – geltend zu machen sind (§§ 171, 172 Abs. 4 HGB). Die Gläubiger können unmittelbar Zahlung an sich verlangen (= akzessorische Haftung für Gesellschafterschulden) und müssen nicht Zahlung an die Gesellschaft verlangen[59].

Nach überwiegender Auffassung kann allerdings auch die Gesellschaft die Außenhaftungsansprüche der Gläubiger im Wege gewillkürter Prozessstandschaft im eigenen Namen und auf fremde Rechnung an die Gesellschaft einziehen. Hierzu ist regelmäßig ein schutzwürdiges Eigeninteresse des Prozessstandschafters und eine nicht unbillige Benachteiligung des Kommanditisten erforderlich[60]. Das Landgericht Berlin hat in einem Fall, in dem eine Forderung der kreditgewährenden Bank geltend gemacht wurde, mit der die Gesellschaft eine Sanierungsvereinbarung geschlossen hatte, eine solche Prozessstandschaft für zulässig erachtet[61].

In der Praxis kommt es durchaus häufig vor, dass die Komplementär-GmbH im Rahmen von Sanierungsüberlegungen Gesellschaftsgläubiger auf solche Außenhaftungsansprüche hinweist und die Anspruchsdurchsetzung „provoziert“. Der BGH hat ein solches Verhalten im Grundsatz gestattet, soweit nicht treuwidriges Verhalten oder ein Verstoß gegen das Schikaneverbot vorliegt[62]. Der Gläubiger muss sich – auch wenn er selbst Gesellschafter ist – nicht einmal darauf verweisen lassen, zuerst die Gesellschaft in Anspruch zu nehmen[63]. Selbst ein gesellschaftsvertraglicher Haftungsausschluss berührt die Ansprüche des Gesellschafter-Gläubigers aus §§ 171, 172 HGB nicht, wenn dies im Gesellschaftsvertrag nicht hinreichend zum Ausdruck kommt[64].

59 OLG Stuttgart, 2.12.1998 – 20 U 29/98.
60 BGH, 24.10.1985 – VII ZR 337/84, BGHZ 96, 151, 155f.
61 LG Berlin, 8.03.2007 – 21 O 332/06, zitiert nach Juris.
62 BGH, 7.07.2007 – II ZR 95/06, DStR 2007, 1878.
63 BGH, 28.01.2014 – II ZR 154/13, Beck RS 2014, 05926.
64 BGH, 8.10.2013 – II ZR 367/12, Beck RS 2014, 00397.

4.5.2 Innerhalb eines Insolvenzverfahrens

Innerhalb eines Insolvenzverfahrens werden demgegenüber alle Haftungsansprüche gegenüber den Kommanditisten durch den Insolvenzverwalter geltend gemacht.

Für die Innenhaftungsansprüche folgt dies bereits daraus, dass dieser die Verwaltungs- und Verfügungsbefugnis über das schuldnerische Vermögen erlangt (§ 80 InsO) und dementsprechend als Partei kraft Amtes auch zur Durchsetzung der Ansprüche der Gesellschaft berechtigt ist. Für die Außenhaftung folgt dies explizit aus § 171 Abs. 2 HGB. Dadurch wird zwar nicht der Insolvenzverwalter Inhaber des Anspruchs, ihm werden jedoch die Ausübungsrechte überlassen mit der Folge, dass er diese einziehen kann[65]. Der Insolvenzverwalter bildet hiermit eine Sonderinsolvenzmasse zur Befriedigung der betroffenen Gläubiger. Dieses alleinige Einziehungsrecht, das einen Wettlauf der Gläubiger verhindern soll, führt zugleich dazu, dass mit Eröffnung des Insolvenzverfahrens Kommanditisten nicht mehr schuldbefreiend an einzelne Gläubiger leisten können[66]. Im Ergebnis hat der Insolvenzverwalter also die Wahl, ob er die beschriebenen Innenhaftungs- oder Außenhaftungsansprüche gegenüber den Anlegern geltend macht.

4.6 Weitere Haftungsfragen

Für Anleger stellen sich bei der Abwicklung geschlossener Fonds noch weitere Haftungsrisiken, die beispielhaft dargestellt werden sollen.

4.6.1 Insolvenz der Komplementär-GmbH

Nicht selten kommt es vor, dass die einzige persönlich haftende Gesellschafterin – die Komplementär-GmbH – ein eigenes Unternehmen betreibt oder für mehrere Kommanditgesellschaften (KG) tätig ist (sog. „Stern-Komplementärin"). Wird über das Vermögen der Komplementär-GmbH das Insolvenzverfahren eröffnet, führt dies nicht nur zum Ausscheiden der Komplementär-GmbH aus der KG (§§ 161 Abs. 2, 131 Abs. 3 S. 1 Nr. 2 HGB), sondern sogleich – wenn es nur einen einzigen Kommanditisten gibt – zur liquidationslosen Vollbeendigung der KG und

65 *Haas/Mock*, in: Röhricht/Graf von Westphalen/Haas, HGB, 4. Auflage 2014, § 171 HGB Rn 61.
66 *Haas/Mock*, in: Röhricht/Graf von Westphalen/Haas, a.a.O. (Fn 65), § 171 HGB Rn 62.

einer Gesamtrechtsnachfolge des Kommanditisten[67]. Der Kommanditist haftet nunmehr für sämtliche Verbindlichkeiten der KG, allerdings nur mit dem ihm zugefallenen Gesellschaftsvermögen.

Bestehen – wie bei einer Publikumsgesellschaft üblich – mehrere Kommanditisten, tritt die KG nach herrschender Meinung in das Stadium der Liquidation, indem sie sich auflöst[68]. Hier stellen sich Folgeprobleme, wenn die Gesellschaft durch die verbleibenden Kommanditisten unter der bisherigen Firma fortgesetzt wird. Neben einer Firmenhaftung (vgl. § 25 HGB) droht eine unbeschränkte Haftung für Neuverbindlichkeiten durch stillschweigende Gründung einer neuen OHG[69]. Die Kommanditisten müssen deshalb entweder eine neue Komplementärin einsetzen, um ihre Haftung zu beschränken, oder die Geschäfte rechtzeitig einstellen, um der Haftung zu entgehen. Hierfür wird eine maximale Frist von drei Monaten vertreten[70].

4.6.2 Geschlossene Immobilenfonds-GbR

Auch bei einer Beteiligung an einer geschlossenen Immobilienfonds-GbR stellen sich schwierige Haftungsfragen.

Hierzu hat zwar der BGH entschieden, dass – trotz der seit 2001 anerkannten Rechtfähigkeit der Gesellschaft bürgerlichen Rechts (GbR) und der akzessorischen Haftung der GbR-Gesellschafter nach § 128 HGB analog[71] – bei einer Publikumsgesellschaft in Form einer Immobilien-GbR die Haftung der Anleger auf die Einlage beschränkt werden kann[72]. In der Liquidation einer solchen Publikums-GbR ist jedoch eine Auseinandersetzungsbilanz zu erstellen, in die auch ohne besondere Regelungen im Gesellschaftsvertrag gegenseitige Ansprüche als unselbständige Rechnungsposten einzustellen sind, so dass der auf jeden Gesellschafter entfallene Fehlbetrag zu ermitteln ist[73]. Dabei hat der BGH anerkannt, dass auch die Feststellungen der Auseinandersetzungsbilanz mit daraus resultierenden Nachschussverpflichtungen der Gesellschafter von einer Mehrheitsklausel im Gesellschaftsvertrag erfasst sind. Anders als die Einforderung von Nachschüssen – die nach der abdingbaren Vorschrift des § 707 BGB grundsätzlich

67 BGH, 15.03.2004 – II ZR 247/01, WM 2004, 1138.
68 BGH, 14.05.1952 – II ZR 40/51, BGHZ 6, 113.
69 *Haas/Mock*, in: Röhricht/Graf von Westphalen/Haas, a.a.O. (Fn 65), § 131 HGB Rn 6.
70 *Krings/Otte*, NZG 2012, 763.
71 BGH, 8.02.2011 – II ZR 243/09, WM 2011, 889.
72 BGH, 08.02.2011 – II ZR 243/09, WM 2011, 893; WM 2011, 889.
73 BGH, 15.11.2011 – II ZR 266/09, WM 2012, 502.

einer klaren vertraglichen Regelung bedürfen – ergibt sich die Nachschusszahlung bzw. die Verlustausgleichspflicht bei Auflösung der Gesellschaft unmittelbar aus dem Gesetz (§ 735 BGB). Denn die Auseinandersetzung ist darauf gerichtet, sämtliche Schulden der Gesellschaft vorrangig zu tilgen (§ 733 BGB). Demzufolge können Nachschusspflichten im Rahmen der Liquidation auch durch Mehrheitsentscheidung herbeigeführt werden, wobei die Höhe sogar an die unterschiedliche Leistungsfähigkeit angepasst werden kann[74].

4.6.3 (Atypisch) Stille Gesellschaft

Sobald eine Publikumsgesellschaft durch stille Gesellschafter begründet wird, ist zur Vermeidung einer Haftung vor allem auf die Ausgestaltung des stillen Gesellschaftsvertrages zu achten. Handelt es sich nämlich um einen atypischen stillen Gesellschafter, der einem Gläubiger eines Gesellschaftsdarlehens entspricht, sind seine Ansprüche nachrangig (§ 39 Abs. 1 Nr. 5 InsO) und an ihn geleistete Ausschüttungen innerhalb eines Jahres vor dem Insolvenzantrag möglicherweise nach § 135 InsO anfechtbar[75]. Dies ist dann der Fall, wenn in einer Gesamtbetrachtung seine Stellung nach dem Beteiligungsvertrag der eines Kommanditisten im Innenverhältnis weitgehend angenähert ist. Der Nachrang seiner Ansprüche in der Insolvenz der Geschäftsinhaberin kann danach eintreten, wenn im Innenverhältnis das Vermögen der Geschäftsinhaberin und die Einlage des Stillen als gemeinschaftliches Vermögen behandelt werden, die Gewinnermittlung wie bei einem Kommanditisten stattfindet, die Mitwirkungsrechte des Stillen in der GmbH & Co. KG der Beschlusskompetenz eines Kommanditisten in Grundlagenangelegenheiten jedenfalls in ihrer schuldrechtlichen Wirkung gleich kommen und die Informations- und Kontrollrechte des Stillen denen eines Kommanditisten nachgebildet sind. Im Schrifttum wird diese Gestaltungsform dementsprechend bildhaft auch als "Innen-KG" bezeichnet[76].

74 BGH, 15.11.2011 – II ZR 266/09, WM 2012, 502.
75 BGH, 28.06.2012 – IX ZR 191/11, WM 2012, 1874.
76 *Schmidt*, in: Münchener Kommentar, a.a.O. (Fn. 21), § 230 Rn 81.

5 Änderungen nach dem KAGB

Nach dem Übergangsrecht (§ 353 KGB) gelten für geschlossene Fonds, die nach dem 21.07.2013 keine weiteren Anlagen mehr getätigt haben, die Regelungen des KAGB nicht. Sofern nach diesem Zeitpunkt noch Anlagen durch vor dem 22.07.2013 gegründete geschlossene Fonds getätigt worden sind, gelten modifizierte Übergangsregelungen. Hierbei gelten jedoch nicht die gesellschaftsrechtlichen Sondervorschriften über die Invest-KG nach den § 149 bis 157 KAGB.

Nur für die nach dem 22.07.2013 gegründeten geschlossenen Fonds sind also die §§ 149 bis 157 KAGB uneingeschränkt anwendbar. Daraus ergeben sich im Wesentlichen folgende Abweichungen und Klarstellungen zur bisherigen Rechtslage:

Bei der Einlagenrückgewähr und Ausschüttungen, die zu einem Aufleben der Haftung gemäß § 172 Abs. 4 HGB zu führen drohen, ist nunmehr die Zustimmung des Kommanditisten und ein voriger Hinweis erforderlich (§ 152 Abs. 2 KAGB).

Eine Nachschusspflicht des Kommanditisten ist gesetzlich ausgeschlossen; auch entgegenstehende Vereinbarungen sind unwirksam (§ 152 Abs. 3 KAGB).

Der Anteil des Kommanditisten an einer bestehenden Investment-KG wird erst mit Eintragung des Eintritts im Handelsregister wirksam, so dass eine drohende Haftung gemäß § 176 Abs. 2 HGB verhindert wird (§ 152 Abs. 4 KAGB).

Beim Ausscheiden eines Kommanditisten aus der Invest-KG führt die Abfindung entgegen § 172 Abs. 4 HGB nicht zu einem Wiederaufleben der Haftung (§ 152 Abs. 6 KAGB).

Dem Treugeber wird gesetzlich im Innenverhältnis die Rechtsstellung des Kommanditisten zuerkannt (§ 152 Abs. 1 S. 3 KAGB).

Eine Auflösung der KG durch gerichtliche Entscheidung auf Antrag eines Gläubigers bei Vorliegen eines wichtigen Grundes gemäß § 133 Abs. 1 HGB ist ausgeschlossen; stattdessen kann der Gesellschafter die Gesellschaft außerordentlich kündigen und aus ihr ausscheiden (§ 161 Abs. 1 KAGB).

Bei Abwicklung einer geschlossenen Publikums-Invest-KG hat der Liquidator jährlich sowie auf den Tag der Beendigung einen Abwicklungsbericht zu erstellen, der bestimmte Mindestangaben enthalten muss (§ 161 Abs. 2 KAGB).

Nach Beendigung der Liquidation sollen Kommanditisten nicht mehr für Verbindlichkeiten der geschlossenen Invest-KG haften (§ 161 Abs. 3 KAGB).

6 Haftungsgefahren für Banken

Abschließend soll dargestellt werden, welche Haftungsrisiken für finanzierende Banken im Hinblick auf die vorbeschriebenen Arten der Abwicklung bestehen. Das sind vor allem Risiken, die in der Krise der geschlossenen Fonds entstehen.

6.1 Faktische Geschäftsführung/Einflussnahme

Denkbar ist, dass eine Bank faktisch wie ein Geschäftsführer auftritt, wenn sie zu großen Einfluss auf die Geschicke der Gesellschaft nimmt. In diesem Fall würden die Banken die gleichen zivil- und strafrechtlichen Folgen treffen wie einen eingetragenen Geschäftsführer. Das betrifft insbesondere die Haftung wegen Insolvenzverschleppung (§ 823 Abs. 2 BGB iVm. § 15 a InsO), den Verstoß gegen das Zahlungsverbot mit Eintritt der Insolvenzreife (§ 64 GmbHG, 130 a HGB) oder sonstige Haftungstatbestände in der Krise. Nach der Rechtsprechung des BGH setzt das allerdings ein nach außen hervortretendes Verhalten voraus[77], das insbesondere neben dem Auftreten eines eingetragenen Geschäftsführers selten anzunehmen sein wird.

Ein Haftungsrisiko besteht für die Bank auch, wenn sie faktisch den vollständigen Zahlungsverkehr für die Gesellschaft übernimmt, um einseitig eigene Forderungen zurückzuführen. Das kann Anknüpfungspunkt für eine Bösgläubigkeit bzw. ein schadensersatzbegründendes Verhalten sein (§ 826 BGB) oder einen Insolvenzstraftatbestand nach den §§ 283 ff. StGB (z. B. Bankrott, Schuldnerbegünstigung, Beihilfe zur Gläubigerbegünstigung) erfüllen.

6.2 Beihilfe zur Insolvenzverschleppung

In der Krise der Gesellschaft kann die Bank durch ihr Verhalten eine Beihilfe zur Insolvenzverschleppung begehen, die nach § 826 BGB Schadensersatzpflichten begründen kann.

Das bloße Stillhalten ist in der Regel kein tauglicher Anknüpfungspunkt für eine Beihilfehandlung[78]. Anders ist das für die Weiterfinanzierung des laufenden Geschäftsbetriebes. Nach der Rechtsprechung des BGH kommt es hierbei darauf an, ob der Kredit gegeben wurde, um einen ernsthaften Rettungsversuch

77 BGH, 11.02.2008 – II ZR 291/06, NZG 2008, 468, 469.
78 BGH, 25.07.2005 – II ZR 390/03, WM 2005, 1843.

zu unternehmen (dann kein sittenwidriger Kredit), oder mit dem Kredit nur die „Verlängerung des wirtschaftlichen Todeskampfes" im Sinne einer hinausgezögerten Liquidation auf Kosten anderer Gläubiger herbeigeführt wird[79]. Das kann bei einer Spekulation auf höhere Verwertungserlöse im Wege des freihändigen Verkaufs der Fall sein.

In der Praxis wird deshalb üblicherweise ein neuer Kredit nur auf der Basis eines belastbaren Sanierungsgutachtens gewährt, auch um sich diesem Vorwurf zu entziehen[80].

6.3 Insolvenzanfechtung

Die Bank kann sich bei einer weiteren Kreditgewährung – aber auch bei einem Stillhalten – Insolvenzanfechtungsrisiken im Hinblick auf ihre Sicherheiten aussetzen.

Das gilt insbesondere für eine Nachbesicherung. Nach der Rechtsprechung des BGH sind nachträglich gewährte Sicherheiten in der Regel inkongruent, weil kein einklagbarer Anspruch auf diese konkrete Sicherheit besteht[81]. Einem späteren Insolvenzverwalter ist deshalb die Insolvenzanfechtung nach erleichterten Voraussetzungen möglich. Im Drei-Monatszeitraum vor dem Insolvenzantrag hängt die Anfechtung gemäß § 131 Abs. 1 Nr. 1 und 2 InsO nur noch vom Vorliegen des Insolvenzantrages (letzter Monat) bzw. der objektiven Zahlungsunfähigkeit (2. und 3. Monat) ab. Innerhalb des Zehn-Jahreszeitraums vor dem Insolvenzantrag ist die Vorsatzanfechtung (§ 133 Abs. 1 InsO) leichter zu begründen, weil durch die Inkongruenz der Gläubigerbenachteiligungsvorsatz und die Kenntnis des Anfechtungsgegners hiervon indiziert wird[82].

Daneben kann jedoch auch ein „Werthaltigmachen" bestehender Sicherheiten der Anfechtung unterliegen[83]. Wenn durch insolvenznahe gläubigerbenachteiligende Aufwendungen eine Wertverbesserung der Sicherheiten eintritt, kann dieser Wertzuwachs ggf. zur Masse gezogen werden[84]. Eine solche Anfechtung kommt in der Praxis beispielsweise bei der Globalzession nach Kenntnis von der

79 BGH, 28.05.1951 – IV ZR 5/51, MDR 1951, 604.

80 So auch der BGH, 9.10.2006 – II ZR 303/05, WM 2006, 2254.

81 BGH, 29.11.2007 – IX ZR 30/07, WM 2008, 204.

82 BAG, 12.09.2013 – 6 AZR 980/11, ZIP 2014, 37.

83 BGH, 29.11.2007 – IX ZR 30/07, BGHZ 174, 297, 309 m. Anm. *Schneider/Güther*, BB 2008, 279; BGH, 17.03.2011 – IX ZR 63/10, BGHZ 189, 1, NJW 2011, 1506, 1509.

84 BGH, 20.12.2012 – IX ZR 21/12, WM 2013, 215.

Zahlungsunfähigkeit oder dem Insolvenzantrag (§ 130 InsO) vor, ist jedoch auch bei allen anderen Sicherheiten denkbar[85].

7 Fazit

Alle Verfahren der Abwicklung notleidender geschlossener Fonds werfen erhebliche rechtliche Probleme und Haftungsfragen auf. Anleger von geschlossenen Fonds übersehen insbesondere häufig die Risiken und Haftungsgefahren ihrer unternehmerischen (Kommandit-)Beteiligung, die gerade im Rahmen der Abwicklung zu Tage treten, auch wenn sie sich über einen Treuhandkommanditisten an der Publikumsgesellschaft beteiligen. In der Krise und Insolvenz von geschlossenen Fonds unterliegen allerdings auch finanzierende Banken erhöhten Haftungs- und Insolvenzanfechtungsrisiken. Für die Banken gilt es deshalb frühzeitig und sorgfältig abzuwägen, ob zur Vermeidung von Haftungsrisiken und zur Nutzung von Sanierungschancen im Insolvenzverfahren – beispielsweise auch durch das Lösen von ungünstigen Verträgen – die geplante Insolvenz eines geschlossenen Fonds nicht die bessere Option für eine Abwicklung ist.

85 BGH, 29.11.2007 – IX ZR 30/07, WM 2008, 223.

Prof. Dr. Michael Schlitt, Partner, Hogan Lovells International LLP

Haftungsadressaten der Prospekthaftung nach KAGB und VermAnlG[1]

Der nachfolgende Beitrag setzt sich mit der Frage auseinander, wer Haftungsadressat einer Prospekthaftung nach dem KAGB bzw. VermAnlG sein kann. Zugespitzt geht es dabei um die Problematik, ob und wieweit die von der früheren Rechtsprechung aufgestellten Restriktionen für die bürgerlich-rechtliche Prospekthaftung bei Personengesellschaften durch die Kodifizierung der Prospekthaftung in den verschiedenen "Investmentgesetzen" noch fortgelten oder andere Lösungswege zu beschreiten sind.

Bevor auf diese Frage näher eingegangen wird, soll in einem einleitenden Teil zunächst die gesetzliche Entwicklung im Investmentrecht nachgezeichnet und dabei auf die Systematik der den "grauen Kapitalmarkt" regelnden Gesetze eingegangen werden (dazu unter 1). Im Anschluss wird ein notwendigerweise stark vergröbernder Überblick über denkbare Fondstrukturen nach neuem Recht gegeben, da diese für das weitere Verständnis der Frage bedeutsam sind (dazu

1 Ich danke Herrn *Matthias Murr* – wissenschaftlicher Mitarbeiter bei Hogan Lovells LLP – für seine große Unterstützung bei der Vorbereitung des Vortragmanuskripts und dieses Beitrages.

unter 2). Sodann sollen die geltenden investmentrechtlichen Prospekthaftungsvorschriften kurz vorgestellt werden (dazu unter 3). Vor diesem Hintergrund ist dann der Frage nachzugehen, wer als Anspruchsgegner bei einer Prospekthaftung in Betracht kommt (dazu unter 4). Dabei soll, nachdem sich der Anwendungsbereich des VermAnlG deutlich reduziert hat[2], vor allem die Rechtslage nach dem KAGB im Fokus stehen.

1 Gesetzeshistorie

Das Recht der „kollektiven Vermögensverwaltung", das sein Fundament zunächst im Gesetz über Kapitalanlagegesellschaften (KAGG) und im Auslandinvestment-Gesetz (AuslInvestmentG) und seit 2004 im Investmentgesetz (InvG) gefunden hatte, hat in Reaktion auf die Finanzkrise eine tiefgreifende Änderung erfahren:

So ist im Juni 2012 zunächst das Vermögensanlagegesetz (VermAnlG)[3] in Kraft getreten. Das Gesetz ist angetreten, alle Vermögensanlagen, die nicht in Wertpapieren verbrieft sind, zu regulieren. Dazu blieb ihm indessen nicht viel Zeit. Denn bereits am 22. Juli 2013 kam es mit dem Inkrafttreten des Kapitalanlagegesetzbuchs (KAGB)[4] zu einer umfassenden gesetzgeberischen Reform. Das KAGB, das auf die Schaffung eines geschlossenen Systems für Investmentfonds und ihre Manager abzielt, stellt den wesentlichen Bestandteil des AIFM-Umsetzungsgesetzes dar[5]. Darüber hinaus enthält es, bei gleichzeitiger Aufhebung des InvG, Regelungen, mit denen die OGAW-Richtlinie[6] in das deutsche Recht transformiert worden war[7].

In Abkehr vom formellen Investmentfondbegriff des InvG[8] erfasst das KAGB nunmehr grundsätzlich alle Arten von Investmentvermögen und die zu

2 Zur geplanten Erweiterung des Anwendungsbereichs durch das sog. Kleinanlegerschutzgesetz siehe Näheres in Fn. 13.

3 BGBl. I 2011 S. 2481.

4 BGBl. I 2013 S. 1981.

5 Anders als die AIFM erfasst das KAGB nicht lediglich die Verwalter, sondern auch die Investmentvermögen selbst.

6 Richtlinie 2009/65/EG des Europäischen Parlaments und des Rates vom 13. Juli 2009 zur Koordinierung der Rechts- und Verwaltungsvorschriften betreffend bestimmte Organismen für gemeinsame Anlagen in Wertpapieren (OGAW).

7 RegBegr. KAGB-E, BT-Drucks. 17/12294, S. 2.

8 Danach waren nur die im Gesetz ausdrücklich geregelten Fonds erfasst, siehe *Burghard/Heimann*, WM 2014, 821, 822; *Fischer/Friedrich*, ZBB 2013, 153, 156; *Emde* in Emde/Dornseifer/Dreibus/Hölscher, InvG, 2013, Einl. Rn. 66; *Jakovou* in Langenbucher/Bliesener/Spindler, Bank-

ihnen gehörenden Verwaltungsgesellschaften. Es reguliert somit alle offenen und geschlossenen Fonds und verwirklicht damit das Ziel des Gesetzgebers, in Reaktion auf die Finanzkrise die kollektive Vermögensverwaltung umfassend zu regeln[9].

§ 1 Abs. 1 definiert Investmentvermögen als jeden Organismus in gemeinsamen Anlagen, der von einer Anzahl von Anlegern Kapital einsammelt, um es gemäß einer festgelegten Anlagestrategie zum Nutzen dieser Anleger zu investieren, und der kein operativ tätiges Unternehmen außerhalb des Finanzsektors ist[10]. Im Hinblick auf das Investitionsziel werden zwei grundlegende Arten von Investmentvermögen unterschieden, nämlich zum einen Organismen für gemeinsame Anlagen in Wertpapieren (OGAW) und zum anderen Alternative Investmentfonds (AIF), wobei die Abgrenzung – einer im KAGB mehrfach anzutreffenden Gesetzestechnik folgend – negativ vorgenommen wird: AIF sind alle Investmentvermögen, die keine OGAW sind (§ 1 Abs. 3 KGAB). Während es sich bei den OGAWs in erster Linie um Wertpapierfonds handelt[11], gehören zu den AIFs insbesondere Immobilienfonds, Hedgefonds und Private Equity Fonds[12].

Damit wird gleichzeitig deutlich, dass der Anwendungsbereich des VermAnlG seit Inkrafttreten des KAGB deutlich geringer geworden ist. Denn es gilt ein doppeltes Subsidiaritätsprinzip: Nicht erfasst werden zum einen Vermögensanlagen, die im Sinne des Wertpapierprospektgesetzes verbrieft sind, und zum anderen solche, die als Anteile an Investmentvermögen iSv § 1 Abs. 1 KAGB ausgestaltet

---

rechts-Kommentar, 2013, 39. Kap. Rn. 51; RegBegr. KAGB-E, BT-Drucks. 17/12294, S. 188.

9 RegBegr. KAGB-E, BT-Drucks, 17/12294 S. 2 und S. 187; *Burgard/Heimann*, WM 2014, 821; *Seibt/McAlister*, DB 2013, 2374, 2375; *Fischer/Friedrich*, ZBB 2013, 153, 154 und 156.

10 Zu den einzelnen Tatbestandsmerkmalen siehe insb. BaFin Auslegungsschreiben zum Anwendungsbereich des KAGB und zum Begriff des „Investmentvermögens" vom 14.06.2013 (zuletzt geändert am 10.12.2014), abrufbar unter http://www.bafin.de/SharedDocs/Veroeffentlichungen/DE/Auslegungsentscheidung/WA/ae_130614_Anwendungsber_KAGB_begriff_invvermoegen.html; siehe weiter *Schneider* in Möllers/Kloyer, Das neue KAGB, 2013, S. 84 Rn. 193 ff.; *Kloyer* in Möllers/Kloyer, Das neue KAGB, 2013, S. 89 Rn. 228 ff.; *Wollenhaupt/Beck*, DB 2013, 1950, 1951; *Hartrott/Goller*, BB 2013, 1603; Bäuml, FR 2013, 640, 641. I.d.R nicht vom Begriff des Investmentvermögens erfasst werden laut BaFin z.B. Family Offices und im Immobiliensektor der Betrieb eines Hotels, die Projektentwicklung, das Facility Managment sowie Makler- und Bewertungstätigkeiten. Darüber hinaus normiert § 2 Abs. 1 – 3 KAGB Ausnahmen, die vom Anwendungsbereich des KAGB ausgenommen werden. So ist das KAGB z.B. nicht auf bestimmte Holdinggesellschaften (§ 2 Abs. 1 Nr. 1 KAGB) oder Verbriefungszweckgesellschaften (§ 2 Abs. 1 Nr. 7 KAGB) anzuwenden.

11 *Burgard/Heimann*, WM 2014, 821, 822; *Emde/Dreibus*, BKR 2013, 89, 90; *Bäuml*, FR 2013, 640, 641.

12 Vgl. RegBegr. KAGB-E, BT-Drucks. 17/12294, S. 187.

sind. Der Anwendungsbereich beschränkt sich mithin künftig (allenfalls) auf Anteile, die eine Beteiligung am Ergebnis eines Unternehmens gewähren, Treuhandvermögen, Genussrechte sowie Namensschuldverschreibungen, die keine dieser beiden Anforderungen erfüllen[13]. Die vormals vom VermAnlG erfassten Anteile an sonstigen geschlossenen Fonds unterfallen nunmehr dem KAGB.

2 Fondstrukturen nach KAGB

Die nach neuem Recht vor dem Hintergrund der höchst komplexen Regelungssystematik des KAGB in Frage kommenden Fondstrukturen im Detail vorzustellen, würde den Rahmen dieses Beitrages sprengen. Daher werden nachfolgend nur einige wesentliche Leitlinien der Systematik des neuen Gesetzes skizziert:

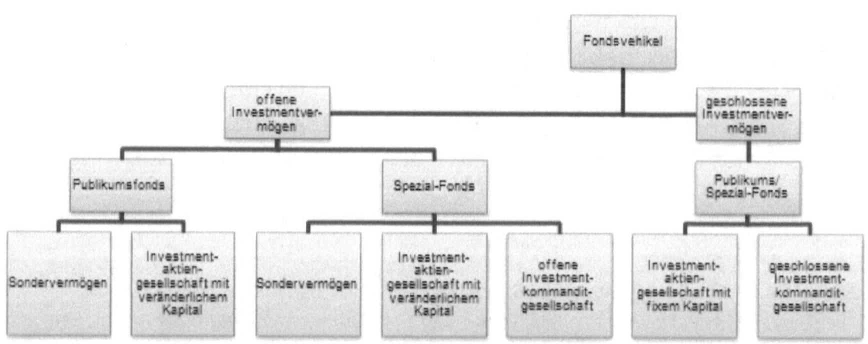

13 Allerdings sieht der am 28.07.2014 vom Bundesfinanzministerium vorgelegte Referentenentwurf für ein Kleinanlegerschutzgesetz (abrufbar unter www.bundesfinanzministerium.de) eine Erweiterung des Anwendungsbereichs des VermAnlG vor, die dem Gesetz im Hinblick auf Vermögensanlagen wieder zu größerer Bedeutung verhelfen könnte. So sieht der Referentenentwurf vor, zukünftig auch partiarische Darlehen, Nachrangdarlehen sowie sonstige Anlagen, die einen Anspruch auf Verzinsung und Rückzahlung gewähren oder im Austausch für die zeitweise Überlassung von Geld einen vermögenswerten auf Barausgleich gerichteten Anspruch vermitteln, in den Anwendungsbereich einzubeziehen. Zum Referentenentwurf allgemein *Aurich*, GWR 2014, 295.

2.1 Offene und geschlossene Investmentvermögen

Im Anschluss an die oben erwähnte Unterscheidung zwischen OGAWs und AIFs differenziert das KGAB zunächst zwischen offenen und geschlossenen Investmentvermögen. Offene Investmentvermögen sind dabei alle OGAWs sowie solche AIFs, die die Voraussetzungen von Art. 1 Abs. 2 der Delegierten Verordnung (EU) Nr. 694/2014[14] erfüllen. Somit liegt ein offener AIF dann vor, wenn dessen Anteile vor Beginn der Liquidations- oder Auslaufphase auf Ersuchen eines Anteilseigners direkt oder indirekt aus den Vermögenswerten des AIF und nach den Verfahren und mit der Häufigkeit, die in den Vertragsbedingungen oder der Satzung, dem Prospekt oder den Emissionsunterlagen festgelegt sind, zurückgekauft oder zurückgenommen werden[15]. Mithin ist ein AIF fortan immer dann offen, wenn er seinen Anlegern eine Rückgabemöglichkeit während seiner Laufzeit gewährt[16].

Die Abgrenzung zu geschlossenen AIFs erfolgt wieder negativ: Geschlossen sind solche Fonds, die nicht offen sind (§ 1 Abs. 5 KAGB). Offene Investmentvermögen können Sondervermögen, InvAGs[17] oder InvKGs mit variablem Kapital sein.

2.2 Spezial- und Publikumsinvestmentvermögen

Des Weiteren differenziert das Gesetz im Hinblick auf die Art der Investoren zwischen Spezialinvestmentvermögen und Publikumsinvestmentvermögen. Spezial-InVerm sind solche InVerm, deren Anteile nur von professionellen und semiprofessionellen Anlegern gehalten werden dürfen (§ 1 Abs. 6 Satz 1 KAGB). Zur Bestimmung des professionellen Anlegers verweist § 1 Abs. 19 Nr. 32 KAGB auf Anhang II der MiFID-Richtlinie[18]. Der Begriff des semiprofessionellen Anlegers

---

14 Delegierte Verordnung (EU) Nr. 694/2014 der Kommission vom 17. Dezember 2013 zur Ergänzung der Richtlinie 2011/61/EU des Europäischen Parlaments und des Rates im Hinblick auf technische Regulierungsstandards zur Bestimmung der Arten von Verwaltern alternativer Investmentfonds.

15 Nach § 1 Abs. 4 KAGB a.F. war ein AIF immer dann offen, wenn er dem Anleger mindestens einmal pro Jahr das Recht zur Rückgabe seiner Anteile gab.

16 *Wollenhaupt/Beck*, DB 2013, 1950, 1953; *Burgard/Heimann*, WM 2014,821, 822 Fn. 26.

17 Vorbild der InvAG war die Luxemburger société d'investissement à capital variable (SICAV), vgl. *Fischer/Friedrich*, ZBB 2013, 153, 158. Die InvAG unterliegt gem. § 108 Abs. 2 S. 1 KAGB – abgesehen von den dort aufgeführten Ausnahmen – den Vorschriften des AktG.

18 Richtlinie 2004/39/EG des europäischen Parlaments und des Rates vom 21.04.2004 über Märkte für Finanzinstrumente, zur Änderung der Richtlinie 85/611/EWG und Richtlinie 93/6/

wird in § 1 Abs. 19 Nr. 33 KAGB legal definiert. Im Gegensatz zur alten Rechtslage nach dem InvG (vgl. § 2 Abs. 3 InvG) können unter bestimmten Voraussetzungen nunmehr auch natürliche Personen Anteile an Spezialinvestmentvermögen halten[19].

All diejenigen InVerm, die nicht lediglich von professionellen und semiprofessionellen Anlegern gehalten werden dürfen, gelten als Publikumsinvestmentvermögen (§ 1 Abs. 6 Satz 2 KAGB). Private Equity Fonds sind, wenn überhaupt nach deutschem Recht strukturiert, i.d.R. geschlossene inländische Spezial-AIFs (vgl. §§ 287 - 292 KAGB)[20]. Einen besonderen Fall der offenen Spezial-AIFs stellen Hedgefonds dar (§ 283 KAGB)[21].

Für das Investmentvermögen sieht das Gesetz an diversen Stellen einen Rechtsformzwang vor. Handelt es sich etwa um einen geschlossenen AIF, darf das InvVerm nur als InvAG mit fixem Kapital oder als geschlossene InvKG aufgelegt werden (§ 139 KAGB). Damit ist die vormals geltende gesellschaftsrechtliche Formfreiheit weggefallen und eine Strukturierung als unregulierte KG fortan nicht mehr möglich[22].

Darüber hinaus macht das Gesetz an einigen Stellen Vorgaben für das gesellschaftsrechtliche Binnenverhältnis, die ebenfalls von den allgemeinen Prinzipien abweichen. So kann beispielsweise die offene InvKG und die InvAktG mit veränderlichem Kapital Teilgesellschaftsvermögen bilden (vgl. §§ 132 Abs. 1 S. 1, 117 Abs. 1 S. 1 KAGB)[23].

2.3 Extern und intern verwaltete Investmentvermögen

Eine weitere wichtige Unterscheidung bezieht sich auf die Art der Verwaltung der Fonds. Diese kann durch eine externe Kapitalverwaltungsgesellschaft oder intern durch das Investmentvermögen selbst stattfinden (§ 17 Abs. 1 KAGB)[24]. Bei einer

---

EWG des Rates und der Richtlinie 2000/12/EG des Europäischen Parlaments und des Rates und zur Aufhebung der Richtlinie 93/22/EWG des Rates.

19 *Fischer/Friedrich*, ZBB 2013,153, 154.

20 *Burgard/Heinemann*, WM 2014, 821, 824; *van Kann/Redeker/Keiluweit*, DStR 2013, 1483, 1486.

21 *van Kann/Redeker/Keiluweit*, DStR 2013, 1483, 1486.

22 Burgard/Heinemann, WM 2014, 821, 825f.

23 Teilvermögen weisen strukturell eine Nähe zu aktienrechtlich nur erschwert umsetzbaren Tracking Stocks auf, zutreffend *Zetzsche*, AG 2013, 613, 614. Die Tatsache, dass nur offene Investmentgesellschaften Teilgesellschaftsvermögen bilden können, trifft in der Literatur auf Kritik, siehe nur *Fischer/Friedrich*, ZBB 2013, 153,163; *Zetzsche*, AG 2013, 613, 617 Fn 70.

24 Darüber hinaus differenziert das Gesetz noch zwischen einer AIF-Verwaltungsgesellschaft

externen Lösung erfolgt die Verwaltung durch eine Kapitalverwaltungsgesellschaft, die vom InVerm oder in seinem Namen bestellt ist (§ 17 Abs. 2 Nr. 1 KAGB). Die Fremdverwaltung weißt Ähnlichkeiten mit einem aus dem AktG bekannten Betriebsführungsvertrag auf[25].

Für externe Kapitalverwaltungsgesellschaften besteht ein Rechtsformzwang: Diese können nur in der Rechtsform der AG, GmbH oder KG, bei der der persönlich haftende Gesellschafter ausschließlich eine Gesellschaft mit beschränkter Haftung ist, errichtet werden (§ 18 Abs. 1 KGAB). Im Fall der internen Verwaltung ist das Investmentvermögen mit der Kapitalverwaltungsgesellschaft identisch[26], sofern die Rechtsform des Investmentvermögens eine interne Verwaltung zulässt (§ 17 Abs. 2 Nr. 2 KAGB)[27]. In diesem Fall wird das Investmentvermögen als Kapitalverwaltungsgesellschaft zugelassen. Ist das Investmentvermögen als Sondervermögen iSd §§ 91 ff KAGB strukturiert, kommt nur eine externe Verwaltung in Betracht, da das Sondervermögen keine eigene Rechtspersönlichkeit aufweist[28].

Die vorgenannten vier Differenzierungsebenen sind für die Beurteilung der Frage von Bedeutung, welche Regelungen auf das jeweilige Investmentvermögen anwendbar sind. So macht das KAGB beispielsweise Vorgaben, in welche Gegenstände investiert werden darf, welche Anlagegrenzen einzuhalten sind, in welchem Umfang Leerverkäufe vorgenommen werden dürfen oder Leverage eingesetzt werden darf, wie die Anlagebedingungen auszugestalten sind sowie ob und mit welchem Inhalt ein Prospekt zu erstellen ist[29].

(§ 1 Abs. 16 KAGB) und einer OGAW-Verwaltungsgesellschaft (§ 1 Abs. 15 KAGB). Dabei können AIF-Verwaltungsgesellschaften (i) Kapitalverwaltungsgesellschaften mit Sitz im Inland (§ 1 Abs. 16 KAGB), (ii) EU-Verwaltungsgesellschaften mit Sitz in einem EU- oder EWR-Staat (§ 1 Abs. 17 KAGB) oder ausländische Verwaltungsgesellschaften mit Sitz in einem Drittstaat, die den Anforderungen an einen Verwalter alternativer Investmentfonds im Sinne der Richtlinie 2011/61/EU entsprechen, sein (§ 1 Abs. 18 KAGB). OGAW-Verwaltungsgesellschaften können demgegenüber nur als Kapitalverwaltungsgesellschaft mit Sitz im Inland oder als EU Verwaltungsgesellschaft strukturiert sein.

25 *Zetzsche*, AG 2013, 613, 614.

26 RegBegr. KAGB-E,BT Drucks. 17/12294, S. 189; *Emde/Dreibus*, BKR 2013, 89, 91.

27 RegBegr. KAGB-E, BT-Drucks. 17/12294, S. 189; *Fischer/Friedrich*, ZBB 2013, 153, 155; *Kloyer* in Möllers/Kloyer, Das neue KAGB, 2013, S. 325 Rn. 897; *Wallach*, ZGR 2014, 289, 298 f.

28 Vgl. § 17 Abs. 2 Nr. 2 KAGB; *Fischer/Friedrich*, ZBB 2013, 153, 155; *Weiser/Hüwel*, BB 2013, 1091, 1092.

29 Dazu etwa *Wollenhaupt/Beck*, DB 2013, 1950, 1952 ff.

2.4 Typische Strukturen

In dieser kaum kategorisierbaren Artenvielfalt lassen sich für die hier in Rede stehende Problematik des Anspruchsgegners bei der Prospekthaftung gewisse Grundstrukturen herauskristallisieren, die im folgenden Schaubild dargestellt werden:

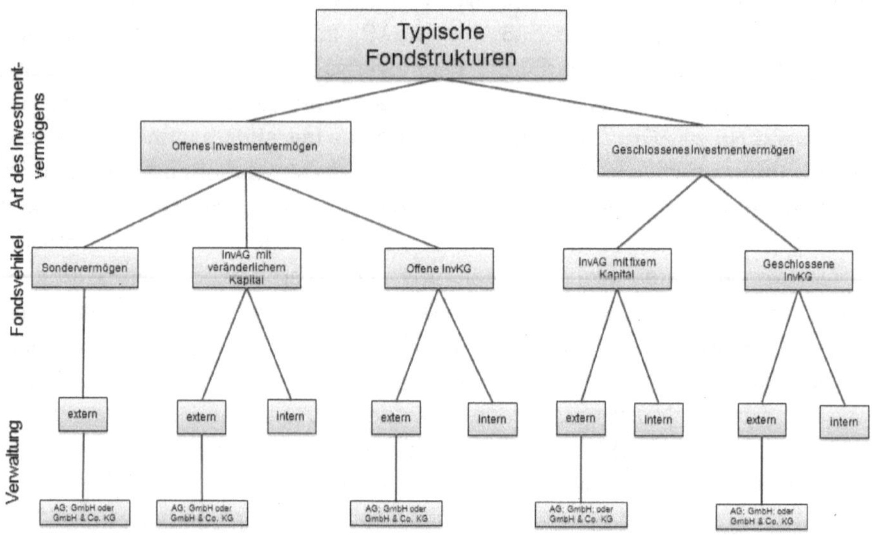

- Sondervermögen
  - mit AG bzw. GmbH als Kapitalverwaltungsgesellschaft
  - mit GmbH & Co. KG als Kapitalverwaltungsgesellschaft
- Investment AG (intern verwaltet)
- Investment KG (intern verwaltet)
- Investment AG
  - mit AG bzw. GmbH als Kapitalverwaltungsgesellschaft
  - mit GmbH & Co. KG als Kapitalverwaltungsgesellschaft
- Investment KG
  - mit AG bzw. GmbH als Kapitalverwaltungsgesellschaft
  - mit GmbH & Co. KG als Kapitalverwaltungsgesellschaft.

3 Prospektpflicht und -haftung nach dem VermAnlG und KAGB

Bevor auf die verschiedenen, unter 2.4 genannten Strukturvarianten näher eingegangen wird, sollen zunächst die Grundzüge des Systems der Prospekthaftung nach dem VermAnlG und dem KAGB beleuchtet werden. Beiden Systemen ist gemein, dass zwischen einer Haftung für einen fehlerhaften Prospekt, für einen fehlenden Prospekt und für fehlerhafte Anlegerinformationen differenziert wird.

3.1 VermAnlG

Ein Anbieter, der im Inland Vermögensanlagen öffentlich anbietet, muss nach § 6 VermAnlG grundsätzlich einen Verkaufsprospekt veröffentlichen. Der Verkaufsprospekt muss alle tatsächlichen und rechtlichen Angaben enthalten, die notwendig sind, um dem Publikum eine zutreffende Beurteilung des Emittenten der Vermögensanlagen und der Vermögensanlagen selbst zu ermöglichen (§ 7 Abs. 1 S. 1 VermAnlG).

Die Prospekthaftung bemisst sich nach den §§ 20 ff. VermAnlG. Dabei ist – wie bereits erwähnt – zwischen einer Haftung bei einem fehlerhaften Verkaufsprospekt (§ 20 VermAnlG), der Haftung bei fehlendem Verkaufsprospekt (§ 21 VermAnlG) und der Haftung bei irreführendem, unrichtigem oder mit dem Prospekt nicht konsistentem Vermögensanlageninformationsblatt (§ 22 VermAnlG) zu unterscheiden. Im Folgenden soll ausschließlich die Haftung für unrichtige und unvollständige Prospektangaben im Fokus stehen:

Die Prospekthaftung für einen fehlerhaften Prospekt nach § 20 VermAnlG setzt voraus, dass für die Beurteilung der Vermögensanlage wesentliche Angaben in einem Verkaufsprospekt unrichtig oder unvollständig sind (§ 20 Abs. 1 S. 1 VermAnlG).

Das Erwerbsgeschäft muss nach Veröffentlichung des Verkaufsprospekts und während der Dauer des öffentlichen Angebots, spätestens jedoch innerhalb von zwei Jahren nach dem ersten öffentlichen Angebot, abgeschlossen worden sein (§ 20 Abs. 1 S. 1 VermAnlG).

Der Anspruch ist gerichtet auf die Übernahme der Vermögensanlage gegen Erstattung des Erwerbspreises, soweit dieser den ersten Erwerbspreis der Vermögensanlage nicht überschreitet, und der mit dem Erwerb verbundenen üblichen Kosten (§ 20 Abs. 1 Satz 1 VermAnlG). Ist der Erwerber nicht mehr Inhaber der Vermögensanlage, so kann er die Zahlung des Unterschiedsbetrages zwischen dem Erwerbspreis (soweit dieser den ersten Erwerbspreis nicht überschreitet) und dem Veräußerungspreis samt üblicher Erwerbskosten verlangen (§ 20 Abs. 2 VermAnlG).

Anspruchsgegner sind zum einen diejenigen, die für den Prospekt die Verantwortung übernommen haben. Das ist in erster Linie die Emittentin der Vermögensanlagen, deren Anteile oder deren Genussrechte oder von ihr begebene Namensschuldverschreibungen öffentlich angeboten werden (vgl. § 1 Abs. 3 VermAnlG). Anspruchsgegner sind zum anderen diejenigen, von denen der Erlass des Prospekts ausgeht, d.h. die sog. Prospektveranlasser.

Zugunsten des Anlegers greift eine Verschuldensvermutung, die nur dann widerlegt werden kann, wenn der Anspruchsgegner nachweist, dass er die Unrichtigkeit oder Unvollständigkeit des Verkaufsprospekts nicht gekannt hat und dass die Unkenntnis nicht auf grober Fahrlässigkeit beruht (§ 20 Abs. 3 VermAnlG).

Der Anspruch besteht nicht, sofern die Vermögensanlagen nicht auf Grund des Prospekts erworben wurden, die fehlerhaften Angaben nicht zu einer Minderung des Erwerbspreises der Vermögensanlagen beigetragen haben oder der Erwerber die Unrichtigkeit oder Unvollständigkeit der Angaben des Verkaufsprospekts beim Erwerb kannte (§ 20 Abs. 4 Nr. 1, 2 und 3 VermAnlG). Auch im Hinblick auf die fehlende Kausalität obliegt dem Prospekthaftungsadressat somit die Beweislast.

3.2 KAGB

Sowohl bei offenen als auch geschlossenen Publikumsinvestmentvermögen sind durch die Verwaltungsgesellschaft ein Verkaufsprospekt sowie die wesentlichen Anlegerinformationen zu erstellen (§§ 164, 268 KAGB). Der Prospekt muss die Angaben enthalten, die den Anleger in die Lage versetzen, sich über die angebotene Anlage und insbesondere über die damit verbundenen Risiken ein begründetes Urteil bilden zu können (§§ 165, 269 KAGB). Der Prospekt muss also insbesondere die Anlageziele und das Risikoprofil offenlegen (§ 165 Abs. 2 Nr. 2 und 3 KAGB)[30]. Für Spezial-AIF sind hingegen weder ein Verkaufsprospekt noch wesentliche Anlegerinformationen zu erstellen[31]. Spezial-AIF müssen den erwerbsinteressierten professionellen und semiprofessionellen Anlegern jedoch die in § 307 Abs. 1 und 2 KAGB aufgeführten Informationen zur Verfügung stellen.

30 *Möllers* in Möllers/Kloyer, Das neue KAGB, 2013, S. 252 Rn. 641.

31 *Burgard/Heinemann*, WM 2014, 821, 829; *Weitnauer* in Möllers/Kloyer, Das neue KAGB, 2013, S. 165 Rn. 404.

Auch im KAGB wird zwischen einer Haftung bei unrichtigem oder unvollständigen Prospekt (§ 306 Abs. 1 KGAB), einer Haftung bei fehlendem Prospekt (§ 306 Abs. 5 KAGB) sowie einer Haftung für irreführende, unrichtige oder mit dem Prospekt nicht konsistenten Anlegerinformationen (§ 306 Abs. 2 KAGB) unterschieden. Darüber hinaus normiert das KAGB bei Spezial-AIFs in § 307 Abs. 3 KAGB eine Haftung für unrichtige oder unvollständige Informationen nach § 307 Abs. 1 und 2 KAGB. Auch im Hinblick auf das KAGB soll hier die Haftung bei einem unrichtigen oder unvollständigen Prospekt nach § 306 Abs. 1 KAGB im Vordergrund stehen.

Die Haftung setzt voraus, dass Angaben im Verkaufsprospekt, die für die Beurteilung der Anteile oder Aktien von wesentlicher Bedeutung sind, unrichtig oder unvollständig sind (§ 306 Abs. 1 S. 1 KAGB).

Der Anspruchsberechtigte muss die Anteile oder Aktien auf Grund des Verkaufsprospekts gekauft haben (§ 306 Abs. 1 S. 1 KAGB). Anders als bei der Prospekthaftung nach VermAnlG und dem WpPG greift damit keine Kausalitätsvermutung zugunsten des Anlegers ein – eine Regelung, die unter dem Blickwinkel des Anlegerschutzes kritisiert wurde[32].

Gerichtet ist der Anspruch auf die Übernahme der Anteile oder Aktien gegen Erstattung des vom Erwerber gezahlten Betrages (§ 306 Abs. 1 Satz 1 KAGB). Ist der Käufer in dem Zeitpunkt, in dem er von der Unrichtigkeit oder Unvollständigkeit des Verkaufsprospekts Kenntnis erlangt hat, nicht mehr Inhaber des Anteils oder der Aktie, so kann er die Zahlung des Betrages verlangen, um den der von ihm gezahlte Betrag den Rücknahmepreis des Anteils oder der Aktie oder andernfalls den Wert des Anteils oder der Aktie im Zeitpunkt der Veräußerung übersteigt (§ 306 Abs. 1 Satz 2 KAGB).

Anspruchsgegner des Prospekthaftungsanspruchs sind die Verwaltungsgesellschaft, diejenigen, die neben der Verwaltungsgesellschaft die Verantwortung für den Verkaufsprospekt übernommen haben oder von denen der Erlass des Verkaufsprospekts ausgeht[33]. Daneben können auch gewerbemäßige Verkäufer und Vermittler haftbar sein[34].

32 *Schnauder*, NJW 2013, 3207, 3209f.; die fehlende Kausalitätsvermutung hingegen begrüßend *Möllers* in Möllers/Kloyers, Das neue KAGB, 2013, S. 253 Rn. 643.

33 In § 127 InvG a.F. war ausschließlich eine Haftung der emittierenden Kapitalverwaltungsgesellschaft oder ausländischen Investmentgesellschaft und des gewerbsmäßigen Verkäufers, nicht aber des Prospektveranlassers, vorgesehen. Auf Beschlussempfehlung des Finanzausschusses wurde auch der Prospektveranlasser in den Haftungstatbestand des § 306 Abs. 1 S. 1 KAGB aufgenommen. Eine Erhöhung des Anlegerschutzniveaus sei hierdurch allerdings nicht erreicht worden, so *Schnauder*, NJW 2013, 3207, 3209 f.

34 Anspruchsgegner ist danach, wer die Anteile oder Aktien im eigenen Namen gewerbsmäßig

Hält man sich die oben beschriebenen Konstellationen vor Augen, drängt sich die Frage auf, ob im Falle einer externen Verwaltung auch das Investmentvermögen als Prospektverantwortlicher oder Prospektveranlasser in Anspruch genommen werden kann. Nach dem InvG wurde neben der Kapitalanlagegesellschaft (KAG) auch die InvAG als Haftungsadressat einer Prospekthaftung angesehen. Dies ergab sich aus § 99 Abs. 3 InvG, der im Hinblick auf die InvAG unter anderem auf die Prospekthaftung nach § 127 InvG verwiesen und damit KAG und InvAG haftungsrechtlich gleichgestellt hatte[35]. Zwar fehlt im KAGB ein entsprechender Verweis. Trotzdem erscheint es sachgerecht, unter erweiternder Auslegung des Begriffs des Prospektveranlassers bei einer externen Verwaltung auch das Investmentvermögen in den Kreis der Haftungsadressaten einzubeziehen. Hierfür spricht zunächst die im Übrigen ähnliche Gesetzeskonzeption wie beim InvG. Zudem würden bei einer haftungsrechtlichen Ausklammerung des Investmentvermögens die geschädigten Anleger bei einer externen Verwaltung nur gegen die i.d.R. schlechter kapitalisierte Verwaltungsgesellschaft vorgehen können[36]. Schließlich hat das Investmentvermögen auch ein eigenes wirtschaftliches Interesse an der Prospekterstellung. Dass es keinen Einfluss auf die Prospektgestaltung nehmen kann, kann insoweit außer Betracht bleiben, da bei externer Verwaltung die Prospekterstellung notwendigerweise bei der Verwaltungsgesellschaft liegt.

verkauft (§ 306 Abs. 1 Satz 1 KAGB). Dieser kann allerdings dann nicht in Anspruch genommen werden, wenn er nachweist, dass er die Unrichtigkeit oder Unvollständigkeit des Verkaufsprospekts nicht gekannt hat und die Unkenntnis nicht auf grober Fahrlässigkeit beruht (§ 306 Abs. 3 Satz 1 KAGB). Anspruchsgegner ist schließlich derjenige, der den Verkauf gewerbsmäßig vermittelt oder im fremden Namen getätigt hat, wenn er die Unrichtigkeit oder Unvollständigkeit des Verkaufsprospekts gekannt hat (§ 306 Abs. 4 AktG).

35 *Köndgen* in Berger/Steck/Lübbehausen, InvG, 2010, § 127 Rn. 14; *Heisterhagen* in Emde/Dornseifer/Dreibus/Hölscher, InvG, 2013, § 127 Rn. 37.

36 Die Kapitalanforderungen an die Kapitalverwaltungsgesellschaft ergeben sich aus § 25 KAGB.

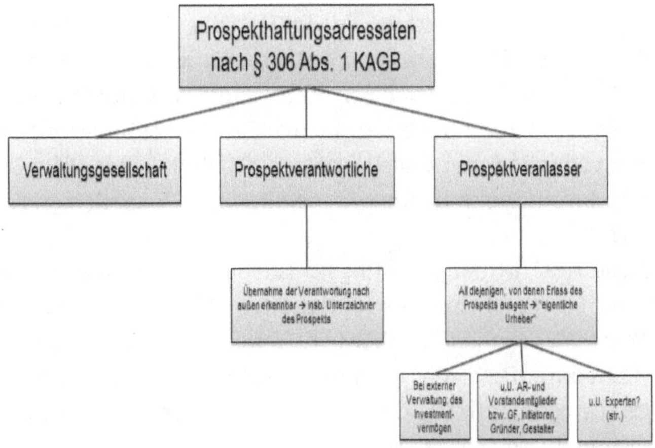

4 Haftungsadressaten einer Prospekthaftung

4.1 KAGB

4.1.1 In Betracht kommende Haftungsadressaten

Wie gezeigt, kommen als Anspruchsgegner für einen Prospekthaftungsanspruch – sowohl im Hinblick auf die Verwaltungsgesellschaft als auch (bei externer Verwaltung) im Hinblick auf das Investmentvermögen – Kapitalgesellschaften und Personenhandelsgesellschaften in Betracht.

Im Folgenden soll der Frage nachgegangen werden, ob die so identifizierten Gesellschaften tatsächlich alle taugliche Haftungsadressaten sein können oder ob gesetzlich nicht vorgesehene Einschränkungen vorzunehmen sind.

4.1.2 Kapitalgesellschaften

Dass Aktiengesellschaften, die für den Prospekt die Verantwortung übernommen haben, Anspruchsgegner der wertpapierrechtlichen Prospekthaftung sein können, ist mittlerweile weithin anerkannt. Die Literatur[37] sieht im Einklang mit

37 Hierbei wurde in der Literatur in Anlehnung an die Rspr. des Reichsgerichts (RG v. 28.4.1909 – I. 254/08, RGZ 71, 97, 99) zunächst zwischen derivativem und originärem Aktienerwerb un-

der jüngst ergangenen Entscheidung des EuGH[38] die verschiedenen gesetzlichen Prospekthaftungstatbestände als lex specialis und lex posterior zu dem Verbot der Rückgewähr von Einlagen nach § 57 AktG und dem grundsätzlich Verbot des Rückerwerbs eigener Aktien nach § 71 AktG an. Zudem befinden sich die geschädigten Anleger gegenüber der Gesellschaft in der Rolle eines Drittgläubigers, so dass die Geltendmachung ihrer Ansprüche ohne gesellschaftsrechtliche Hindernisse möglich ist[39].

Gegen diese Ansicht hat sich jüngst – insbesondere unter Hinweis auf die Unvereinbarkeit mit der Lehre des fehlerhaften Verbandes – nochmals prominenter Widerspruch erhoben[40]. Allerdings vermochte sich diese Ansicht in der Diskussion nicht durchzusetzen. Folgt man der herrschenden Meinung, kann für die Prospekthaftung von als AG oder GmbH verfassten Verwaltungsgesellschaften oder Investmentvermögen nichts anderes gelten.

4.1.3 Personengesellschaften

Fraglich ist indessen, ob auch als Personengesellschaften strukturierte VerwG und InVerm taugliche Haftungsadressaten sein können.

4.1.3.1 Allgemeine zivilrechtliche Prospekthaftung

Virulent wurde diese Frage erstmals für als Personengesellschaften organisierte Abschreibungsgesellschaften, die in den 70er-Jahren ihre erste große Blüte hatten. Für solche Publikums-KGs hatte der BGH zwar eine auf die jetzt gesetzlich verankerten Grundsätze der culpa in contrahendo gestützte allgemeine zivilrechtliche

---

terschieden. Danach sollte bei einem originären Erwerb den Kapitalerhaltungsvorschriften, bei einem derivativem Erwerb hingegen den Prospekthaftungsvorschriften der Vorrang eingeräumt werden, so etwa *Schwark* in Schwark/Zimmer, Kapitalmarktrechts-Kommentar, 4. Aufl. 2010, §§ 44,45 BörsG Rn. 13; *Henze* in Großkommentar AktG, 4. Aufl. 2000, § 57 Rn. 18. ff. Die ganz herrschende Ansicht spricht sich jedoch für einen generellen Vorrang des Prospekthaftungsregimes aus, siehe nur *Bayer*, WM 2013, 961, 966 ff.; *Groß*, Kapitalmarktrecht, 5. Aufl. 2012, § 21 WpPG Rn. 14 ff.; *Mülbert/Steup* in Habersack/Mülbert/Schlitt, Unternehmensfinanzierung am Kapitalmarkt, 3. Aufl. 2013, § 41 Rn. 7 f.; *Fleischer* in Schmidt/Lutter, AktG Kommentar, 2. Aufl. 2010, § 57 Rn. 67; *Hamann* in Schäfer/Hamann, Kapitalmarktgesetze, 2. Aufl. 2013, §§ 44, 45 BörsG Rn. 83.

38 *EuGH*, ZIP 2014, 121 (Hirmann); so bereits in Bezug auf Schadensersatzansprüche wegen fehlerhafter Ad-Hoc-Mitteilungen *BGH*, NJW 2005, 2450, 2452.

39 *BGH*, NJW 2005, 2450, 2452; *Bayer*, WM 2013, 961, 969 f.

40 *C. Schäfer*, ZIP 2012, 2421, 2424 ff.

Haftung entwickelt, aber die Haftung der Gesellschaft selbst schon frühzeitig ausgeschlossen[41]. Diese Rechtsprechung wurde auch in neueren Entscheidungen aufrecht erhalten[42]. Tragender Entscheidungsgrund ist, dass die hinzutretenden Gesellschafter von ihren Vertragspartnern – den anderen Gesellschaftern – kein haftungsbegründendes Vertrauen in Anspruch nähmen.

Haftbar gemacht werden konnten nur die Gründungsgesellschafter[43] sowie die Initiatoren, die i.d.R. zu Geschäftsführern der Komplementär-GmbH bestellt waren[44], in der weiteren Folge auch sonstige Hintermänner[45] und gar Experten bzw. Garanten[46] (Gutachter, Sachverständige), wenn deutlich wurde, dass sie am Verkaufsprospekt mitgewirkt hatten und auf diese Weise ein Vertrauenstatbestand geschaffen wurde. Dass es in der Regel kein tatsächliches Vertrauensverhältnis gab, war nicht relevant; ausreichend war ein sog. typisiertes Vertrauensverhältnis[47].

Die Ansicht, dass die Publikums-KG nicht selbst in Anspruch genommen werden kann, ist im Schrifttum auf breite Zustimmung gestoßen[48]. Dabei wurden insbesondere die folgenden Argumente ins Feld geführt:

- Dem Gesellschafter werde es andernfalls ermöglicht, ohne Auseinandersetzung aus der Gesellschaft auszuscheiden[49].
- Das Personengesellschaftsrecht lasse den Erwerb eigener Anteile nicht zu[50].

41 *BGH*, NJW 1978, 1625

42 *BGH*, WM 2010, 2304; *BGH*, NJW 2003, 2821.

43 *BGH*, NJW 1979, 718; *NJW*, 1981, 1449, 1450 f.; *BGH*, NJW 2012, 758, 759.

44 *BGH*, NJW 1980, 1840; *BGH*, NJW 1995, 1025; *BGH*, WM 2004, 631, 633 f.

45 BGH, NJW 1978, 1625; BGH, NJW 1979, 718; BGH, NJW 1992, 228; BGH, NJW 1995, 1025; Siol in Schimansky/Bunte/Lwowski, Bankrechts-Hdb., 4. Auflage 2011, § 45 Rn. 32. Das Abstellen auf das typisierte Vertrauensverhältnis ist in der Literatur teilweise auf heftige Kritik gestoßen, Schnauder, NJW 2013, 1307, 1308; zusammenfassend hierzu auch Assmann in Assmann/Schütze, Handbuch des Kapitalanlagerechts, 3. Aufl. 2007, § 6 Rn. 29 ff.

46 *Ziegler*, DStR 2005, 30, 32.

47 *Kind* in Arndt/Voß, VerkProspG, 2008, § 13 Rn. 31; *Ziegler*, DStR 2005, 30, 32; *Schnauder*, NJW 2013, 3207, 3210.

48 *Keunecke*, Prospekte im Kapitalmarkt, 2. Aufl. 2009, S. 397; *Ziegler*, DStR 2005, 30, 32; *Assmann* in Assmann/Schütze, Hdb. des Kapitalanlagerechts, 3. Aufl. 2007, § 6 Rn. 140.

49 *Ziegler*, DStR 2005, 30, 32; *Kind* in Arndt/Voß, VerkProspG, 2008, § 13 Rn. 31; *Assmann* in Assmann/Schütze, Hdb. des Kapitalanlagerechts, § 6 Rn. 140; *Keunecke*, Prospekte im Kapitalmarkt, 2. Aufl. 2009, S. 397.

50 *Zimmer/Cloppenburg*, ZHR 171 (2007), 519, 526; *Hellgardt*, ZBB 2012, 73, 87.

- Die Prospekthaftung führe zu einer Rückgewähr der Pflichteinlage und damit zu einem Wiederaufleben der Kommanditistenhaftung (§§ 172 Abs. 4, 171 Abs. 1 HGB)[51].
- Eine Prospekthaftung der KG verstoße gegen den gesellschaftsrechtlichen Gleichbehandlungsgrundsatz. Es komme zu einem Wettlauf der Anleger um die Rückerlangung ihrer Einlage[52].
- Eine Prospekthaftung führe zu einem Konflikt mit den Grundsätzen der fehlerhaften Gesellschaft[53].
- Anlagegesellschaften hätten auf die Erstellung des Prospekts faktisch keinen Einfluss, so dass dieser ihnen nicht zugerechnet werden könne[54].

Allerdings wurde zum Teil auch erheblicher Widerspruch geäußert:

- Selbst bei einer Aktiengesellschaft, bei der das strengste Kapitalerhaltungsregime aller Gesellschaftsformen gilt, werde die Übernahme der Anteile gegen Erstattung des Erwerbspreises im Rahmen der Prospekthaftung als zulässig erachtet. Daher wäre es widersprüchlich, dies bei einer Personengesellschaft anders zu sehen[55].
- Der Anleger stehe in seiner Eigenschaft als Prospekthaftungsgläubiger der Gesellschaft als Dritter gegenüber. Die Kapitalerhaltungsregeln würden daher bei der KG genauso wenig wie bei der AG eingreifen mit der Folge, dass die Erstattung des Erwerbspreises nicht als Rückzahlung der Einlage anzusehen sei und die Kommanditistenhaftung auch nicht wieder auflebe[56].
- Auch bestünde kein Problem des unzulässigen Rückerwerbs eigener Anteile im Personengesellschaftsrecht. Entweder könne man – mit einer teilweise vertretenen Ansicht – eine modifizierte Austrittskündigung des Anlegers annehmen, bei der sich sein Anspruch nicht auf das Auseinandersetzungsguthaben, sondern auf den Abfindungsbetrag in Form des Erwerbspreises bezieht[57], oder es ließe sich – mit einer anderen Meinung – ein an § 131 Abs.

---

51 *Zimmer/Cloppenburg*, ZHR 171 (2007), 519, 528.

52 *F. A. Schäfer*, ZGR 2006, 40, 75; *Blaurock*, Hdb. Stille Gesellschaft, 7. Auflage 2010, § 19 Rn. 19.85; *Benecke*, BB 2006, 2597, 2600.

53 *Zimmer/Cloppenburg*, ZHR 171 (2007), 519, 528.

54 Siehe hierzu etwa *Zimmer/Cloppenburg*, ZHR 171 (2007), 519, 525 ff.; *Kind* in Arnd/Voß, VerkProspG, 2008, § 13 Rn. 31; *Schnauder*, NJW 2013, 3207, 3208; *Benecke*, BB 2006, 2597, 2600; *Ziegler*, DStR 2005, 30, 32 f.

55 *Weber*, ZHR 176 (2012), 184, 189.

56 *Schnauder*, NJW 2013, 3207, 3209.

57 *Schnauder*, NJW 2013, 3207, 3209; *Horbach* in Gummert/Weipert, Münch Hdb. des Gesell-

3 HGB angelehnter Abfindungsanspruch annehmen, der durch einen Schadensersatzanspruch ersetzt wird[58].

4.1.3.2 Rechtslage nach dem VerkProspG von 2005

Im Zuge des AnlegerschutzverbesserungsG wurde im VerkProspG erstmals eine Prospektpflicht und eine korrespondierende gesetzliche Prospekthaftung für Gesellschaften statuiert, die nicht verbriefte Fondteile emittieren (§§ 8, 13 VerkProspG). Primärer Haftungsadressat war danach die Gesellschaft selbst. Trotz des damit einhergehenden Paradigmenwechsels blieb weiter streitig, ob auch als Personengesellschaften strukturierte Emittenten als taugliche Haftungsadressaten in Betracht kommen[59]. Indessen hatte die Gesetzesänderung die Gewichte in der Diskussion im Schrifttum zugunsten der Zulässigkeit einer Personengesellschaft als Haftungsadressat verschoben[60]. Weggefallen ist jedenfalls das Argument, dass die Pflichtverletzung der emittierenden Gesellschaft nicht zugerechnet werden kann[61].

4.1.3.3 Rechtslage VermAnlG a. F. von 2012

Als Bestandteil des Gesetzes zur Novellierung des Finanzanlagenvermittler- und Vermögensanlagenrechts wurde in § 20 VermAnlG a.F. für nicht verbriefte Vermögensanlagen eine Prospekthaftung geschaffen, die den börsengesetzlichen Regelungen in § 44 Abs. 1 BörsG a. F. praktisch wortgleich entsprach. An dieser gesetzlichen Konzeption wurde nicht unerhebliche Kritik geäußert[62]. Durch die unreflektierte Übernahme der börsengesetzlichen Regelungen seien die besonderen Umstände der geschlossenen Fonds nicht ausreichend berücksichtigt worden, da der Kreis der Anspruchsgegner kleiner geworden sei und insbesondere Prospektgaranten nicht mehr in gleichem Umfang erfasst seien[63]. Eine gesetzliche Klarstellung, dass Personengesellschaften nicht als Haftungsadressaten in Betracht kommen, hat der Gesetzgeber freilich auch bei dieser Gelegenheit nicht vorgenommen.

---

schaftsrechts, 4. Aufl. 2014, § 69 Rn. 25.

58 *Schnauder*, NJW 2013, 3207, 3210.

59 *Schnauder*, NJW 2013, 3207, 3210.

60 *Zimmer/Cloppenburg*, ZHR 171 (2007), 519, 526.

61 So im Ergebnis auch *Schürnbrandt*, ZGR 2014, 256, 279.

62 *C. Schäfer*, ZIP 2012, 2421, 2427.

63 *Schnauder*, NJW 2013, 3207, 3209.

4.1.3.4 Rechtslage nach dem KAGB

Auch im Hinblick auf die neue Haftungsvorschrift des § 306 KAGB wird die Ansicht vertreten, dass die Inanspruchnahme der Publikumspersonengesellschaft auf unüberwindbare gesellschaftsrechtliche Hindernisse treffe[64]. Insbesondere bestünde ein Konflikt mit der Lehre des fehlerhaften Verbandes[65]. Zudem könne die Inv-KG nicht ihre eigenen Anteile erwerben[66]. Schließlich würden die Gesetzesmaterialien keinen Hinweis auf ein verändertes Verständnis enthalten[67].

Aus meiner Sicht ist es zweifelhaft, ob diese Argumente tatsächlich verfangen.

- Auch bei der AG fehlt es nämlich an einem aktienrechtlichen Erlaubnistatbestand für den Erwerb eigener Aktien im Falle der Inanspruchnahme der Gesellschaft aus Prospekthaftung. Auch Aktiengesellschaften können sich nicht unter Hinweis auf den Kapitalerhaltungsgrundsatz gegen eine Prospekthaftung wehren. Zudem ist das Kapitalerhaltungsregime des AktG deutlich strenger als das der Personengesellschaften[68]. Daher mag es kaum einleuchten, wenn man unter Hinweis auf §§ 172 Abs. 4 iVm § 171 Abs. 1 HGB eine Haftung von als Personengesellschaften organisierten Verwaltungsgesellschaften und Investmentvermögen ausschließen möchte[69]. Eine mögliche Durchbrechung der Lehre von der fehlenden Gesellschaft wäre aufgrund der gebotenen Gleichbehandlung von Personen- und Kapitalgesellschaft hinzunehmen[70].
- Der Gesetzgeber hat – jedenfalls für die Verwaltungsgesellschaft – eine Emittentenhaftung ausdrücklich angeordnet. Daher erscheint es richtig, die Regelung des KAGB – wie bei der AG – als spezialgesetzliche Regelung gegenüber den gesellschaftsrechtlichen Nachhaftungsregelungen aufzufassen[71]. Bei den Vorschriften des KAGB handelt es sich um die aktuelleren und spezielleren Vorschriften. Eine diametral entgegengesetzte Behandlung beider Rechtsformen – insoweit ist *C. Schäfer* Recht zu geben[72] – wäre nicht sachgerecht. Der

---

64 So bereits *F. A. Schäfer*, ZGR 2006, 40, 75; *Blaurock*, Hdb. Stille Gesellschaft, 7. Aufl. 2010, § 19 Rn. 19.85; *Benecke*, BB 2006, 2597, 2600; aA *Ziegler*, DStR 2005, 30, 33.
65 *Möllers* in Möllers/Kloyer, Das neue KAGB, 2013, S. 254 Rn. 644.
66 *Schnauder*, NJW 2013, 3207, 3210.
67 *Schnauder*, NJW 2013, 3207, 3210.
68 *Zimmer/Cloppenburg*, ZHR 171 (2007), 519, 526.
69 Zutreffend *Hellgart*, ZBB 2012, 73, 87; *Zimmer/Cloppenburg*, ZHR 171 (2007), 519, 527.
70 *Zimmer/Cloppenburg*, ZHR 171 (2007), 519, 527.
71 So im Ergebnis auch *Schürnbrandt*, ZGR 2014, 256, 279.
72 *C. Schäfer*, ZIP 2012, 2421, 2427.

Gesetzgeber hätte die Gelegenheit gehabt, Personengesellschaften aus dem Kreis der Haftungsadressaten auszunehmen, hat von dieser Möglichkeit aber keinen Gebrauch gemacht.

- Für dieses Ergebnis spricht auch der Befund, dass das KAGB, was in zahlreichen Vorschriften deutlich wird[73], das Anlegerinteresse höherrangiger einstuft als das Interesse des Unternehmens oder seiner Gläubiger[74]. Dies zeigt sich u.a. daran, dass das KAGB die Kapitalerhaltungsvorschriften des allgemeinen Gesellschaftsrechts modifiziert. So gilt bei der offenen InvKG die Erfüllung des Abfindungsanspruchs – in Abweichung von § 172 Abs. 4 HGB – nicht als Rückzahlung der Einlage des Kommanditisten (§ 133 Abs. 2 Satz 1 KAGB); gleichzeitig ist auch eine Nachhaftung des Kommanditisten ausgeschlossen (§ 133 Abs. 2 KAGB).
- Ein weiteres Argument, dass für eine Inanspruchnahmemöglichkeit jedenfalls von Kapitalverwaltungsgesellschaften spricht, folgt aus § 25 Abs. 6 S. 1 KAGB. Hiernach müssen AIF-Kapitalverwaltungsgesellschaften über zusätzliche Eigenmittel oder eine Versicherung verfügen, um potentielle Berufshaftungsrisiken abzudecken, die sich aus den Geschäftstätigkeiten ergeben können. Zu den Berufshaftungsrisiken gehört auch das Risiko von Fehldarstellungen oder irreführenden Aussagen gegenüber dem AIF oder seinen Anlegern[75]. Es spricht daher vieles dafür, dass drohende Prospekthaftungsansprüche ein Berufshaftungsrisiko darstellen, das durch den Abschluss einer Versicherung bzw. die Bildung von Eigenkapital abgedeckt werden muss. Diese Regelung zeigt nicht nur, dass das vermeintliche Gläubigerschutzargument an Bedeutung verliert, sondern auch, dass der Gesetzgeber die Emittentenhaftung rechtsformunabhängig durch flankierende Regelungen abgesichert hat.
- All dies gilt jedenfalls für externe Verwaltungsgesellschaften. Denn wenn diese Anteile des Investmentvermögens zurückkaufen, erwerben sie keine eigenen Anteile, sondern solche des Fondvehikels. Damit verfängt das Argument des Rückerwerbs eigener Anteile nicht mehr. Bei interner Verwaltung kann man den Konflikt mit der gesellschaftsrechtlich nicht vorgesehenen

---

73 *Zetzsche* führt beispielhaft die §§ 18 Abs. 4 S. 1, 26 Abs. 5, 27 Abs. 4, 70 Abs. 1, 98 Abs. 2, 119 Abs. 3, 147 Abs. 3, 153 Abs. 3 KAGB an, *Zetzsche*, AG 2103, 613, 615 Fn. 36.

74 *Zetzsche*, AG 2013, 613 615.

75 Dies ergibt sich aus Artikel 12 Abs. 2 b) der Verordnung (EU) Nr. 231/2013 zur Ergänzung der AIFM-Richtlinie des europäischen Parlaments und des Rates im Hinblick auf Ausnahmen, die Bedingungen für die Ausübung der Tätigkeit, Verwahrstellen, Hebelfinanzierung, Transparenz und Beaufsichtigung, der die in § 25 Abs. 6 S. 1 KAGB und Art. 9 Abs. 7 AIFM-Richtlinie (2011/61/EU) genannten Berufshaftungsrisiken konkretisiert.

Rechtsfolge des Erwerbs eigener Anteile dadurch lösen, dass man das Gesetz geltungserhaltend interpretiert und ein Austrittsrecht gegen Rückgewähr der Einlage annimmt, das keine Auseinandersetzung voraussetzt[76].
- Zuletzt sei noch erwähnt, dass die Diskussion, ob die allgemeine zivilrechtliche Prospekthaftung parallel zur gesetzlichen Prospekthaftung anwendbar bleibt, für die hier in Rede stehende Frage keine Rolle spielt. Selbst wenn man dies annehmen wollte, käme sie nur zur Schließung von etwaigen Lücken in Betracht, um etwa Personen, die persönliches Vertrauen in Anspruch genommen haben, einer Haftung zu unterwerfen[77]. Im Hinblick auf die Gesellschaft als Haftungsadressat hat das Gesetz eine abschließende Regelung getroffen.

4.2 VermAnlG

Abschließend eine kurze Bemerkung dazu, ob sich die Problematik, ob Personengesellschaften taugliche Haftungsadressaten sein können, auch nach dem VermAnlG stellt. Da die vom VermAnlG erfassten Vermögensanlagen i.d.R. keine Gesellschaftsanteile sind, stellt sich diese Frage – anders als nach dem VermAnlG a.F. – grundsätzlich nicht mehr. Selbst wenn die Vermögensanlagen als stille Gesellschaften strukturiert sind, sind diese nach richtiger Ansicht nicht vom Ausschluss der Emittentenhaftung betroffen[78]. Damit lässt sich festhalten, dass die hier zu beleuchtende Frage für das VermAnlG für die Praxis an Schärfe verloren hat.

5 Zusammenfassung

- Mit Inkrafttreten des KAGB ist es zu einer umfassenden Reform des Investmentrechts gekommen, die weitreichende Auswirkungen auf die Strukturierung von Fonds hat. Der Anwendungsbereich des VermAnlG hat sich stark reduziert.
- Im Falle einer Prospekthaftung nach § 306 Abs. 1 KAGB kommt bei externer Verwaltung nicht nur die Verwaltungsgesellschaft, sondern auch das Investmentvermögen als Haftungsgegner in Betracht.

---

76 So bereits *F. A. Schäfer*, ZGR 2006, 40, 75; *Blaurock*, Hdb. Stille Gesellschaft, 7. Aufl. 2010, § 19 Rn. 19.85; *Benecke*, BB 2006, 2597, 2600; aA *Ziegler*, DStR 2005, 30, 33.

77 *Möllers* in Möllers/Kloyer, Das neue KAGB, 2013, S. 254 Rn. 644.

78 *BGH*, ZIP 2004, 1707; zum Streitstand *Weber*, ZHR 176 (2012), 184, 190 f.

- Als Personengesellschaften strukturierte Verwaltungsgesellschaften und Investmentvermögen können Anspruchsgegner bei einer Prospekthaftung sein. Eine unterschiedliche Sichtweise im Vergleich zu der Rechtslage bei der Aktiengesellschaft verbietet sich.
- Die Problematik, ob Personengesellschaften taugliche Haftungsadressaten der Prospekthaftung nach VermAnlG sein können, hat an Schärfe verloren.

Andreas W. Tilp, Rechtsanwalt, Kirchentellinsfurt

Erfahrungen mit dem reformierten KapMuG*

* Rechtsprechung und Literatur sind auf dem Stand des Vortrags vom 27. Juni 2014, mit Ausnahme des noch eingearbeiteten Urteils des BGH vom 15.07.2014, XI ZR 100/13.

1 Was ist das KapMuG (Kapitalanleger-Musterverfahrensgesetz)?

Das Kapitalanleger-Musterverfahrensgesetz[1], kurz KapMuG, ist ein Verfahrensgesetz, das die ZPO ergänzt. Es gilt nur für Ansprüche, welche einen Bezug zur öffentlichen Kapitalmarktinformation aufweisen, insbesondere für Schadensersatzansprüche.

1.1 Instrument des kollektiven Rechtsschutzes

Das KapMuG ist ein Instrument des kollektiven Rechtsschutzes. Es stellt den Versuch des deutschen Gesetzgebers dar, kapitalmarktrechtliche Massenprozesse mittels einer speziellen Verfahrensordnung handhabbar zu machen. Das ursprüngliche KapMuG trat am 1. November 2005 in Kraft als Reaktion auf tausende Klagen von über zehntausend (Ex-)Aktionären der Deutschen Telekom AG

---

1 Gesetz zur Reform des Kapitalanleger-Musterverfahrensgesetzes und zur Änderung anderer Vorschriften (vom 19.10.2012), BGBl. I (2012), S. 2182 ff; Gesetzesmaterialien siehe BT-Drucksache 17/8799 (vom 29.02.2012), Gesetzentwurf der Bundesregierung, Entwurf eines Gesetzes zur Reform des Kapitalanleger-Musterverfahrensgesetzes, Anlage 1: Entwurf eines Gesetzes zur Reform des Kapitalanleger-Musterverfahrensgesetzes („Entwurf“); Anlage 2: Stellungnahme des Nationalen Normkontrollrates; Anlage 3: Stellungnahme des Bundesrates („Bundesrat“); Anlage 4: Gegenäußerung der Bundesregierung („Gegenäußerung“), sowie BT-Drucksache 17/10160 (vom 27.06.2012), Beschlussempfehlung und Bericht des Rechtsausschusses (6. Ausschuss) zu dem Gesetzentwurf der Bundesregierung („Rechtsausschuss“).

(DT) wegen behaupteter Ansprüche im Zusammenhang mit deren zweiten (1999, DT2) und sogenannten dritten (2000, DT3) Börsengang[2].

Das auch als „Lex Telekom" bezeichnete KapMuG wurde zum 1. November 2012 grundlegend reformiert und neu gefasst.

Bislang ist noch kein Ausgangsverfahren nach rechtskräftigem KapMuG-Musterentscheid wieder aufgenommen worden. Damit kann die Tauglichkeit des Musterverfahrens zur gebündelten Erledigung gleichgerichteter Rechtsstreitigkeiten noch nicht abschließend beurteilt werden[3]; das ist auch der Stand per heute. Daher ist auch das reformierte KapMuG mit einem automatischen Verfallsdatum versehen, sog. Sunset-Klausel, es tritt gemäß § 28 KapMuG am 1. November 2020 außer Kraft.

Mit dem KapMuG verfolgt der Gesetzgeber folgende Ziele[4]:

- Durch ein schlagkräftiges kollektives Rechtsverfolgungsinstrument soll dazu beigetragen werden, dass die kapitalmarktrechtlichen Vorschriften eingehalten werden;
- Verbesserung des individuellen Rechtsschutzes;
- Senkung des Kostenrisikos für den Einzelnen durch Bündelung gleichgerichteter Ansprüche;
- Senkung der Gefahr divergierender Entscheidungen;
- Entlastung der Gerichte;
- Stärkung des Standortes Deutschland für kapitalmarktrechtliche Streitigkeiten.

1.2 Bekannte Musterverfahren nach altem KapMuG

Auf Basis des alten KapMuG, also bis Ende Oktober 2012, wurden weniger als 20 Musterverfahren eingeleitet. Die bekanntesten betreffen die nachgenannten Fälle, welche jeweils in dem in der Klammer angegebenen Jahr eingeleitet wurden:

- Deutsche Telekom AG, DT 3 (2006)[5];

---

2 Speziell zum Telekom-Prozess vgl. *Tilp*, Das Kapitalanleger-Musterverfahrensgesetz: Stresstest für den Telekom-Prozess, FS für Achim Krämer, 2009, 331 ff.

3 Rechtsausschuss (Fn. 1), S. 27.

4 Vgl. BT-Drucksache 17/8799, S. 13.

5 OLG Frankfurt, 23 Kap 1/06, BGH, XI ZB 12/12.

- DaimlerChrysler AG (2006)[6];
- VIP 3 (2008)[7];
- VIP 4 (2009)[8];
- MLP AG (2009)[9].

Keines dieser Musterverfahren wurde bislang höchstrichterlich entschieden.

2 Was ist neu am reformierten KapMuG?

Die wesentlichsten Neuerungen sind folgende:

- Einführung des Instituts der „Anspruchsanmeldung" zur Verjährungshemmung;
- moderate Ausweitung des Anwendungsbereiches: Auf die Unterscheidung zwischen unmittelbarer oder bloß mittelbarer Bedeutung der öffentlichen Kapitalmarktinformationen für den Anspruch kommt es nicht mehr an;
- Regelungen zur Beschleunigung des Musterverfahrens (vgl. § 3 III KapMuG);
- der Abschluss eines Vergleichs zur Beendigung des Musterverfahrens ist nunmehr möglich.

Von wesentlicher Bedeutung ist auch die Ausweitung der Unanfechtbarkeiten auf beinahe sämtliche Beschlüsse, die das KapMuG kennt, und die damit einhergehende Einschränkung des Rechtsschutzes. Unanfechtbar sind folgende Beschlüsse:

- Verwerfung des Musterverfahrensantrages (§ 3 I KapMuG);
- Bekanntmachung eines Musterverfahrensantrages im Klageregister (§ 3 II KapMuG);
- Begründungsbeschluss zur verzögerten Bearbeitung des Musterverfahrensantrages (§ 3 III KapMuG);
- Vorlagebeschluss (§ 6 I 2 KapMuG);
- Zurückweisungsbeschluss zum im Klageregister eingetragenen Musterverfahrensantrag (§ 6 IV S. 2 KapMuG);

6 OLG Stuttgart, 9 Kap 1/06, BGH, II ZB 9/07.
7 OLG München KAP 2/07, BGH, XI ZB 13/12.
8 OLG München KAP 1/07, BGH, II ZB 1/12.
9 OLG Karlsruhe, 17 Kap 1/09, BGH, II ZB 29/12.

- Musterkläger-Bestellungsbeschluss (§ 9 II 2 KapMuG);
- Musterverfahrensbeendigungs-Feststellungsbeschluss (§ 13 V 2 KapMuG);
- Vergleichsgenehmigungs-Beschluss (§ 18 I 1 KapMuG);
- Feststellungsbeschluss zum Wirksamwerden des genehmigten Vergleichs (§ 23 I 1 KapMuG).

3 § 204 I Nr. 6 a BGB: Verjährungshemmung durch „Anspruchsanmeldung"

Zeitgleich mit dem neuen KapMuG trat eine neue Hemmungsvorschrift im Verjährungsrecht in Kraft, § 204 I Nr. 6 a BGB:

> (1) Die Verjährung wird gehemmt durch
> 6 a.
> die Zustellung der Anmeldung zu einem Musterverfahren für darin bezeichnete Ansprüche, soweit diesen der gleiche Lebenssachverhalt zugrunde liegt wie den Feststellungszielen des Musterverfahrens und wenn innerhalb von drei Monaten nach dem rechtskräftigen Ende des Musterverfahrens die Klage auf Leistung oder Feststellung der in der Anmeldung bezeichneten Ansprüche erhoben wird.

Die in vorzitierter Norm genannte „Anmeldung" wurde als neues Rechtsinstitut geschaffen mittels § 10 II, III KapMuG. Die Hemmungswirkung erfasst aber nur Ansprüche, welche sich gegen einen Musterbeklagten richten, vgl. § 10 III Nr. 3 KapMuG[10], und nur soweit diesem der gleiche Lebenssachverhalt zugrunde liegt wie den Feststellungszielen des Musterverfahrens (zum problematischen Begriff des Lebenssachverhaltes vgl. unten sub. 6.4).

Mit diesem neuen Verjährungsrecht hat der Gesetzgeber auf das empirische Phänomen der sog. „rationalen Apathie"[11] reagiert. Auch solchen Geschädigten, welche das Kostenrisiko einer Klageerhebung scheuen, wollte der Gesetzgeber mit dem KapMuG helfen. Bekanntlich liegen die Gerichtskosten in Deutschland im europäischen Vergleich an der Spitze. Das Rechtsinstitut der Verjährungshemmung durch Anmeldung (vertiefend hierzu unten sub. 6.10) dagegen löst lediglich eine 0,5 Gerichtsgebühr aus sowie (da Anwaltszwang) eine 0,8-Anwaltsgebühr, was zusammen ein Kostenrisiko von netto nur 4,2 % des gesetzlichen Kostenri-

10 Rechtsausschuss (Fn. 1), S. 26.
11 Vgl. dazu *Tilp/Roth*, Wege zur kollektiven Rechtsdurchsetzung – wider die Schädigerindustrie, Bamberger Verbraucherrechtstage 2009, 90, 92.

sikos eines normalen ZPO-Prozesses durch drei Instanzen bedeutet. Für diesen werden nachfolgend für die Streitwertstufen EUR 5.001,00, EUR 22.000,00, EUR 100.000,00 sowie EUR 30 Mio. die Kostenrisiken in Nettobeträgen aufgezeigt:

Instanz	GK	1,0 GK aus SW € 5.001,00	1,0 RVG aus SW € 5.001,00	RA RVG Kläger	RA RVG Beklagter	Risiko	(RA RVG Streithelfer)
LG	3	€ 165,00	€ 354,00	2,5	2,5		(2,5)
OLG	4	€ 165,00	€ 354,00	2,8	2,8		(2,8)
BGH	5	€ 165,00	€ 354,00	3,8 + 1	3,8		(3,8)
Faktor	12 (0,5 = 4,2 %)			10,1	9,1	19,2 (0,8 = 4,2 %)	(9,1)
Summen		€ 1.980,00		€ 3.575,40	€ 3.221,40	€ 8.776,80	(€ 3.221,40)

Instanz	GK	1,0 GK aus SW € 22.000,00	1,0 RVG aus SW € 22.000,00	RA RVG Kläger	RA RVG Beklagter	Risiko	(RA RVG Streithelfer)
LG	3	€ 345,00	€ 742,00	2,5	2,5		(2,5)
OLG	4	€ 345,00	€ 742,00	2,8	2,8		(2,8)
BGH	5	€ 345,00	€ 742,00	3,8 + 1	3,8		(3,8)
Faktor	12 (0,5 = 4,2 %)			10,1	9,1	19,2 (0,8 = 4,2 %)	(9,1)
Summen		€ 4.140,00		€ 7.494,20	€ 6.752,20	€ 18.386,40	(€ 6.752,20)

	GK	1,0 GK aus SW € 100.000,00	1,0 RVG aus SW € 100.000,00	RA RVG Kläger	RA RVG Beklagter	Risiko	(RA RVG Streithelfer)
LG	3	€ 1.026,00	€ 1.503,00	2,5	2,5		(2,5)
OLG	4	€ 1.026,00	€ 1.503,00	2,8	2,8		(2,8)
BGH	5	€ 1.026,00	€ 1.503,00	3,8 + 1	3,8		(3,8)
Faktor	12 (0,5 = 4,2 %)			10,1	9,1	19,2 (0,8 = 4,2 %)	(9,1)
Summen		€ 12.312,00		€ 15.180,30	€ 13.677,30	€ 41.169,60	(€ 13.677,30)

	GK	1,0 GK aus SW € 30 Mio.	1,0 RVG aus SW € 30 Mio.	RA RVG Kläger	RA RVG Beklagter	Risiko	(RA RVG Streithelfer)
LG	3	€ 109.736,00	€ 91.713,00	2,5	2,5		(2,5)
OLG	4	€ 109.736,00	€ 91.713,00	2,8	2,8		(2,8)
BGH	5	€ 109.736,00	€ 91.713,00	3,8 + 1	3,8		(3,8)
Faktor	12 (0,5 = 4,2 %)			10,1	9,1	19,2 (0,8 = 4,2 %)	(9,1)
Summen		€ 1.316.832,00		€ 926.301,30	€ 834.588,30	€ 3.077.721,60	(€ 834.588,30)

4 KapMuG-Prozess visualisiert

Der KapMuG-Prozess, welcher das Musterverfahren beinhaltet, hat quasi als „Träger“ normale ZPO-Klagen, die sog. „Ausgangsverfahren“. Werden in diesen insgesamt mindestens zehn gleichgerichtete Musterverfahrensanträge gestellt (erforderliches Quorum), ist die Voraussetzung für die Einleitung des Musterverfahrens vor dem OLG gegeben. Formell beginnt das Musterverfahren mit Bestimmung des Musterklägers durch das OLG. Dabei wird dieses auf der Grundlage eines bindenden Vorlagebeschlusses des LG tätig, welcher quasi das Arbeitsprogramm für das OLG darstellt. Dieser Vorlagebeschluss wird vom LG im Klageregister des Bundesanzeigers öffentlich bekannt gemacht. Danach werden alle betroffenen Ausgangsverfahren ausgesetzt. Über die im Vorlagebeschluss aufgeworfenen Fragen (sog. Feststellungsziele) entscheidet sodann das OLG im Musterverfahren mittels sog. Musterentscheid. Dieser ist stets der Rechtsbeschwerde zum BGH zugänglich. Der rechtskräftige Musterentscheid schließlich bindet die Prozessgerichte in allen ausgesetzten Verfahren. Nach Beendigung des Musterverfahrens werden die ausgesetzten Verfahren dann fortgesetzt.

Faktisch findet somit eine Verdoppelung des Instanzenzuges statt, denn der KapMuG-Prozess geht über zwei Runden: Durchlaufen des Musterverfahrens und abschließende Entscheidung jedes einzelnen Ausgangsverfahrens.

Nach dieser grob vereinfachten Zusammenfassung nunmehr der KapMuG-Prozess im Detail visualisiert:

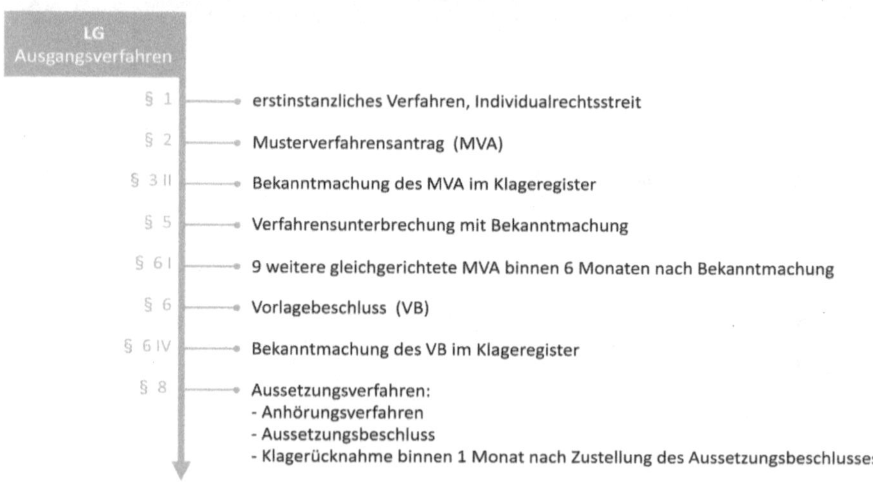

OLG
Musterverfahren
(§ 6
VB)
(§ 8 IV
Unterrichtung des OLG über Aussetzung durch das Prozessgericht)
§ 9 II
Bestimmung des Musterklägers
§ 10 I
Bekanntmachung des Musterverfahrens im Klageregister
§ § 11 ff
Weitere Durchführung des Musterverfahrens
§ 15
Erweiterungsverfahren des Musterverfahrens
§ § 17 ff, 23
Gerichtlicher Vergleich zur Beendigung des Musterverfahrens
§ § 16 ff, 22
Musterentscheid
BGH
Musterverfahren
§ 20
BGH: Rechtsbeschwerde

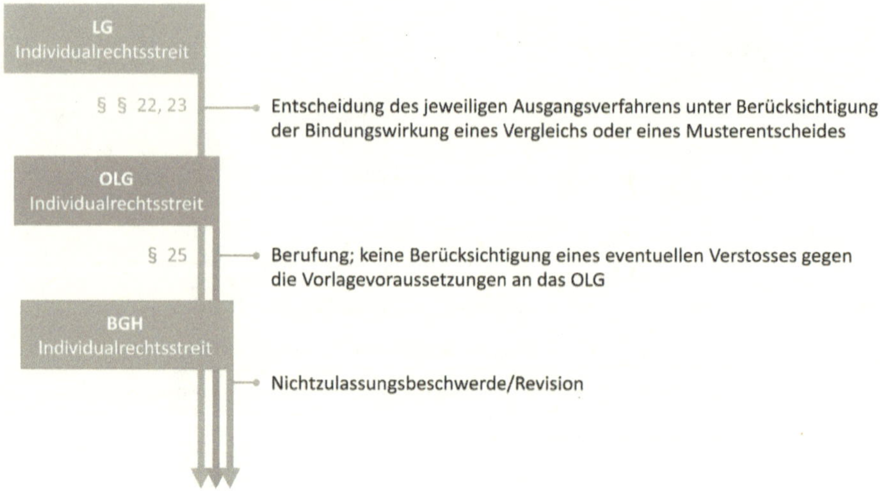

5 KapMuG-Prozesse unter neuem Recht

Auf Musterverfahren, in denen vor dem 1. November 2012 bereits mündlich verhandelt worden ist, ist das KapMuG in seiner bis zum 1. November 2012 geltenden Fassung weiterhin anzuwenden, § 27 KapMuG.

5.1 „Alte Musterverfahren" auf Basis des neuen KapMuG

Nachfolgend werden Musterverfahren benannt, die zwar vor Inkrafttreten des Reformgesetzes begonnen wurden, in denen aber erstmals nach ab 1. November 2012 mündlich verhandelt wurde:

- Deutsche Telekom AG – DT2 (2007)[12];
- CorealCredit Bank AG, ehem. AHBR (2008)[13];
- Hypo Real Estate Holding AG (2011)[14].

12 OLG Frankfurt, 23 Kap 2/06, BGH, XI ZB 9/13.
13 OLG Frankfurt, 23 Kap 1/08.
14 OLG München, KAP 3/10.

Als Beispiel typischer Feststellungsziele eines Musterverfahrens seien auszugsweise diejenigen aus den Komplexen I und XI des Musterverfahrens gegen die Hypo Real Estate Holding AG zitiert:

> Komplex I. 1. Die ad-hoc Mitteilung der Beklagten zu 1) vom 11.07.2007, 11.47 Uhr, enthält eine Insiderinformation im Sinne von § 13 WpHG. 2. Diese Insiderinformation betraf die Beklagte zu 1) unmittelbar im Sinne von § 37c Abs. 1 WpHG. 3. Die in dieser ad-hoc Mitteilung enthaltene Insiderinformation ist unwahr.
>
> Komplex XI. Der von der Beklagten am 10.09.2007 herausgegebene Börsenzulassungsprospekt war in wesentlichen Punkten unrichtig oder unvollständig.

In diesem Fall geht es also sowohl um Ad-hoc- wie auch Börsenprospektrecht.

5.2 Neue Musterverfahren/Vorlagebeschlüsse

Nachfolgend werden diejenigen Musterverfahren benannt, welche ab dem 1. November 2012 begonnen wurden sowie Fälle, bei denen Vorlagebeschlüsse auf Basis des neuen KapMuG erlassen, aber noch keine Musterverfahren eingeleitet wurden.

5.2.1 Constantin Medien AG – ehemals EM.TV (2012)[15]

In diesem Musterverfahren geht es um falsche Ad-hoc-Mitteilungen aus der Zeit des Neuen Marktes im Jahr 2000. Dieses Musterverfahren führte zur ersten Vergleichsvereinbarung nach dem neuen KapMuG, diese wurde im Klageregister veröffentlicht am 05.03.2014.

5.2.2 BVT Holding GmbH & Co. KG (2013)[16]

In diesem Musterverfahren geht es um Prospekthaftung wegen eines geschlossenen Fonds. Das Feststellungsziel lautet auszugsweise wie folgt:

15 OLG München, 5 KAP 2/09.
16 OLG München, 23 Kap 1/13.

Der Angebotsprospekt in der Fassung vom November 1998 über die Beteiligung an der Heizkraftwerke-Pool GmbH & Co. Beteiligungs-KG ist in erheblichen Punkten unrichtig, unvollständig und irreführend. Im Einzelnen handelt es sich um folgende Punkte:...

5.2.3 Barclays Bank PLC (2014)[17]

In diesem Musterverfahren geht es um Ansprüche gegen die Barclays Bank PLC als Emittentin der X1-Zertifikate, welche als Underlying einen synthetischen Index aufweisen, die auf (Schneeball) Produkte des deutschen „Mini Madoffs" Helmut Kiener referenziert.

Die dortigen Feststellungsziele lauten auszugsweise wie folgt:

(1.) Es wird festgestellt, dass zwischen den Erwerbern der Schuldverschreibungen „50.000 Index Linked Redemption Certificates" (WKN BC0BMA/ISIN DE000BC0BMA7) – nachfolgend: Schuldverschreibungen – und der Beklagten ein Vertrag „sui generis" zustande kam, die Erwerber der Schuldverschreibungen somit Vertragspartner der Beklagten wurden

(2.) Es wird festgestellt, dass Ansprüche aus Verletzungen von Pflichten aus dem Vertrag sui generis den § 311 Abs. 2 Nr. 1-3 BGB und/oder § 280 Abs. 1 S. 1 BGB unterfallen

(9.) Es wird festgestellt, dass Ansprüche aus Verletzungen von Pflichten aus dem zwischen den Parteien begründete Vertrag sui generis im Sinne von §§ 311 Abs. 2 Nr. 1 bis 3 BGB und/oder § 280 Abs. 1 S. 1 BGB nebst Ansprüchen aus spezialgesetzlicher Prospekthaftung bestehen

5.2.4 Vorlagebeschluss: RVI Baubetreuung GmbH (2014)[18]

Im dortigen Fall geht es um die Beteiligung an einem Hotelprojekt. Die Feststellungsziele des Vorlagebeschlusses lauten auszugsweise wie folgt:

3. Der von der Klägerseite für den Erwerb zu entrichtende prospektierte Kaufpreis entspricht dem in Prospektteil C genannten Gesamtaufwand abzüglich Gebühren für Notar, Grundbuchamt und Grunderwerbssteuer und beträgt das 2,22-fache des objektivierten Ertragswertes (Gutachten S. 104). Der Kaufpreis ist damit sittenwidrig.

---

17 OLG Frankfurt, 23 Kap 1/13.
18 LG Saarbrücken, 1 OH 3/14.

4. Aufgrund der Sittenwidrigkeit des Kaufvertrages sind die zur Finanzierung abgeschlossenen Darlehensverträge im Wege des Schadenersatzes rückabzuwickeln; die Lebensversicherung ist aus dem gleichen Grund von der Beklagten zu 2) rückabzutreten.

5.2.5 Vorlagebeschluss: Morgan Stanley Real Estate Investment GmbH (2014)[19]

Im dortigen Fall geht es um die Haftung einer Kapitalanlagegesellschaft für deren offenen Immobilienfonds P2 Value. Die Feststellungsziele des Vorlagebeschlusses lauten auszugsweise wie folgt:

1. Es wird festgestellt, dass der Verkaufsprospekt mit den Vertragsbedingungen der Beklagten zum Offenen Immobilienfonds P2 Value (WKN: A0F6G8), Stand November 2005, einzeln und/oder kumulativ unrichtige und/oder unvollständige Angaben mit folgenden Aussagen enthält: . . .

6. Es wird festgestellt, dass zwischen den Anteilserwerbern des Offenen Immobilienfonds P2 Value (WKN: A0F6G8) und der Beklagten ein Vertrag nach dem Investmentgesetz („Investmentvertrag") zustande kam, die Anteilserwerber somit Vertragspartner der Beklagten wurden.

13. Es wird festgestellt, dass die Beklagte ihren Vertragspartnern des Investmentvertrages i. S. d. Ziff. 6 vor und/oder nach Vertragsschluss darüber informieren musste, dass sie Dritten, welche ihre Vertragspartner im Hinblick auf den Erwerb von Anteilen am Offenen Immobilienfonds P2 Value (WKN: A0F6G8) beraten haben, Zuwendungen versprochen und/oder gewährt haben und in welcher Höhe.

6 Norm und Praxis

Die für den KapMuG-Prozess wichtigsten Normen werden nachfolgend wiedergegeben. Fragmentarisch schließen sich Ausführungen zum Verständnis und der Rechtspraxis an.

6.1 § 1 KapMuG (Anwendungsbereich)

(1) Dieses Gesetz ist anwendbar in bürgerlichen Rechtsstreitigkeiten, in denen

19 LG Frankfurt a. M., 2-21 OH 2/14.

1. ein Schadensersatzanspruch wegen falscher, irreführender oder unterlassener öffentlicher Kapitalmarktinformation,

2. ein Schadensersatzanspruch wegen Verwendung einer falschen oder irreführenden öffentlichen Kapitalmarktinformation oder wegen Unterlassung der gebotenen Aufklärung darüber, dass eine öffentliche Kapitalmarktinformation falsch oder irreführend ist, oder

3. ein Erfüllungsanspruch aus Vertrag, der auf einem Angebot nach dem Wertpapiererwerbs- und Übernahmegesetz beruht, geltend gemacht wird.

(2) 1Öffentliche Kapitalmarktinformationen sind Informationen über Tatsachen, Umstände, Kennzahlen und sonstige Unternehmensdaten, die für eine Vielzahl von Kapitalanlegern bestimmt sind und einen Emittenten von Wertpapieren oder einen Anbieter von sonstigen Vermögensanlagen betreffen. 2Dies sind insbesondere Angaben in

1. Prospekten nach dem Wertpapierprospektgesetz und Informationsblättern nach dem Wertpapierhandelsgesetz,

2. Verkaufsprospekten, Vermögensanlagen-Informationsblättern und wesentlichen Anlegerinformationen nach dem Verkaufsprospektgesetz, dem Vermögensanlagengesetz, dem Investmentgesetz in der bis zum 21. Juli 2013 geltenden Fassung sowie dem Kapitalanlagegesetzbuch,

3. Mitteilungen über Insiderinformationen im Sinne des § 15 des Wertpapierhandelsgesetzes,

4. ...

Das neue KapMuG hat den Anwendungsbereich deutlich erweitert. Auf die Unterscheidung zwischen unmittelbarer oder bloßer mittelbarer Bedeutung der öffentlichen Kapitalmarktinformation für den Anspruch kommt es künftig nicht mehr an[20].

Das KapMuG ist auch anzuwenden auf Ansprüche auf vertraglicher Grundlage mit Bezug zu einer öffentlichen Kapitalmarktinformation[21]. Wenn öffentliche Kapitalmarktinformation Voraussetzung eines vertraglichen Anspruchs ist, besteht kein überzeugender Grund diese Anspruchsvoraussetzung nicht in einem Musterverfahren klären zu lassen[22]. Auch Ansprüche aus §§ 241 II, 311 II und III

20 Entwurf (Fn. 1), S. 14.
21 Entwurf (Fn. 1), S. 15.
22 Entwurf (Fn. 1), S. 16.

BGB sind musterverfahrensfähig[23]. Der Anwendungsbereich des neuen KapMuG ist also für vertragliche Ansprüche eröffnet[24].

Klagen aufgrund von Prospekthaftung im engeren und im weiteren Sinn – gegen Emittenten, Anbieter oder Zielgesellschaften einerseits und gegen Anlageberater und -vermittler andererseits – können somit in einem Musterverfahren zusammengefasst werden. Dagegen können Aufklärungsfehler, welche nicht unter Verwendung einer öffentlichen Kapitalmarktinformation begangen wurden – wie beispielsweise das Verschweigen von Rückvergütungen – nicht Gegenstand eines Musterverfahrens sein, weil der Bezug zu einer öffentlichen Kapitalmarktinformation fehlt[25].

Fraglich ist, ob auch andere Anspruchsarten als die in § 1 I KapMuG genannten Schadensersatz- und Erfüllungsansprüche im Musterverfahren feststellungsfähig sind. Als Beispiel sei ein in Anspruchskonkurrenz zum Schadensersatzanspruch stehender Bereicherungsanspruch gedacht, welcher auf dem gleichen Lebenssachverhalt beruht. M.E. ist die Frage in (analoger) Anwendung des § 17 II 1 GVG zu bejahen[26].

Diese Norm lautet wie folgt:

Das Gericht des zulässigen Rechtsweges entscheidet den Rechtsstreit unter allen in Betracht kommenden rechtlichen Gesichtspunkten.

6.2 § 2 KapMuG (Musterverfahrensantrag)

(1) [1]Durch Musterverfahrensantrag kann im ersten Rechtszug die Feststellung des Vorliegens oder Nichtvorliegens anspruchsbegründender oder anspruchsausschließender Voraussetzungen oder die Klärung von Rechtsfragen (Feststellungsziele) begehrt werden. [2]Der Musterverfahrensantrag kann vom Kläger und vom Beklagten gestellt werden.

(2) Der Musterverfahrensantrag ist bei dem Prozessgericht unter Angabe der Feststellungsziele und der öffentlichen Kapitalmarktinformationen zu stellen.

(3) [1]In dem Antrag sind die zur Begründung dienenden Tatsachen und Beweismittel anzugeben. [2]Der Antragsteller muss darlegen, dass der Entscheidung über die Feststellungsziele

23 Entwurf (Fn. 1), S. 16.

24 OLG Frankfurt, Beschl. v. 27.01.2014, 23 W 120/13.

25 BGH, Beschl. v. 08.04.2014, XI ZB 40/11.

26 Zur m. E. vergleichbaren Problematik im Rahmen des deliktischen Gerichtsstandes vgl. BGH, Beschl. v. 10.12.2002, X ARZ 208/02.

im Musterverfahren (Musterentscheid) Bedeutung über den einzelnen Rechtsstreit hinaus für andere gleichgelagerte Rechtsstreitigkeiten zukommen kann.

(4) Dem Antragsgegner ist Gelegenheit zur Stellungnahme zu geben.

Feststellungsziele können nach § 2 I 1 KapMuG also Tatsachen- wie Rechtsfragen sein. Ein Anspruch als solcher kann dagegen nicht Feststellungsziel eines Musterfeststellungsverfahrens sein[27].

Fraglich ist, ob eine Rechtsfrage, welche bereits höchstrichterlich geklärt ist, Feststellungsziel sein kann. M.E. ist die Frage zu bejahen, da einer der Hauptzwecke des KapMuG in der Herbeiführung der Bindungswirkung hinsichtlich der Entscheidung über die Feststellungsziele für die ausgesetzten Verfahren liegt. Die Prozessgerichte sind bekanntlich grundsätzlich an höchstrichterliche Rechtsprechung nicht gebunden – anders dagegen im Rahmen des KapMuG-Prozesses.

Fraglich ist weiter, ob es für die Darlegung im Sinne des § 2 III 2 KapMuG genügt, dass der Entscheidung über die Feststellungsziele Bedeutung nicht oder nicht nur für gleichgelagerte Ausgangsverfahren zukommt, sondern (auch) für gleichgelagerte außergerichtliche Rechtstreitigkeiten. M.E. ist die Frage zu bejahen, da der Wortlaut der Norm nicht von Ausgangsverfahren spricht, sondern von „Rechtstreitigkeiten", und nach Sinn und Zweck des neu geschaffenen Rechtsinstitutes der Anmeldung (§§ 10 II, III KapMuG, § 204 I Nr. 6 a BGB) der Reformgesetzgeber dem KapMuG nicht nur Bedeutung für die Ausgangsverfahren beimisst, sondern auch für die Ansprüche im Anmeldeverfahren, auch wenn der „Anmelder" nicht förmlich Beteiligter (vgl. § 9 KapMuG) des Musterverfahrens ist.

Der Musterverfahrensantrag dürfte bis zum Schluss der mündlichen Verhandlung gestellt werden können, da zum einen der Wortlaut des § 2 KapMuG keine zeitliche Beschränkung vorsieht und zum anderen diese Auslegung auch dem analog gelagerten Verständnis des Reformgesetzgebers zum Erweiterungsantrag nach § 15 KapMuG entspricht[28].

6.3 § 3 KapMuG (Zulässigkeit des Musterverfahrensantrags)

(1) Das Prozessgericht verwirft den Musterverfahrensantrag durch unanfechtbaren Beschluss als unzulässig, soweit

1. die Entscheidung des zugrunde liegenden Rechtsstreits nicht von den geltend gemachten Feststellungszielen abhängt,

27 BGH, Beschl. v. 10.06.2008, XI ZB 26/07.
28 Entwurf (Fn. 1), S. 23.

2. die angegebenen Beweismittel zum Beweis der geltend gemachten Feststellungsziele ungeeignet sind,

3. nicht dargelegt ist, dass eine Bedeutung für andere Rechtsstreitigkeiten gegeben ist, oder

4. der Musterverfahrensantrag zum Zwecke der Prozessverschleppung gestellt ist.

(2) ...

(3) [1]Das Prozessgericht soll zulässige Musterverfahrensanträge binnen sechs Monaten nach Eingang des Antrags bekannt machen. 2Verzögerungen der Bekanntmachung sind durch unanfechtbaren Beschluss zu begründen.

§ 3 KapMuG wirft eine Reihe von Fragen auf; exemplarisch:

- Wie ist der Begriff „abhängig" i. S. d. § 3 I 1 KapMuG zu verstehen? M. E. ist er als „abhängen kann" zu verstehen[29]. Keine Abhängigkeit dürfte allerdings vorliegen, falls der Rechtsstreit evident entscheidungsreif ist.
- Wie ist das „gegeben ist" i. S. d. § 3 I 3 KapMuG zu verstehen? M. E. als „gegeben sein kann", argumentum e § 2 III 2 KapMuG.

Nach dem Willen des Reformgesetzgebers[30] dürfte das Prozessgericht zunächst über den Musterverfahrensantrag zu entscheiden haben, bevor es zur Hauptsache verhandelt. Wie dargelegt bezweckt das KapMuG auch die Senkung des Kostenrisiko des einzelnen Klägers (vgl. oben 1.1), was ebenso dafür spricht, dass zunächst nur über den Musterverfahrensantrag zu verhandeln ist, dagegen noch nicht zur Hauptsache, da im letzteren Fall ein erhöhtes Kostenrisiko besteht, vgl. § 269 I ZPO.

Eine Teilverwerfung des Musterverfahrensantrages ist möglich[31].

Die Unanfechtbarkeit des Verwerfungsbeschlusses schränkt nach Auffassung des Reformgesetzgebers den Rechtsschutz des Antragstellers *„nicht unverhältnismäßig ein. Ihm bleibt wie bisher der Individualprozess ... insbesondere kann der Antragsteller, nachdem ein Vorlagebeschluss ergangen ist, die Aussetzung des Individualprozesses beantragen und dadurch doch noch als Beigeladener am Musterverfahren teilnehmen"*[32].

29 Entwurf (Fn. 1), S. 18; dieses Verständnis dürfte auch dem Beschl. des OLG Frankfurt v. 27.01.2014, 23 W 120/13 zugrunde liegen.
30 Entwurf (Fn. 1), S. 18.
31 Entwurf (Fn. 1), S. 17.
32 Entwurf (Fn. 1), S. 17.

Für die Entscheidung über die Zulässigkeit gilt nicht der Maßstab der Entscheidungsreife im Sinne des § 300 ZPO[33]. Hinsichtlich der Zulässigkeit der Klärung einer Rechtsfrage im Musterverfahren ist nicht der strenge Maßstab der grundsätzlichen Bedeutung der Rechtsfrage im Sinne des Revisionsrechtes anzusetzen[34].

Ein zu eng gefasster Begriff der Schlüssigkeit wird den Besonderheiten des KapMuG-Verfahrens nicht gerecht. Erst im Musterverfahren ist zu klären, welche Anspruchsgrundlagen überhaupt anwendbar sind bzw. welche Voraussetzungen diese jeweils haben[35].

Eine Abhängigkeit i. S. d. § 3 I Nr. 1 KapMuG kann sowohl bestehen, wenn das Feststellungsziel auf das Vorliegen oder Nichtvorliegen anspruchsbegründender oder anspruchsausschließender Voraussetzungen gerichtet ist, als auch, wenn es die Klärung einer Rechtsfrage betrifft. Die Abhängigkeit ist abstrakt zu beurteilen; nicht erforderlich ist daher, dass sämtliche übrigen Anspruchsvoraussetzungen und Rechtsfragen geklärt sind und es nur noch auf die Klärung der Feststellungsziele ankommt. Schon nach der bisherigen Konzeption des Musterverfahrens sind die übrigen individuellen Anspruchsvoraussetzungen erst nach Durchführung eines Musterverfahrens zu klären[36].

Ein Musterfeststellungsantrag ist wegen Entscheidungsreife des Hauptsacheverfahrens zurückzuweisen, wenn der Tatsachenstoff hinreichend geklärt ist und die Entscheidung des Hauptsacheverfahrens nicht von einer Rechtsfrage abhängt, die in dem Musterfeststellungsantrag, als Feststellungsziel genannt ist[37].

Durch die Einführung der Entscheidungsfrist in § 3 III KapMuG wird sichergestellt, dass die Entscheidung nicht aufgeschoben werden kann. Damit ist es ausdrücklich nicht mehr zulässig, zunächst den Prozess weiterzuführen, um zusammen mit dem späteren Urteil den Musterverfahrensantrag als unzulässig abzulehnen[38]. Abs. 3 ist bewusst als Soll-Vorschrift ausgestaltet, um Ausnahmen im Einzelfall zu berücksichtigen[39].

33 Entwurf (Fn. 1), S. 17.
34 Entwurf (Fn. 1), S. 18.
35 OLG Frankfurt, Beschl. v. 27.01.2014, 23 W 120/13.
36 Entwurf (Fn. 1), S. 18.
37 BGH, Beschl. v. 03.12.2007, II ZB 15/07.
38 Entwurf (Fn. 1), S. 18.
39 Gegenäußerung (Fn. 1), S. 38.

6.4 § 4 KapMuG (Klageregister; ...)

(1) Musterverfahrensanträge, deren Feststellungsziele den gleichen zugrunde liegenden Lebenssachverhalt betreffen (gleichgerichtete Musterverfahrensanträge), werden im Klageregister in der Reihenfolge ihrer Bekanntmachung erfasst.

Abs. 1 der Norm enthält eine Legaldefinition des Begriffes „gleichgerichtete Musterverfahrensanträge" und damit inzident auch eine Legaldefinition des Begriffes „gleichgerichtet".

Ausschlaggebend für die Beurteilung der Gleichgerichtetheit ist der zugrundeliegende Lebenssachverhalt[40].

Es kommt nicht darauf an, dass die Feststellungsziele inhaltlich gleich sind; dies hat zur Folge, dass in einem Musterverfahren verschiedene Feststellungsziele verbunden werden können, obwohl sie nicht alle in allen Musterverfahrensanträgen genannt wurden[41].

Das Musterverfahren soll eine möglichst effektive und umfassende Klärung aller einer gemeinsamen Entscheidung zugänglichen Fragen an einer Stelle herbeiführen[42]. Notwendig ist dafür die größtmögliche Bündelung aller möglichen Feststellungsziele[43].

Dass dem Begriff „Lebenssachverhalt" im Rahmen des KapMuG eine zentrale Bedeutung zukommt, manifestiert sich in § 4 I KapMuG. Das KapMuG nennt den Begriff zuvor bereits in § 3 II 2 Nr. 6 KapMuG, wonach die Bekanntmachung eines zulässigen Musterverfahrensantrages im Klageregister *„eine knappe Darstellung des vorgetragenen Lebenssachverhalts"* zu enthalten hat. Der Lebenssachverhalt bemisst sich also maßgeblich nach dem Vortrag des Antragstellers.

Fraglich ist, ob der Begriff Lebenssachverhalt nach KapMuG dem der ZPO entspricht. Im Rahmen der ZPO gilt bekanntlich ein weiter Begriff des Lebenssachverhaltes[44]; im Rahmen des KapMuG kann jedenfalls kein engerer Begriff gelten. Danach umfasst der Lebenssachverhalt alle Tatsachen, die bei natürlicher Betrachtungsweise und bei einer den Sachverhalt „seinem Wesen nach" erfassender Betrachtungsweise vom Standpunkt der Parteien aus zu dem zur Entscheidung gestellten Tatsachenkomplex gehören, den der Kläger zur Stützung seines

40 Entwurf (Fn. 1), S. 19.
41 Entwurf (Fn. 1), S. 19.
42 Entwurf (Fn. 1), S. 19.
43 Entwurf (Fn. 1), S. 19.
44 St. Rspr. des BGH, vgl. nur Urt. v. 25.10.2012, IX ZR 207/11, Rz. 14; Urt. v. 24.01.2008, VII ZR 46/07, Rz. 15; Urt. v. 19.12.1991, IX ZR R 96/91, BGHZ 117, 1-7, juris-Rz. 16; Urt. v. 19.11.2003, VIII ZR 60/03, sub. II.1.a)aa).

Rechtsschutzbegehrens dem Gericht zu unterbreiten hat[45]. Der Lebenssachverhalt geht dabei über Tatsachen, die bestimmte Tatbestandsmerkmale erfüllen, hinaus[46], unabhängig davon, ob die einzelnen Tatsachen vorgetragen worden sind oder nicht[47].

Angesichts des Anwendungsbereiches des KapMuG (vgl. § 1 KapMuG) ist der Begriff Lebenssachverhalt kapitalmarktrechtlich zu bestimmen[48]. Bereits der ursprüngliche KapMuG-Gesetzgeber sah sich – gerade in Ansehung des Telekom-Prozesses – veranlasst, zum Prospektrecht darauf hinzuweisen, dass *„verschiedene Angaben im Fall der Prospekthaftung" „... grundsätzlich nicht unterschiedliche Streitgegenstände"*, begründen, *„... denn die Berufung auf verschiedene unrichtige Angaben bedeutet nur eine veränderte Begründung des selben Anspruchs, nicht jedoch ein Wechsel zu anderen Ansprüchen"*[49].

6.5 § 5 KapMuG (Unterbrechung des Verfahrens)

> Mit der Bekanntmachung des Musterverfahrensantrags im Klageregister wird das Verfahren unterbrochen.

Diese Vorschrift bezieht sich auf das individuelle Ausgangsverfahren, in welchem der bekanntgemachte Musterverfahrensantrag gestellt wurde.

6.6 § 6 KapMuG (Vorlage an das Oberlandesgericht; ...)

> (1) [1]Durch Vorlagebeschluss ist eine Entscheidung des im Rechtszug übergeordneten Oberlandesgerichts über die Feststellungsziele gleichgerichteter Musterverfahrensanträge herbeizuführen, wenn innerhalb von sechs Monaten nach der ersten Bekanntmachung eines Musterverfahrensantrags mindestens neun weitere gleichgerichtete Musterverfahrensan-

---

45 St. Rspr. des BGH, vgl. nur Urt. v. 25.10.2012, IX ZR 207/11, Rz. 14; Urt. v. 24.01.2008, VII ZR 46/07, Rz. 15; Urt. v. 19.12.1991, IX ZR R 96/91, BGHZ 117, 1-7, juris-Rz. 16; Urt. v. 19.11.2003, VIII ZR 60/03, sub. II.1.a)aa).

46 BGH, Urt. v. 25.10.2012, IX ZR 207/11, Rz. 14; Urt. v. 19.12.1991, IX ZR 96/91, BGHZ 117, 1-7, juris-Rz. 16.

47 BGH, Urt. v. 25.10.2012, IX ZR 207/11, Rz. 14; Urt. v.19.11.2003, VIII ZR 60/03, sub. II.1.a) aa); Urt. v. 24.01.2008, VII ZR 46/07, Rz. 15.

48 Ausführlich zum Begriff im Kapitalanlagerecht vgl. *Grüneberg*, Zur Verjährung und Rechtskrafterstreckung bei mehreren Aufklärungs- und Beratungsfehlern in demselben Kapitalanlagegespräch, WM 2014, 1109.

49 Gegenäußerung der Bundesregierung zum KapMuG a. F., BT-Drs. 15/5091, S. 49, unter Hinweis auf BGH, NJW-RR 1996, 891, 892.

träge bekannt gemacht wurden. [2]Der Vorlagebeschluss ist unanfechtbar und für das Oberlandesgericht bindend.

(2) Zuständig für den Vorlagebeschluss ist das Prozessgericht, bei dem der erste bekannt gemachte Musterverfahrensantrag gestellt wurde.

(3) Der Vorlagebeschluss enthält: die Feststellungsziele und eine knappe Darstellung des den Musterverfahrensanträgen zugrunde liegenden gleichen Lebenssachverhalts.

(4) Das Prozessgericht macht den Inhalt des Vorlagebeschlusses im Klageregister öffentlich bekannt.

(5) [1]Sind seit Bekanntmachung des jeweiligen Musterverfahrensantrags innerhalb von sechs Monaten nicht neun weitere gleichgerichtete Anträge bekannt gemacht worden, weist das Prozessgericht den Antrag durch Beschluss zurück und setzt das Verfahren fort. 2Der Beschluss ist unanfechtbar.

Die Bindungswirkung des Vorlagebeschlusses für das OLG entfällt, wenn der geltend gemachte Anspruch schon nicht Gegenstand eines Musterverfahrens sein kann. Die Bindungswirkung des Vorlagebeschlusses für das OLG entfällt dagegen nicht, wenn der Vorlagebeschluss trotz einzelner Fehler und Auslassungen eine geeignete Grundlage für die Durchführung des Musterverfahrens ist. Fehler und Auslassungen des Vorlagebeschlusses bei der Bezeichnung der Beweismittel sowie der Darstellung des wesentlichen Inhalts der erhobenen Ansprüche und der vorgebrachten Angriffs- und Verteidigungsmittel können während des Musterverfahrens behoben werden und berechtigen das OLG daher nicht, den Vorlagebeschluss aufzuheben und an das Prozessgericht zurückzugeben[50].

6.7 § 7 KapMuG (Sperrwirkung des Vorlagebeschlusses)

[1]Mit Erlass des Vorlagebeschlusses ist die Einleitung eines weiteren Musterverfahrens für die gemäß § 8 Absatz 1 auszusetzenden Verfahren unzulässig. [2]Ein gleichwohl ergangener Vorlagebeschluss ist nicht bindend.

50 BGH, Beschl. v. 26.07.2011, II ZB 11/10.

6.8 § 8 KapMuG (Aussetzung)

> (1) [1]Nach der Bekanntmachung des Vorlagebeschlusses im Klageregister setzt das Prozessgericht von Amts wegen alle bereits anhängigen oder bis zur rechtskräftigen Entscheidung über die Feststellungsziele im Musterverfahren noch anhängig werdenden Verfahren aus, wenn die Entscheidung des Rechtsstreits von den geltend gemachten Feststellungszielen abhängt. [2]Das gilt unabhängig davon, ob in dem Verfahren ein Musterverfahrensantrag gestellt wurde. [3]Die Parteien sind anzuhören, es sei denn, dass sie darauf verzichtet haben.

Das Aussetzungsverfahren wirft eine Reihe von Problemen auf; exemplarisch:

Ein Rechtstreit, in dem ein Musterverfahrensantrag als unzulässig verworfen werden müsste, kann nicht durch Aussetzung nach § 8 KapMuG musterverfahrensfähig werden, denn sowohl § 3 KapMuG als auch § 8 KapMuG verlangen wortgleich, dass die Entscheidung des betroffenen Rechtsstreits von den Feststellungszielen abhängt[51].

Soweit die Gesetzesbegründung zu § 8 KapMuG die Abhängigkeit grundsätzlich abstrakt beurteilen und dem Prozessgericht im Hinblick auf die Aussetzung einen Beurteilungsspielraum einräumen will, bestehen nach Meinung des BGH dagegen im Hinblick auf den verfassungsrechtlichen Grundsatz effektiven Rechtsschutzes Bedenken[52]. Damit stellt sich der BGH gegen den Willen des Reformgesetzgebers. Nach diesem nämlich ist die „Abhängigkeit" abstrakt zu beurteilen; deshalb genügt es, wenn die Entscheidung des Rechtsstreites von den Feststellungszielen mit hinreichender Wahrscheinlichkeit abhängen kann[53]. Weder im KapMuG noch in der ZPO findet sich jedoch der Ausdruck „hinreichende Wahrscheinlichkeit". Allerdings findet sich – dem nahe kommend – im PKH-Recht der Ausdruck „hinreichende Aussicht auf Erfolg" (vgl. § 114 ZPO). Der BGH[54] definiert dies so:

> „An die Voraussetzung der hinreichenden Erfolgsaussicht sind freilich keine überspannten Anforderungen zu stellen (BVerfG, NJW-RR 1993, 1090). Sie ist schon dann erfüllt, wenn der von einem Kläger vertretene Rechtsstandpunkt zumindest vertretbar erscheint und in tatsächlicher Hinsicht die Möglichkeit einer Beweisführung besteht."

---

51 BGH, Beschl. v. 08.04.2014, XI ZB 40/11.

52 BGH, Beschl. v. 08.04.2014, XI ZB 40/11.

53 Entwurf (Fn. 1), S. 20; ebenso OLG München, Beschl. v. 27.08.2013, 19 U 5140/12, sowie OLG Frankfurt, Beschl. v. 27.01.2014, 23 W 120/13.

54 Urt. v. 14.12.1993, VI ZR 235/92, sub. II. 2. a.

Eine analoge Anwendung des § 148 ZPO scheidet im Anwendungsbereich des § 8 KapMuG aus[55].

Das Berufungsgericht ist ebenfalls Prozessgericht im Sinne des § 8 KapMuG[56]. Die Sogwirkung der Aussetzung erfasst nach Auffassung des Gesetzgebers neben Rechtstreiten in der Berufungs- auch solche in der Revisionsinstanz[57]. Letzteres sieht der BGH[58] jedoch anders, seiner Auffassung nach ist er nicht Prozessgericht i. S. des § 8 I 1 KapMuG. Ziel des Musterverfahren sei es, *„eine höchstrichterliche Klärung solcher Fragen, die eine Vielzahl von Einzelfällen betreffen, herbeizuführen ... Diesem Ziel liefe es zu wider, wenn der zur Klärung grundsätzlicher Fragen zuförderst berufene .... Bundesgerichtshof verpflichtet wäre, Individualverfahren auszusetzen und eine Entscheidung des Oberlandesgerichts im Musterverfahren abzuwarten“*. Aus der in § 22 I 1 KapMuG geregelten Bindungswirkung des Musterentscheids folge nichts anderes, denn diese Vorschrift regele *„die Rechtsfolgen der Aussetzung, nicht deren Voraussetzung“*. M. E. verkennt der BGH, dass gerade die Bindungswirkung des Musterentscheids einen der Hauptzwecke des KapMuG darstellt[59]; denn dem Rechtsinstitut der Bindungswirkung kommt als Mittel zur Befriedungswirkung zentrale Bedeutung im Rahmen kollektiver Rechtsschutzverfahren zu. Natürlich kann der Musterentscheid des OLG vom BGH überprüft werden, aber eben mittels der Rechtsbeschwerde nach KapMuG, welche das Musterverfahren in der Rechtsbeschwerdeinstanz fortsetzt, §§ 20; 21 I 1 KapMuG. Das gesetzgeberische Ziel, die Gefahr divergierender Entscheidungen zu vermeiden (vgl. hierzu oben sub. 1.1) führt daher entgegen der Auffassung des BGH dazu, dass auch ein Individualrechtstreit vor dem BGH gemäß § 8 KapMuG auszusetzen ist, so wie dies nicht nur der Gesetzgeber gewollt hat, sondern auch der fast einhelligen Meinung der Literatur entspricht[60].

Ist ein Rechtsstreit entgegen § 7 KapMuG a. F. ausgesetzt worden, können die Parteien jederzeit dessen Fortsetzung verlangen, auch wenn sie zuvor gegen den Aussetzungsbeschluss kein Rechtsmittel eingelegt haben[61].

Fraglich ist, ob dann, wenn zwar der gleiche Lebenssachverhalt einer Ausgangsklage dem Musterverfahren zugrunde liegt, jedoch nicht alle in Anspruchskonkurrenz stehenden Anspruchsgrundlagen der Ausgangsklage Gegenstand

55 BGH, Beschl. v. 08.04.2014, XI ZB 40/11.
56 OLG München, Beschl. v. 27.08.2013, 19 U 5140/12.
57 Gesetzesbegründung zum KapMuG a. F., BT-Drs. 15/5091, S. 25.
58 Urt. v. 15.07.2014, XI ZR 100/13 Rz. 12 f.
59 Wolf spricht zutreffend von der „Zentralvorschrift“ des KapMuG, vgl. *Vorwerk/Wolf*, KapMuG, 2007, § 16 Rz. 1.
60 Diese wird vom BGH zitiert im Urt. v. 15.07.2014, XI ZR 100/13, Rz. 12.
61 BGH, Beschl. v. 11.09.2012, XI ZB 32/11.

des Musterverfahren sind, der Rechtstreit hinsichtlich auch der nicht streitgegenständlichen Anspruchsgrundlagen auszusetzen ist[62]. Da derselbe Lebenssachverhalt zugrunde liegt, ist m. E. vollständig auszusetzen, da im KapMuG-Prozess typischer Weise (vgl. § 2 I 1 KapMuG) nur Teilmengen (von Tatsachen oder Rechtsfragen) Feststellungsziele des Musterverfahrens sind.

6.9 § 9 KapMuG (Beteiligte des Musterverfahrens)

(1) Beteiligte des Musterverfahrens sind:

der Musterkläger,

die Musterbeklagten,

die Beigeladenen.

(2) [1]Das Oberlandesgericht bestimmt nach billigem Ermessen durch Beschluss den Musterkläger aus den Klägern, deren Verfahren nach § 8 Absatz 1 ausgesetzt wurden. [2]Zu berücksichtigen sind:

die Eignung des Klägers, das Musterverfahren unter Berücksichtigung der Interessen der Beigeladenen angemessen zu führen, eine Einigung mehrerer Kläger auf einen Musterkläger und die Höhe des Anspruchs, soweit er von den Feststellungszielen des Musterverfahrens betroffen ist.

[3]Der Beschluss ist unanfechtbar.

6.10 § 10 KapMuG (Bekanntmachung des Musterverfahrens; Anmeldung eines Anspruchs)

(1) Nach Auswahl des Musterklägers macht das Oberlandesgericht im Klageregister öffentlich bekannt:

die Bezeichnung des Musterklägers und seines gesetzlichen Vertreters (§ 9 Absatz 1 Nummer 1), die Bezeichnung der Musterbeklagten und ihrer gesetzlichen Vertreter (§ 9 Absatz 1 Nummer 2) und das Aktenzeichen des Oberlandesgerichts.

(2)[1]Innerhalb einer Frist von sechs Monaten ab der Bekanntmachung nach Absatz 1 kann ein Anspruch schriftlich gegenüber dem Oberlandesgericht zum Musterverfahren angemel-

62 Offengelassen in OLG München, Beschl. v. 27.08.2013, 19 U 5140/12.

det werden. [2]Die Anmeldung ist nicht zulässig, wenn wegen desselben Anspruchs bereits Klage erhoben wurde. [3]Der Anmelder muss sich durch einen Rechtsanwalt vertreten lassen. 4Über Form und Frist der Anmeldung sowie über ihre Wirkung ist in der Bekanntmachung nach Absatz 1 zu belehren.

Das vom Reformgesetzgeber neu geschaffene Rechtsinstrument der „Anmeldung" ist nach dessen Willen eine sinnvolle Ergänzung des Musterverfahrens, wenn es sich auf die Wirkung der Verjährungshemmung beschränkt, denn damit ist keine Beteiligung am Musterverfahren verbunden[63]. Dass ein dringender praktischer Bedarf an einem solchen Instrument besteht, zeigen die Fälle der Öffentlichen Rechtsauskunft- und Vergleichsstelle Hamburg, ÖRA[64], im Fall Telekom.

Die Anspruchsanmeldung soll den Rechtsschutz für diejenigen Kapitalanleger erleichtern, die angesichts des hohen Prozesskostenrisikos von einer Klage absehen wollen[65]. Denn die Gerichtskosten und die Rechtsanwaltsgebühren für die Anmeldung zusammen belaufen sich für die Anmeldung auf lediglich rund 4,2 % des Kostenrisikos eines ZPO-Prozesses durch drei Instanzen[66].

Der Anspruch, der der Anmeldung zugrunde liegt, kann nur gegen einen Musterbeklagten des Musterverfahrens gerichtet sein[67].

Der Anmelder muss seinen Anspruch nicht schlüssig darlegen[68].

6.11 § 11 KapMuG (Allgemeine Verfahrensregeln; ...)

(1) [1]Auf das Musterverfahren sind die im ersten Rechtszug für das Verfahren vor den Landgerichten geltenden Vorschriften der Zivilprozessordnung entsprechend anzuwenden, soweit nichts Abweichendes bestimmt ist. 2§ 278 Absatz 2 bis 5 sowie die §§ 306, 348 bis 350 und 379 der Zivilprozessordnung sind nicht anzuwenden. 3In Beschlüssen müssen die Beigeladenen nicht bezeichnet werden.

(2) [1]Die Zustellung von Terminsladungen und Zwischenentscheidungen an Beigeladene kann durch öffentliche Bekanntmachung ersetzt werden. [2]Die öffentliche Bekanntmachung wird durch Eintragung in das Klageregister bewirkt. [3]Zwischen öffentlicher Bekanntmachung und Terminstag müssen mindestens vier Wochen liegen.

---

63 Rechtsausschuss (Fn. 1), S. 25.
64 Rechtsausschuss (Fn. 1), S. 25.
65 Rechtsausschuss (Fn. 1), S. 26.
66 Dazu oben sub. 3.
67 Rechtsausschuss (Fn. 1), S. 26.
68 Rechtsausschuss (Fn. 1), S. 25.

6.12 § 14 KapMuG (Rechtsstellung der Beigeladenen)

[1]Die Beigeladenen müssen das Musterverfahren in der Lage annehmen, in der es sich im Zeitpunkt der Aussetzung des von ihnen geführten Rechtsstreits befindet. [2]Sie sind berechtigt, Angriffs- oder Verteidigungsmittel geltend zu machen und alle Prozesshandlungen wirksam vorzunehmen, soweit ihre Erklärungen und Handlungen mit Erklärungen und Handlungen des Musterklägers nicht in Widerspruch stehen.

6.13 § 15 KapMuG (Erweiterung des Musterverfahrens)

(1) [1]Nach Bekanntmachung des Vorlagebeschlusses gemäß § 6 Absatz 4 erweitert das Oberlandesgericht auf Antrag eines Beteiligten das Musterverfahren durch Beschluss um weitere Feststellungsziele, soweit

die Entscheidung des zugrunde liegenden Rechtsstreits von den weiteren Feststellungszielen abhängt,

die Feststellungsziele den gleichen Lebenssachverhalt betreffen, der dem Vorlagebeschluss zugrunde liegt, und

das Oberlandesgericht die Erweiterung für sachdienlich erachtet.

[2]Der Antrag ist beim Oberlandesgericht unter Angabe der Feststellungsziele und der öffentlichen Kapitalmarktinformationen zu stellen.

(2) Das Oberlandesgericht macht die Erweiterung des Musterverfahrens im Klageregister öffentlich bekannt.

Das Erweiterungsverfahren wirft ebenfalls eine Reihe von Problemen auf. Seiner Handhabung durch das OLG kommt zentrale Bedeutung für die Sinnhaftigkeit und Zweckmäßigkeit des konkreten Musterverfahrens zu. Entgegen dem alten KapMuG wird nunmehr nicht mehr der Vorlagebeschluss als solcher erweitert, sondern das Musterverfahren selbst – und anders als nach altem KapMuG nicht mehr durch das Land- sondern durch das die Musterverfahrensherrschaft ausübende Oberlandesgericht. Um so mehr ist die Verantwortung des OLG gefragt. Dieses kann durch die Vornahme von Erweiterungen „misslungene" Vorlagebeschlüsse unter dem Gesichtspunkt der Verwirklichung der gesetzgeberischen Ziele[69] korrigieren. Dabei ist zu beachten, dass nach dem Willen des Reformge-

69 Vgl. hierzu oben 1.1.

setzgebers der Musterentscheid möglichst viele Ausgangsverfahren mit gleichgerichtetem Lebenssachverhalt erfassen soll[70].

Was der (Streit- oder Verfahrens-)Gegenstand des Musterverfahrens ist, erscheint bisher noch nicht abschließend geklärt[71]. Der in den Ausgangsverfahren geltend gemachte Anspruch selbst ist jedenfalls nicht Streitgegenstand des Musterverfahrens[72].

Auch bilden die im Vorlagebeschluss enthaltenen Tatsachen, Mitteilungen und Beweismittel nicht bereits den abschließenden Verfahrensstoff des Musterverfahrens. Dieser ergibt sich vielmehr aus dem Vortrag der Beteiligten des Musterverfahrens; der Vorlagebeschluss soll es dem OLG ermöglichen, das Musterverfahren vorzubereiten, er dient insoweit der ersten Strukturierung, Ordnung und Aufbereitung des Streitstoffes.[73]

Erste Beispiele aus der Praxis der Landgerichte belegen, dass gerade dem OLG für das Gelingen des Musterverfahrens i. S. einer sinn- und zweckmäßigen Durchführung zentrale Bedeutung zukommt – und dass das Erweiterungsverfahren nach § 15 KapMuG hierfür das geeignete Werkzeug des OLG darstellt. Damit erlangt die Auslegung des § 15 KapMuG maßgebliche Bedeutung. Wird diese Norm am Wortlaut haftend zu eng ausgelegt, droht dem Musterverfahren regelmäßig und systematisch ein sinn- und zweckwidriger Verlauf und damit Ineffizienz: den Musterparteien werden dann Steine statt Brot gegeben. Angesichts der vom Gesetzgeber bewusst in Kauf genommen Zwangswirkung des KapMuG drohen dann nicht nur in zeitlicher Hinsicht inakzeptable Schutzlücken.

Die Handhabung durch das LG Frankfurt im Fall CorealCredit Bank zeigt das Problem exemplarisch auf[74]. In den dortigen Ausgangsverfahren, welche allesamt vollständig ausgesetzt sind, ist nach Auffassung des Oberlandes- wie Landgerichtes Frankfurt a. M. ein separater Lebenssachverhalt streitgegenständlich, welcher sich weder im Vorlagebeschluss noch im Musterverfahren wiederfindet, und dort daher auch nicht Verfahrensstoff ist . Die Auffassung beider Frankfurter Gerichte[75] führt im Ergebnis dazu, dass die Ausgangsverfahren im Ganzen ausgesetzt bleiben, obwohl nur ein Teil des Petitums der Ausgangskläger im Musterverfahren behandelt wird[76]: Da der Gesetzgeber mit § 15 KapMuG die Erweite-

70 Entwurf (Fn. 1), S. 20.

71 Entwurf (Fn. 1), S. 23.

72 Entwurf (Fn. 1), S. 21.

73 BGH, Beschl. v. 26.07.2011, II ZB 11/10.

74 Vgl. LG Frankfurt a. M., Beschl. v. 20.01.2014, 2-21 OH 9/08.

75 OLG Frankfurt, (Teil-) Erweiterungsbeschl. v. 24.07.2013, 23 Kap 1/08; LG Frankfurt a. M., Beschl. v. 20.01.2014, 2-21 OH 9/08.

76 LG Frankfurt a. M., Beschl. v. 20.01.2014, 2-21 OH 9/08.

rung des Musterverfahrens in die Zuständigkeit des OLG gestellt habe, komme eine Erweiterung des Vorlagebeschlusses durch das Prozessgericht (LG) nicht in Betracht, da die damit verbundenen Verzögerungen unzweckmäßig wären und die Sperrwirkung des bestehenden Vorlagebeschlusses dem entgegen stünde. Vor diesem Hintergrund sei auch die Bekanntmachung eines neuen Musterverfahrensantrages im Bundesanzeiger unzulässig. Schließlich sei die Betreibung des Ausgangsverfahrens nicht möglich, weil das Verfahren ausgesetzt sei.

Ein solches Ergebnis („Dead-Lock-Situation") ist m. E. untragbar und verfassungsrechtlich nicht hinnehmbar.

6.14 § 16 KapMuG (Musterentscheid)

(1) [1]Das Oberlandesgericht erlässt auf Grund mündlicher Verhandlung den Musterentscheid durch Beschluss. [2]Die Beigeladenen müssen nicht im Rubrum des Musterentscheids bezeichnet werden. [3]Der Musterentscheid wird den Beteiligten und den Anmeldern zugestellt. 4Die Zustellung kann durch öffentliche Bekanntmachung ersetzt werden. 5§ 11 Absatz 2 Satz 2 gilt entsprechend.

(2) Über die im Musterverfahren angefallenen Kosten entscheidet das Prozessgericht.

6.15 § 17 KapMuG (Vergleichsvorschlag)

(1) [1]Der Musterkläger und die Musterbeklagten können einen gerichtlichen Vergleich dadurch schließen, dass sie dem Gericht einen schriftlichen Vergleichsvorschlag zur Beendigung des Musterverfahrens und der Ausgangsverfahren unterbreiten oder einen schriftlichen Vergleichsvorschlag des Gerichts durch Schriftsatz gegenüber dem Gericht annehmen. [2]Den Beigeladenen ist Gelegenheit zur Stellungnahme zu geben. [3]Der Vergleich bedarf der Genehmigung durch das Gericht gemäß § 18. [4]Der genehmigte Vergleich wird wirksam, wenn weniger als 30 Prozent der Beigeladenen ihren Austritt aus dem Vergleich gemäß § 19 Absatz 2 erklären.

6.16 § 20 KapMuG (Rechtsbeschwerde)

(1) [1]Gegen den Musterentscheid findet die Rechtsbeschwerde statt. [2]Die Sache hat stets grundsätzliche Bedeutung im Sinne des § 574 Absatz 2 Nummer 1 der Zivilprozessordnung. [3]Die Rechtsbeschwerde kann nicht darauf gestützt werden, dass das Prozessgericht nach § 6 Absatz 1 und 2 zu Unrecht einen Musterentscheid eingeholt hat. [4]Beschwerdeberechtigt sind alle Beteiligten.

(2) [1]Das Rechtsbeschwerdegericht benachrichtigt die übrigen Beteiligten des Musterverfahrens und die Anmelder über den Eingang einer Rechtsbeschwerde, wenn diese an sich

statthaft ist und in der gesetzlichen Form und Frist eingelegt wurde. [2]Die Benachrichtigung ist zuzustellen. [3]Die Zustellung kann durch öffentliche Bekanntmachung ersetzt werden; § 11 Absatz 2 Satz 2 gilt entsprechend.

(3) [1]Die übrigen Beteiligten können binnen einer Notfrist von einem Monat ab Zustellung der Benachrichtigung nach Absatz 2 dem Rechtsbeschwerdeverfahren beitreten. [2]Der Beitrittsschriftsatz ist innerhalb eines Monats ab Zustellung der Benachrichtigung nach Absatz 2 zu begründen; § 551 Absatz 2 Satz 5 und 6 der Zivilprozessordnung gilt entsprechend.

Das Rechtsbeschwerdeverfahren eröffnet gebührenrechtlich interessante Gestaltungsräume, z.B.: Legt die Klägerseite – z.B. durch einen Kläger mit geringerem Streitwert – Rechtsbeschwerde ein, und bleibt diese erfolglos, haben die nicht beigetretenen Kläger – mit gegebenenfalls hohen Streitwerten – kein Kostenrisiko (vgl. § 26 I KapMuG); hat die Rechtsbeschwerde dagegen Erfolg, kommen die nicht beigetretenen Kläger trotzdem in den Genuss der Bindungswirkung (vgl. § 22 V KapMuG).

6.17 § 22 KapMuG (Wirkung des Musterentscheids)

(1) [1]Der Musterentscheid bindet die Prozessgerichte in allen nach § 8 Absatz 1 ausgesetzten Verfahren. [2]Unbeschadet des Absatzes 3 wirkt der Musterentscheid für und gegen alle Beteiligten des Musterverfahrens unabhängig davon, ob der Beteiligte alle im Musterverfahren festgestellten Tatsachen selbst ausdrücklich geltend gemacht hat. [3]Dies gilt auch dann, wenn der Musterkläger oder der Beigeladene seine Klage im Ausgangsverfahren nach Ablauf der in § 24 Absatz 2 genannten Frist zurückgenommen hat.

(2) Der Beschluss ist der Rechtskraft insoweit fähig, als über die Feststellungsziele des Musterverfahrens entschieden ist.

...

(5) Der Musterentscheid wirkt auch für und gegen die Beteiligten, die dem Rechtsbeschwerdeverfahren nicht beigetreten sind.

Diese Bindungswirkung ist einer der zentralen Zwecke des KapMuG, wenn nicht gar sein Hauptzweck.

7 Zusammenfassung der zentralen Probleme

7.1 Zwangswirkung des KapMuG

Der KapMuG-Prozess wird auch all denjenigen Ausgangsklägern aufgenötigt, die ihn gar nicht wollen: auch deren Verfahren werden ausgesetzt. Dies hat der KapMuG-Gesetzgeber von Anbeginn des Gesetzes jedoch bewusst in Kauf genommen, da kollektiven Rechtsschutzinstrumenten immer Zwangswirkungen für einen Teil der Betroffenen zukommen.

7.2 Unanfechtbarkeiten

Zur Verkürzung des Rechtsschutzes durch die vielfältigen Unanfechtbarkeiten im KapMuG vgl. oben sub. 2.

7.3 Begriff „Lebenssachverhalt“

Dieser Begriff kommt im KapMuG in mehreren Normen vor, er ist damit mehrfach relevant. Zum Begriff haben wir oben sub. 6.4. bereits näher ausgeführt.

Zentral sind folgende Normen betroffen:

- § 3 II 2 Nr. 6 KapMuG: Bekanntmachung des MVA;
- § 4 I KapMuG: Gleichgerichtete MVA;
- § 6 III Nr. 2 KapMuG: VB;
- § 15 I Nr. 1 KapMuG: Erweiterung des Musterverfahrens.

7.4 Begriff „Abhängen“

Dieser Begriff kommt im KapMuG in mehreren Normen vor, er ist damit mehrfach relevant. Zum Begriff haben wir oben sub. 6.3. bereits näher ausgeführt.

Zentral sind folgende Normen betroffen:

- § 3 I Nr. 1 KapMuG: Zulässigkeit des MVA;
- § 7 S. 1 KapMuG: Sperrwirkung des VB;
- § 8 I 1 KapMuG: Aussetzung;
- § 15 I Nr. 2 KapMuG: Erweiterung des Musterverfahrens.

7.5 Streit-/Verfahrensgegenstand des Musterverfahrens

Ebenfalls problematisch ist die Frage nach dem Streit- bzw. Verfahrensgegenstand des Musterverfahrens, den der Reformgesetzgeber bewusst nicht geklärt hat, vgl. hierzu oben sub. 6.13.

7.6 Umfang der Bindungswirkungen

Das KapMuG kennt Bindungswirkungen im Hinblick auf
- den Vorlagebeschluss;
- den Musterentscheid;
- die Verjährungshemmung.

Umfang und Reichweite dieser Bindungswirkungen harren ebenfalls noch der Klärung.

7.7 Unzulängliche Verjährungshemmungsvorschrift

Wie oben sub. 3 dargelegt, tritt Hemmungswirkung lediglich ein, soweit dem Anspruch, dessen Verjährung gehemmt werden soll, der gleiche Lebenssachverhalt zugrunde liegt wie den Feststellungszielen des Musterverfahrens. Angesichts der aufgezeigten Probleme zum Begriff des Lebenssachverhaltes kann die neue Verjährungshemmung nur als unzulänglich bewertet werden.

8 Fazit

Ausgerechnet im Anwendungsbereich des KapMuG ist der Zugang zum Recht für Kläger weiterhin erschwert. Und dies, obwohl das KapMuG als Instrument des kollektiven Rechtsschutzes nach dem erklärten Willen schon des ursprünglichen Gesetzgebers die Verfahrensrechte von Geschädigten und Klägern stärken sollte. Das KapMuG bringt weiterhin keine Rechtssicherheit, im Gegenteil sind wiederum zentrale Begrifflichkeiten rechtsunsicher ausgestaltet. Auch sind mit Ausnahme des Musterentscheides sämtliche wesentlichen KapMuG-Beschlüsse unanfechtbar. Schließlich gewährleistet das KapMuG weiterhin nicht, dass Rechtsstreite ehrlich geführt werden, insbesondere weil ein erleichterter Zugang zur Sachverhaltswahrheit durch Verbesserung der Beweisermittlungsmöglichkeiten vom Reformgesetzgeber nicht angegangen wurde[77].

77 Vgl. zu den m. E. unverzichtbaren Basics effektiven Rechtsschutzes *Tilp/Roth*, Neun Thesen auf dem Weg zur kollektiven Rechtsdurchsetzung, NJW–aktuell, Heft 10/2009, S. XII. f.

2. Abteilung: **Rechtsfragen des Verbraucherkreditgeschäfts**

Prof. Dr. Andreas Piekenbrock, Universität Heidelberg*

Die Wohnimmobilienkreditvertragsrichtlinie

1 Einführung

Am 28. Februar 2014 ist die Richtlinie 2014/17/EU im Amtsblatt der Europäischen Union veröffentlicht worden.[1] Die Umsetzungsfrist für diese „Wohnimmobilien-

* Der Autor ist Inhaber des Lehrstuhls für Bürgerliches Recht und Insolvenzrecht unter besonderer Berücksichtigung ihrer europäischen Bezüge an der Ruprecht-Karls-Universität Heidelberg.

1 „Richtlinie 2014/17/EU des Europäischen Parlaments und des Rates vom 4.2.2014 über Wohnimmobilienkreditverträge für Verbraucher und zur Änderung der Richtlinien 2008/48/EG und 2013/36/EU und der Verordnung (EU) Nr. 1093/2010, ABl. EU Nr. L 60, S. 34.

kreditvertragsrichtlinie“ endet am 21. März 2016 (Art. 42 Abs. 1 RL 2014/17/EU).[2] Diese Richtlinie enthält ein Sammelsurium heterogener Regelungen, die von außerrechtlichen Maßnahmen zur Förderung der „Finanzbildung der Verbraucher“ (Art. 6 RL 2014/17/EU)[3] über die „Niederlassung und Beaufsichtigung von Kreditvermittlern und benannten Vertretern“ (Art. 29 – 34 RL 2014/17/EU) bis zur „Verpflichtung zur Zusammenarbeit zwischen den zuständigen Behörden verschiedener Mitgliedstaaten“ (Art. 36 RL 2014/17/EU) reichen. Gegenstand dieses Beitrags sind die Regelungen, die einen Bezug zum Zivil- oder Zivilverfahrensrecht haben; auf genuin gewerbe- oder verwaltungsrechtliche Regelungen werde ich dagegen nicht näher eingehen, auch wenn der Zulassung und Beaufsichtigung von Kreditvermittlern eine wesentliche Bedeutung zukommt.[4] Zunächst wird die Wohnimmobilienkreditvertragsrichtlinie in den Kontext der bisherigen Unionsgesetzgebung[5] auf dem Gebiet des Verbraucherkreditrechts eingeordnet (dazu 2). Dieser Rückblick ist wesentlich für die Antwort auf die Frage, was die neue Richtlinie regelt und – genauso interessant – was sie nicht regelt (dazu 3). Am Ende dieser Überlegungen steht ein kurzes Fazit (dazu 4).

2 Rückblick

Die Wohnimmobilienkreditvertragsrichtlinie markiert den vorläufigen Schlusspunkt der Unionsgesetzgebung auf dem Gebiet des Verbraucherkreditrechts.

---

2 Dazu liegt inzwischen der Referentenentwurf eines Gesetzes zur Umsetzung der Wohnimmobilienkreditrichtlinie des BMJV, Bearbeitungsstand: 18.12.2014. Dieser Entwurf konnte hier nur noch vereinzelt berücksichtigt werden. Vgl. dazu im Einzelnen *Piekenbrock*, GPR 2015, 26 ff. (im Erscheinen).

3 S. dazu die Broschüre „Immobilienfinanzierung transparent gemacht“, Stand 2011, verfügbar unter < *www.pfandbrief.de/cms/bcenter.nsf/startdownload?readform&id=38567177&lang=de* >, auch abgedruckt bei *Eckstein/Wilhelm*, in: Hellner/Steuer (Begr.), Bankrecht und Bankpraxis, 111. EL 2014, Rn. 3/801b. Zur erschreckend schlechten Allgemeinbildung in Finanzangelegenheiten vgl. etwa *Schürnbrand*, ZBB 2014, 168, 173.

4 So zutreffend *Schürnbrand*, ZBB 2014, 168, 170.

5 Darunter ist auch die Gesetzgebung der früheren EWG bzw. (ab 1.11.1993) der EG (Art. G.1 des Vertrags über die Europäische Union vom 7.2.1992, BGBl. II, 1253; Bekanntmachung vom 19.10.1993, BGBl. II, 1947) zu verstehen, deren Rechtsnachfolgerin die Union ist (Art. 1 Abs. 3 S. 3 EUV).

2.1 Anfänge der europäischen Verbraucherschutzpolitik

Angefangen hat alles mit dem Ersten Verbraucherschutzprogramm von 1975.[6] Darin wurden fünf fundamentale Rechte der Verbraucher formuliert: „a) Recht auf Schutz seiner Gesundheit und Sicherheit, b) Recht auf Schutz seiner wirtschaftlichen Interessen, c) Recht auf Wiedergutmachung erlittenen Schadens, d) Recht auf Unterrichtung und Bildung, e) Recht auf Vertretung (Recht, gehört zu werden)" (Nr. 3).[7] Damit korrelierten fünf Ziele der Verbraucherpolitik der Gemeinschaft: „A. wirksamer Schutz vor den Gefahren für die Gesundheit oder Sicherheit der Verbraucher; B. wirksamer Schutz vor einer Gefährdung der wirtschaftlichen Interessen der Verbraucher; C. mit geeigneten Mitteln Beratung, Beistand und Schadensersatz; D. Unterrichtung und Bildung der Verbraucher; E. Anhörung und Vertretung der Verbraucher bei der Vorbereitung der sie betreffenden Entscheidungen" (Nr. 14).[8] Unter den angestrebten Maßnahmen zum Schutz vor einer Gefährdung der wirtschaftlichen Interessen der Verbraucher stand die „Harmonisierung der allgemeinen Bedingungen für den Verbraucherkredit, einschließlich der für Abzahlungsgeschäfte", für die es in den Mitgliedstaaten zum Teil schon Regelungen gab,[9] auf der Liste der Prioritäten ganz oben (Nr. 20, 21).[10]

6 Erstes Programm der Europäischen Wirtschaftsgemeinschaft für eine Politik zum Schutz und zur Unterrichtung der Verbraucher, angenommen mit der Entschließung des Rates vom 14.4.1975, ABl. EG Nr. C 92, S. 1.

7 A.a.O. (Fn. 6), S. 2.

8 A.a.O. (Fn. 6), S. 4.

9 S. etwa in Deutschland das Abzahlungsgesetz vom 16.5.1894, RGBl. S. 450 i.d.F. der Novellen vom 1.9.1969, BGBl. I, 1541 (§ 1a: Schriftform mit Pflichtabgaben; § 6a: Verbrauchergerichtsstand) und vom 15.5.1974, BGBl. I, 1169 (§ 1b: Widerrufsrecht). S. im Vereinigten Königreich den Consumer Credit Act 1974, c. 39. In Frankreich stand die Bekämpfung des Wuchers im Mittelpunkt, bei der aber auch Bestimmungen über die Angabe des effektiven Jahreszinses eingeführt wurden. Vgl. im Einzelnen das Gesetz Nr. 66-1010 vom 28.12.1966, J.O. vom 29.12.1966.

10 A.a.O. (Fn. 6), S. 6.

2.2 Beginn der europäischen Gesetzgebung

Auftragsgemäß legte die Kommission in den folgenden Jahren vier Richtlinienvorschläge vor: 1976 zur Produkthaftung,[11] 1977 zu den Haustürgeschäften,[12] 1978 zur irreführenden und unlauteren Werbung[13] und schließlich 1979 zu den Verbraucherkrediten.[14] Mit seinem Zweiten Verbraucherschutzprogramm von 1981[15] bekräftigte der Rat seine Verbraucherpolitik für die achtziger Jahre (Nr. 9).[16] Ein besonderes Augenmerk galt „bei der Durchführung dieses Programmes der Unterrichtung über die Preise" (Nr. 42).[17] Die genannten Vorschläge mündeten im Erlass entsprechender Richtlinien: 1984 zur irreführenden Werbung;[18] 1985 zur Produkthaftung[19] und zu den Haustürgeschäften;[20] 1986 zum Verbraucher-

---

11 Vorschlag einer Richtlinie des Rates zur Angleichung der Rechts- und Verwaltungsvorschriften der Mitgliedstaaten über die Haftung für fehlerhafte Produkte vom 9.9.1976, ABl. EG Nr. C 241, S. 9. Entsprechend dem Verbraucherschutzziel sollte die außervertragliche Haftung für fehlerhafte Produkte nach Art. 6 des Vorschlags neben Personenschäden (lit. a) nur Sachschäden an privaten Gebrauchs- und Konsumgütern erfassen (lit. b).

12 Vorschlag einer Richtlinie des Rates betreffend den Verbraucherschutz im Fall von außerhalb von Geschäftsräumen geschlossenen Verträgen vom 17.1.1977, ABl. EG Nr. C 22, S. 6.

13 Vorschlag einer Richtlinie des Rates zur Angleichung der Rechts- und Verwaltungsvorschriften der Mitgliedstaaten über irreführende und unlautere Werbung vom 1.3.1978, ABl. EG Nr. C 70, S. 4. Schutzzweck war nach Art. 1 des Vorschlags – wie heute nach § 1 UWG – auch der Verbraucherschutz.

14 Vorschlag einer Richtlinie des Rates zur Angleichung der Rechts- und Verwaltungsvorschriften der Mitgliedstaaten über den Verbraucherkredit vom 27.2.1979, ABl. EG Nr. C 80, S. 4.

15 Zweites Programm der Europäischen Wirtschaftsgemeinschaft für eine Politik zum Schutz und zur Unterrichtung der Verbraucher, angenommen mit der Entschließung des Rates vom 19.5.1981, ABl. EG Nr. C 133, S. 1.

16 A.a.O. (Fn. 15), S. 3.

17 A.a.O. (Fn. 15), S. 11.

18 Richtlinie 84/450/EWG des Rates vom 10.9.1984 zur Angleichung der Rechts- und Verwaltungsvorschriften der Mitgliedstaaten über irreführende Werbung, ABl. EG Nr. L 250, S. 17.

19 Richtlinie 85/374/EWG des Rates vom 25.7.1985 zur Angleichung der Rechts- und Verwaltungsvorschriften der Mitgliedstaaten über die Haftung für fehlerhafte Produkte, ABl. EG Nr. L 210, S. 29.

20 Richtlinie 85/577/EWG des Rates vom 20.12.1985 betreffend den Verbraucherschutz im Falle von außerhalb von Geschäftsräumen geschlossenen Verträgen, ABl. EG Nr. L 372, S. 31.

kredit.[21] Dagegen ist der Richtlinienvorschlag von 1985 zu Hypothekarkrediten[22] gescheitert.[23]

2.3 Exkurs: Verbraucherschutz im Gemeinsamen Markt bzw. im Binnenmarkt

Gestützt waren alle vier Richtlinien auf Art. 100 EWG-Vertrag[24],[25] der für den Erlass einer Richtlinie eine unmittelbare Auswirkung der anzugleichenden Rechts- und Verwaltungsvorschriften auf die Errichtung oder das Funktionieren des Gemeinsamen Marktes vorausgesetzt hat. Das ist beim Verbraucherkredit sicherlich einsichtiger als bei Haustürgeschäften,[26] ist aber auch für den Verbraucherkredit immer wieder in Frage gestellt worden.[27] Eine Kompetenz für Maßnahmen zum Verbraucherschutz ohne Binnenmarktbezug gibt es erst seit dem Vertrag von Maastricht (Art. 129a Abs. 1 lit. b EGV 1993[28]; Art. 169 Abs. 2 lit. b AEUV).

Aber auch heute werden die meisten Verbraucherschutzrichtlinien – wie zuletzt die Wohnimmobilienkreditvertragsrichtlinie[29] – auf die Binnenmarktkompetenz (Art. 114 AEUV) gestützt.[30] Handelt es sich dabei wie hier um eine

---

21 Richtlinie 87/102/EWG des Rates vom 22.12.1986 zur Angleichung der Rechts- und Verwaltungsvorschriften der Mitgliedstaaten über den Verbraucherkredit, ABl. EG Nr. L 42, S. 48.

22 Vorschlag für eine Richtlinie des Rates über die Niederlassungsfreiheit und den freien Dienstleistungsverkehr auf dem Gebiet des Hypothekarkredits vom 4.2.1985, ABl. EG Nr. C 42, S. 4.

23 Vgl. *Schürnbrand*, ZBB 2014, 168, 169; *Schäfer*, VuR 2014, 207 f.

24 EWG-Vertrag vom 25.3.1957, BGBl. II, 753.

25 Der Richtlinienvorschlags zu den Hypothekarkrediten (Fn. 22) war dagegen auf Art. 57 Abs. 2, 66 EWG 1957 gestützt, weil er der Stärkung der Niederlassungs- und Dienstleistungsfreiheit dienen sollte.

26 In den Erwägungsgründen zur Richtlinie 85/577/EWG heißt es, dass Haustürgeschäfte in den Mitgliedstaaten häufig vorkommen und durch unterschiedliche Rechtsvorschriften geregelt seien. Statt die Kompetenznorm zu subsumieren, heißt es im Folgenden apodiktisch: „Die Unterschiede zwischen diesen Rechtsvorschriften können sich unmittelbar auf das Funktionieren des Gemeinsamen Marktes auswirken."

27 Vgl. etwa *Rohe*, BKR 2003, 267, 273; *Knops*, in: Habersack/Mülbert/Nobbe/Wittig (Hrsg.), Die zivilrechtliche Umsetzung der Zahlungsdiensterichtlinie – Finanzmarktkrise und Umsetzung der Verbraucherkreditrichtlinie, Bankrechtstag 2009, S. 195, 206 ff. zur Vollharmonisierung; *Nobbe*, WM 2011, 625; a.A. *Schürnbrand*, ZBB 2014, 168, 171.

28 Eingefügt durch Art. G.38 des Vertrags über die Europäische Union (Fn. 5).

29 S. die Präambel zur RL 2014/17/EU.

30 Diese Kompetenz wird im Rahmen des Verbraucherschutzes ebenfalls erwähnt (Art. 169 Abs. 2 lit. a AEUV), aber dadurch nicht modifiziert. So auch *Pfeiffer*, in: Grabitz/Hilf/Nettesheim (Hrsg.), Das Recht der Europäischen Union, 52. EL 2014, Art. 169 Rn. 33 m.w.N. auch zur Gegen-

Mindestschutzrichtlinie (Art. 2 Abs. 1 RL 2014/17/EU),[31] die eigentlich besser zur Verbraucherschutzkompetenz passt (vgl. Art. 169 Abs. 4 S. 1 AEUV),[32] ist von einem nachfrageorientierte Binnenmarktkonzept auszugehen: Die Verbraucher sollen im Binnenmarkt von einem bestimmten Mindestschutzniveau profitieren und daher Waren und Dienstleistungen auch auf anderen Teilen des Binnenmarktes aktiv nachfragen können, obwohl ihnen kollisionsrechtlich der Schutz der Heimatrechtsordnung – freilich in immer geringerem Maße[33] – verloren geht.[34] Ein angebotsorientiertes Binnenmarktkonzept muss dagegen auf Vollharmonisierung[35] oder auf dem Herkunftslandprinzip[36] basieren, damit die Unternehmer ihre Waren und Dienstleistungen – vorbehaltlich der erforderlichen sprachlichen Adaptionen – nach ihren heimischen Vorgaben auf anderen Teilen des Binnenmarktes anbieten können. Die zweite Verbraucherkreditrichtlinie[37] strebt eine

auffassung. Beim Gesundheitsschutz (Art. 152 EGV 2002, ABl. EG Nr. C 325, S. 33, heute Art. 168 AEUV) hat der EuGH wiederholt entschieden, dass sich der Unionsgesetzgeber auf die Binnenmarktkompetenz nur stützen kann, wenn deren Voraussetzungen erfüllt sind. Ist dies der Fall, kann auf diesen Kompetenztitel aber auch zurückgegriffen werden, wenn dem Gesundheitsschutz bei den zu treffenden Entscheidungen maßgebliche Bedeutung zukommt. Vgl. zuletzt EuGH Slg. 2006, I-11573 in Rn. 39 (*Tabakwerbung II*).

31 Nach Erwägungsgrund 7 des Vorschlags für eine Richtlinie des Europäischen Parlaments und des Rates über Wohnimmobilienkreditverträge vom 8.6.2011, KOM(2011) 142 endg./2 sollten es den Mitgliedstaaten dagegen nur auf den von der Richtlinie nicht erfassten Gebieten freigestellt sein, nationale Rechtsvorschriften beizubehalten oder einzuführen. Dass die Wohnimmobilienkreditrichtlinie nur den Mindestschutz regelt, geht auf das Europäische Parlament zurück. Vgl. *Philipp*, EuZW 2014, S. 47; zur Einigung im Trilog-Verfahren vgl. *König*, WM 2013, 1688.

32 So auch *König*, WM 2013, 1688, 1689.

33 Nach Art. 6 Abs. 1 lit. b Rom I-VO genügt es heute für die Anwendung des Heimatrechts des Verbrauchers, dass der Unternehmer seine Tätigkeit auf irgendeine Weise (auch) auf den Heimatstaat des Verbrauchers ausrichtet und der Vertrag in den Bereich dieser Tätigkeit fällt. Zur entsprechenden Regelung in Art. 15 Abs. 1 lit. c EuGVVO vgl. EuGH Slg. 2010, I-12570 in Rn. 53 ff. (*Pammer*); NJW 2012, 3225 in Rn. 42 (*Mühlleitner*); NJW 2013, 3504 in Rn. 21 ff. (*Emrek*). Danach ist zu prüfen, ob vor einem möglichen Vertragsschluss mit dem Verbraucher aus den Internetseiten und der gesamten Tätigkeit des Gewerbetreibenden hervorgeht, dass dieser auch mit Verbrauchern im jeweils Wohnsitzmitgliedstaat kontrahieren will. Dieser Vertrag muss nicht im Fernabsatz abgeschlossen worden sein. Der Verbraucher muss die Internetseite auch nicht besucht haben.

34 Vgl. dazu nur *Welter*, in: Festschrift Schneider, 2011, S. 1407, 1416 ff.

35 Vgl. in diesem Sinne den Erwägungsgrund 9 RL 2008/48/EG: „Eine vollständige Harmonisierung ist notwendig, ... um einen echten Binnenmarkt zu schaffen." Vgl. in diesem Sinne jüngst auch *König*, WM 2013, 1688, 1689; *von Bar*, JZ 2014, 473; *Schürnbrand*, ZBB 2014, 168, 172.

36 So Art. 5 des Richtlinienvorschlags zu Hypothekarkrediten (Fn. 22).

37 Richtlinie 2008/48/EG des Europäischen Parlaments und des Rates vom 23.4.2008 über Verbraucherkreditverträge und zur Aufhebung der Richtlinie 87/102/EWG des Rates, ABl. EU Nr. L

solche Vollharmonisierung an (Art. 22 Abs. 1 RL 2008/48/EG) und ist daher in Bezug auf den Binnenmarkt wesentlich ambitionierter als die Wohnimmobilienkreditvertragsrichtlinie.[38]

2.4 Die erste Verbraucherkreditrichtlinie

2.4.1 Inhalt

Die erste Verbraucherkreditrichtlinie (auch CCD[39] genannt) spiegelt die heterogene Zielsetzung der beiden Verbraucherschutzprogramme wider. Eines ihrer Hauptanliegen war – entsprechend dem Zweiten Verbraucherschutzprogramm – die Angabe des effektiven Jahreszinses in der Werbung (Art. 3 RL 87/102/EWG[40]) und der Vertragsurkunde (Art. 4 Abs. 2 lit. a RL 87/102/EWG).[41] Diese Maßnahme, die mit der einheitlichen Definition des effektiven Jahreszinses (Art. 1a RL 87/102 /EWG[42]) wesentlich wirksamer wurde,[43] war dem Bereich der „Unterrichtung und Bildung der Verbraucher" zuzuordnen. Dasselbe galt für die Informationspflichten bei Überziehungskrediten (Art. 6 RL 87/102/EWG) und wohl auch für die Schriftform des Vertrages mit den (später erweiterten) Pflichtangaben (Art. 4 RL 87/102/EWG[44]).

Dem „Schutz vor einer Gefährdung der wirtschaftlichen Interessen der Verbraucher" dienten dagegen die privatrechtlichen Regelungen zur Rücknahme finanzierter Waren, zur vorzeitigen Rückzahlung des Kredits, zum Erhalt aller Einreden im Zessionsfall, zum Schutz bei Scheck- und Wechselzahlungen und zum Einwendungsdurchgriff beim finanzierten Warenkauf (Art. 7 – 11 RL 87/102 /EWG). Dasselbe gilt für die gewerberechtlichen Bestimmungen zur Erlaub-

---

133, S. 66.

38 Vgl. dazu nur *Welter*, in: Festschrift Schneider, 2011, S. 1407, 1419; *Schürnbrand*, in: Münchener Kommentar, BGB, 6. Aufl. 2012, vor § 491 Rn. 19; *ders.*, ZBB 2014, 168, 172.

39 Consumer Credit Directive.

40 Später i.d.F. von Art. 1 lit. d der Richtlinie 98/7/EG des Europäischen Parlaments und des Rates vom 16.2.1998, ABl. EG Nr. L 101, S. 17.

41 Allerdings bereitete die Berechnung des effektiven Jahreszinses anfangs noch erhebliche Probleme. Vgl. Art. 5 RL 87/102/EWG.

42 Eingefügt durch Art. 1 Nr. 2 der Richtlinie 90/88/EWG des Rates vom 22.2.1990, ABl. EG Nr. L 61, S. 14, später i.d.F. von Art. 1 lit. b, c RL 98/7/EG (Fn. 40).

43 Zunächst hatte Art. 5 RL 87/102/EWG die Pflicht zur Angabe des effektiven Jahreszinses in den Mitgliedstaaten, die diese noch nicht kannten oder über keine feststehende Methode für die Berechnung verfügten, suspendiert und stattdessen die Angabe der Gesamtkreditkosten gefordert.

44 Später i.d.F. von Art. 1 Nr. 4 RL 90/88/EG (Fn. 42).

nis und Überwachung der Kreditgeber und -vermittler (Art. 12 Abs. 1 lit. a, b RL 87/102/EWG). Umgesetzt wurden die Vorgaben in Deutschland – verspätet[45] – mit dem VerbrKrG 1990[46]; nur im Gewerberecht bestand kein Umsetzungsbedarf.[47]

Die erste Verbraucherkreditrichtlinie war wie die Wohnimmobilienkreditvertragsrichtlinie eine Mindestschutzrichtlinie (Art. 15 der RL 87/102/EWG). Daher konnte sich der Verbraucher (ab der Umsetzung in den Mitgliedstaaten) darauf verlassen, dass ihm der genannte Schutz auch in den anderen Mitgliedstaaten gewährt wird. Dagegen mussten sich die Kreditgeber aus anderen Mitgliedstaaten am nationalen Schutzniveau des jeweiligen Kunden orientieren, wenn die kollisionsrechtlichen Voraussetzungen für die Anwendung dieser Normen[48] gegeben waren.[49] Dementsprechend mussten auch Kreditgeber aus anderen Mitgliedstaaten über das überschießende Widerrufsrecht nach § 7 Abs. 2 Satz 2 VerbrKrG 1990 belehren.

2.4.2 Anwendungsbereich

Die erste Verbraucherkreditrichtlinie war auf Kreditverträge und -versprechen, die hauptsächlich zum Erwerb oder zur Beibehaltung von Eigentumsrechten an einem Grundstück oder einem vorhandenen oder noch zu errichtenden Gebäude oder zur Renovierung oder Verbesserung eines Gebäudes bestimmt waren, sowie auf Kreditverträge über mehr als 20.000 ECU nicht anwendbar (Art. 2 Abs. 1 lit. a, f RL 87/102/EWG). Sie beschränkte sich damit auf den klassischen Konsumentenkredit. Daran haben auch die beiden Novellen von 1990[50] und 1998[51] nichts

---

45 Nach Art. 16 Abs. 1 RL 87/102/EWG war die Umsetzungsfrist am 1.1.1990 abgelaufen.

46 Art. 1 des Gesetzes vom 17.12.1990, BGBl. I, 2840. Nach Art. 10 Abs. 1 in Kraft getreten am 1.1.1991.

47 Für Kreditinstitute im Sinne der Ersten Richtlinie 77/780/EWG des Rates vom 12.12.1977 zur Koordinierung der Rechts- und Verwaltungsvorschriften über die Aufnahme und Ausübung der Tätigkeit der Kreditinstitute, ABl. EG Nr. L 322, S. 30 genügte nach Art. 12 Abs. 2 RL 87/102/EWG die bestehende Erlaubnis nach § 32 KWG, seinerzeit i.d.F. der Bek. vom 11.6.1984, BGBl. I, 1472. Zur Erlaubnispflicht der gewerblichen Darlehensvermittlung vgl. seinerzeit § 34c Abs. 1 Nr. 1 lit. a GewO i.d.F. der Bek. vom 1.1.1987, BGBl. I, 425 und heute § 34c Abs. 1 Nr. 2 GewO.

48 S. seinerzeit Art. 5 Abs. 2, 3 des Römischen Übereinkommens über das auf vertragliche Schuldverhältnisse anzuwendende Recht vom 19.6.1980, BGBl. 1986 II, 810, in Kraft getreten am 1.4.1991 (BGBl. II, 871).

49 So schon die Kritik von *Welter*, in: Festschrift Schneider, 2011, S. 1407, 1418 f.

50 Richtlinie 90/88/EWG (Fn. 42).

51 Richtlinie 98/7/EG (Fn. 40).

geändert. Vielmehr wurden 1990 auch Kreditverträge und -versprechen, die durch Grundpfandrechte gesichert waren, weitgehend vom Anwendungsbereich der Richtlinie ausgeschlossen (Art. 2 Abs. 3 RL 87/102/EWG[52]). Anwendbar war nur die Pflicht zur Angabe des effektiven Jahreszinses in der Werbung und in Vertragsangeboten (Art. 3 RL 87/102/EWG[53]), nicht aber die Regelung zu seiner Berechnung (Art. 1a RL 87/102/EWG[54]).

2.5 Die zweite Verbraucherkreditrichtlinie

Auch die zweite Verbraucherkreditrichtlinie nahm die genannten Kreditverträge weitgehend aus ihrem Geltungsbereich aus (Art. 2 Abs. 2 lit. a, b RL 2008/48 /EG),[55] erhöhte aber die Ausschlusssumme auf 75.000 Euro (Art. 2 Abs. 2 lit. c RL 2008/48/EG) und erfasste auch Kreditverträge zur Renovierung oder Wertsteigerung eines bestehenden Gebäudes.[56] Der klassische Hypothekarkredit blieb damit gleich aus drei Gründen weiterhin ungeregelt: wegen des Verwendungszwecks, wegen der Besicherung und wegen der Kreditsumme. Maßgeblich blieb daher weiterhin allein der Verhaltenskodex für Hypothekarkreditgeber, der ursprünglich auf das Jahr 2001 zurückgeht.[57] Dieser von der Kreditwirtschaft und Verbraucherschutzorganisationen auf Empfehlung der Kommission ausgearbeitete Kodex basiert zwar auf Freiwilligkeit, hat aber in der Praxis weitreichende Bedeutung erlangt und das Verhalten der Kreditgeber in diesem Marktsegment entscheidend geprägt.[58] Verbindliche gesetzliche Normen bestanden im Unionsrecht dagegen bisher nicht.

---

52 Eingefügt durch Art. 1 Nr. 3 RL 90/88/EWG.

53 Später i.d.F. von Art. 1 lit. d RL 98/7/EG.

54 Eingefügt durch Art. 1 Nr. 2 RL 90/88/EWG, später i.d.F. von Art. 1 lit. b, c RL 98/7/EG.

55 So schon Nr. 5.3.1 des geänderten Richtlinienvorschlags vom 7.10.2005, KOM(2005) 483 endg. Darunter sind auch solche Verträge zu verstehen, bei denen die Auszahlung des Darlehens von einer noch zu bestellenden Sicherheit abhängt. Vgl. in diesem Sinne *Welter*, in: Festschrift Schneider, 2011, S. 1407, 1425 f.; *Schürnbrand*, in: Münchener Kommentar, BGB, 6. Aufl. 2012, § 503 Rn. 2.

56 S. Erwägungsgrund 14 RL 2008/48/EG.

57 Vgl. *Schäfer*, VuR 2014, 207, 208.

58 Vgl. etwa *Eckstein/Wilhelm*, in: Hellner/Steuer (Begr.), Bankrecht und Bankpraxis, 111. EL 2014, Rn. 3/801b.

3 Die Wohnimmobilienkreditvertragsrichtlinie

Diese Lücke soll die Wohnimmobilienkreditvertragsrichtlinie schließen. Es kann daher nicht überraschen, dass der Regelungsgehalt der Wohnimmobilienkreditvertragsrichtlinie partiell darin besteht, Regelungen aus der zweiten Verbraucherkreditrichtlinie – zum Teil modifiziert – auf Immobilienkreditverträge zu übertragen. Für „unbesicherte Kreditverträge, die zum Zwecke der Renovierung einer Wohnimmobilie abgeschlossen werden und bei denen der Gesamtkreditbetrag mehr als 75.000 Euro beträgt", ist dies einfach dadurch geschehen, dass sie nunmehr vom Regelungsbereich der zweiten Verbraucherkreditrichtlinie erfasst werden (Art. 2 Abs. 2a RL 2008/48/EG[59]).[60] Im Übrigen ist die Wohnimmobilienkreditvertragsrichtlinie einschlägig, deren „Kerngerüst" der Struktur der Richtlinie 2008/48/EG so weit wie möglich folgen sollte.[61] Bevor wir uns mit ihren Regelungen im Einzelnen befassen (dazu 3.3), sollen vorab das Grundanliegen der Richtlinie (dazu 3.1) und ihr Geltungsbereich skizziert werden (dazu 3.2).

3.1 Grundanliegen der Wohnimmobilienkreditvertragsrichtlinie

Die Ausgestaltung der Wohnimmobilienkreditvertragsrichtlinie, die auf einen Kommissionsvorschlag aus dem Jahr 2011[62] zurückgeht, ist wesentlich von der Finanzkrise[63] und namentlich dem Schicksal des US-amerikanischen Sub-Prime Marktes beeinflusst, auf dem in großer Zahl sogenannte NINJA-Mortgages vergeben worden sein sollen: *No Income No Job or Assets*. Diesen Markt zu erschließen, hätte nach einer Studie von London Economics im Auftrag der Kommission[64] auch für Europa den Weg ins Glück bedeuten sollen. Zum Glück kam es anders. Der neue Ansatz ist dagegen vom Grundanliegen verantwortungsvoller Kreditvergabe gekennzeichnet,[65] die für jeden seriösen Banker, der sein Geld zurück bekommen will und selbst ins Risiko geht, im eigenen Interesse eine bare Selbstverständlichkeit sein sollte. Danach müssen die Mitgliedstaaten sicherstellen, „dass der Kre-

---

59 Eingefügt durch Art. 46 RL 2014/17/EU.
60 S. Erwägungsgrund 18 RL 2014/17/EU.
61 So Erwägungsgrund 20 RL 2014/17/EU.
62 Vgl. Fn. 31.
63 S. Erwägungsgrund 3 RL 2014/17/EU.
64 London Economics, The Costs and Benefits of Integration of EU Mortgage Markets, abrufbar unter < http://ec.europa.eu/internal_market/finservices-retail/docs/home-loans/2005-report-integration-mortgage-markets_en.pdf >.
65 Vgl. *Schürnbrand*, ZZB 2014, 168, 170.

ditgeber dem Verbraucher den Kredit nur bereitstellt, wenn aus der Kreditwürdigkeitsprüfung hervorgeht, dass es wahrscheinlich ist, dass die Verpflichtungen im Zusammenhang mit dem Kreditvertrag in der gemäß diesem Vertrag vorgeschriebenen Weise erfüllt werden“ (vgl. Art. 18 Abs. 5 lit. a RL 2014/17/EU). Speziell mit Blick auf die NINJA-Fälle darf sich die Bonitätsprüfung bei Wohnimmobilienerwerbsdarlehen nicht hauptsächlich darauf stützen darf, „dass der Wert der Wohnimmobilie den Kreditbetrag übersteigt, oder auf die Annahme, dass der Wert der Wohn-immobilie zunimmt“ (vgl. Art. 18 Abs. 3 RL 2014/17/EU).

Dieses Grundanliegen ist freilich wesentlich älter als die Finanzkrise. Es findet sich bereits im Kommissionsvorschlag für die zweite Verbraucherkreditrichtlinie von 2002[66] und ist in der Schweiz (Art. 28 ff. KKG[67])[68] und in Belgien[69] geltendes Recht. Im geänderten Vorschlag von 2005[70] war dieser Passus gleichwohl gestrichen worden. Für den Bereich der Wohnimmobilienkredite hat dieses Grundanliegen im Lichte der Finanzkrise nunmehr den Weg in einen Rechtsakt gefunden.

Im Rahmen ihres Grundanliegens hatte die Kommission vorgeschlagen, die Wohlverhaltensregelungen aus der Richtlinie über Märkte für Finanzinstru-

66 S. Art. 9 des Vorschlags für eine Richtlinie des Europäischen Parlaments und des Rates zur Harmonisierung der Rechts- und Verwaltungsvorschriften der Mitgliedstaaten über den Verbraucherkredit vom 11.9.2002, KOM(2002) 443 endg.: „Schließt ein Kreditgeber einen Kredit- oder Sicherungsvertrag ab oder erhöht er den Gesamtkreditbetrag oder den garantierten Betrag, so wird angenommen, dass er zuvor unter Ausnutzung aller ihm zu Gebote stehenden Mittel zu der Überzeugung gelangt ist, dass der Verbraucher und gegebenenfalls der Garant vernünftigerweise in der Lage sein werden, ihren vertraglichen Verpflichtungen nachzukommen.“ Vgl. dazu im Einzelnen *Zahn*, Überschuldungsprävention durch verantwortliche Kreditvergabe, 2011, S. 87 ff.

67 Konsumentenkreditgesetz vom 23.3.2001, AS 2002, 3846, in Kraft getreten am 1.1.2003.

68 Vgl. dazu *Zahn* (Fn. 66), S. 108 ff. Für grundpfandgesicherte Kreditverträge gilt das Gesetz allerdings nicht. S. Art. 7 Abs. 1 lit. a KKG.

69 Vgl. Art. 15 des Verbraucherkreditgesetzes (*loi relative au crédit à la consommation*) i.d.F. von Art. 13 des Gesetzes vom 24.3.2003, Moniteur vom 2.5.2003, S. 23749, heute Art. 15 Abs. 2 durch Art. 13 des Gesetzes vom 13.6.2010, Moniteur vom 21.6.2010, S. 38338: « *Le prêteur ne peut conclure de contrat de crédit que si, compte tenu des informations dont il dispose ou devrait disposer* [...], *il doit raisonnablement estimer que le consommateur sera à même de respecter les obligations découlant du contrat.* »

70 Geänderter Vorschlag vom 7.10.2005, KOM(2005) 483 endg.

mente[71] (auch MiFiD[72] genannt) auf den Wohnimmobilienkredit zu übertragen.[73] Danach hätten die Mitgliedstaaten verlangen müssen, „dass der Kreditgeber oder Kreditvermittler bei der Gewährung oder Vermittlung eines Kredits oder gegebenenfalls von Nebenleistungen für Verbraucher oder einer diesbezüglichen Beratung ehrlich, redlich und professionell im besten Interesse des Verbrauchers handelt." Dieser Ansatz ist auf scharfe Kritik gestoßen, weil er den Kreditgeber zum Geschäftsbesorger des Kreditnehmers gemacht hätte.[74] Geblieben ist von dem Vorschlag nur die Pflicht, „unter Berücksichtigung der Rechte und Interessen der Verbraucher ehrlich, redlich, transparent und professionell" zu handeln (Art. 7 Abs. 1 RL 2014/17/EU). Das geht inhaltlich wohl nicht über § 241 Abs. 2 BGB hinaus, muss aber mit Blick auf das Transparenzgebot bei der Umsetzung von Richtlinien[75] in §§ 491 ff. ausdrücklich erwähnt werden.[76]

3.2 Geltungsbereich der Wohnimmobilienkreditvertragsrichtlinie

3.2.1 Komplementärer Geltungsbereich zur zweiten Verbraucherkreditrichtlinie

Denkt man sich die Wohnimmobilienkreditvertragsrichtlinie komplementär zur zweiten Verbraucherkreditrichtlinie, müsste sie für alle Kreditverträge gelten, die dort vom Geltungsbereich ausgeschlossen sind: also für alle Kreditverträge, die entweder durch eine Hypothek oder eine vergleichbare Sicherheit, die in einem Mitgliedstaat gewöhnlich für unbewegliches Vermögen genutzt wird,[77] oder durch ein Recht an unbeweglichem Vermögen gesichert sind (im Folgen-

71 Vgl. Art. 19 Abs. 1 der Richtlinie 2004/39/EG des Europäischen Parlaments und des Rates vom 21.4.2004 über Märkte für Finanzinstrumente ..., ABl. EU Nr. L 145, S. 1 bzw. nunmehr entsprechend Art. 24 Abs. 1 der Richtlinie 2014/65/EU des Europäischen Parlaments und des Rates vom 15.5.2014 über Märkte für Finanzinstrumente ... (Neufassung), ABl. EU Nr. L 173, S. 349.

72 Markets in Financial Instruments Directive.

73 S. Art. 5 Abs. 1 des Vorschlags (Fn. 31).

74 So *Schürnbrand*, ZZB 2014, 168, 173. Vgl. entsprechend *König*, WM 2013, 1688, 1690; *Schnauder*, WM 2014, 783, 790.

75 Vgl. dazu etwa EuGH Slg. 2001, I-3541 in Rn. 17 (*Kommission / Niederlande*).

76 So auch *Schürnbrand*, ZZB 2014, 168, 172; a.A. *König*, WM 2013, 1688, 1690; *Schäfer*, VuR 2014, 207, 215.

77 Gemeint sind damit aus deutscher Sicht Bausparkassendarlehen, bei denen eine Ersatzsicherheit gestellt wird (§ 7 Abs. 3 – 5 BauSparkG) und die den grundpfandrechtlich gesicherten gleichstehen (§ 503 Abs. 1 Hs. 2 BGB). Aus französischer Sicht soll es sich nach *König*, WM 2013, 1688, 1689 um garantiegesicherte Darlehen handeln.

den: Hypothekarkredite), und für alle Kreditverträge, die für den Erwerb oder die Erhaltung von Eigentumsrechten an einem Grundstück oder einem bestehenden oder geplanten Gebäude bestimmt sind (Art. 2 Abs. 2 lit. a, b RL 2008/48/EG). Dies trifft aber nur auf den ersten Blick zu (Art. 3 Abs. 1 lit. a, b RL 2014/17/EU).[78]

3.2.2 Einschränkungen des Geltungsbereichs und Opt-out-Möglichkeiten

So finden sich zum einen die üblichen Einschränkungen des Geltungsbereichs (Art. 3 Abs. 2 RL 2014/17/EU), die bis auf die „Immobilienverzehrkreditverträge" (Art. 3 Abs. 2 lit. a RL 2014/17/EU)[79] denen in der zweiten Verbraucherkreditrichtlinie entsprechen.[80] Das ist nicht weiter spektakulär, zumal die dort genannten Verträge auch nach deutschem Recht dem Verbraucherdarlehensrecht teilweise nicht unterliegen (§ 491 Abs. 2, 3 BGB). Von größerer Bedeutung sind dagegen die Opt-out-Möglichkeiten der Mitgliedstaaten, um die Geltung der Richtlinie ganz erheblich einzuschränken. Zunächst können die Mitgliedstaaten für alle Hypothekarkredite, die nicht für den Erwerb oder die Erhaltung des Rechts an Wohnimmobilien bestimmt sind, wählen, ob die Regelungen über die Standardinformationen und die vorvertraglichen Informationen der zweiten Verbraucherkreditrichtlinie (Art. 4, 5 i.V.m. den Anhängen II und III RL 2008/48/EG) oder der Wohnimmobilienkreditvertragsrichtlinie (Art. 11, 14 i.V.m. dem Anhang II RL 2014/17/EU) gelten sollen (Art. 3 Abs. 3 lit. a RL 2014/17/EU).

In vier Fällen können die Mitgliedstaaten sogar die ganze Wohnimmobilienkreditvertragsrichtlinie ausschließen. Dies gilt namentlich bei Kreditverträgen für

---

78 Der einzige Unterschied zwischen der Umschreibung des Geltungsausschlusses auf der einen und des Geltungsbereichs auf der anderen Seite besteht darin, dass in der Wohnimmobilienkreditvertragsrichtlinie von Sicherheiten für und Rechten an Wohnimmobilien die Rede ist und in der zweiten Verbraucherkreditrichtlinie von Sicherheiten für und Rechten an unbeweglichem Vermögen. Das dürfte allerdings nur ein semantischer Unterschied sein, weil es bei Grundpfandrechten typischerweise nicht auf die Nutzung eines Gebäudes ankommt.

79 Zum Grund für die Ausnahme aus dem Geltungsbereich vgl. Erwägungsgrund 16 RL 2014/17/EU.

80 Dies gilt für *vergünstigte Arbeitgeberkredite* (Art. 3 Abs. 2 lit. b RL 2014/17/EU und Art. 2 Abs. 2 lit. g RL 2008/48/EG), *einmonatige Überziehungsmöglichkeiten* (Art. 3 Abs. 2 lit. d RL 2014/17/EU und Art. 2 Abs. 2 lit. e RL 2008/48/EG), *richterliche oder ähnliche Vergleiche* (Art. 3 Abs. 2 lit. e RL 2014/17/EU und Art. 2 Abs. 2 lit. i RL 2008/48/EG) und *unentgeltliche Stundungen* (Art. 3 Abs. 2 lit. f RL 2014/17/EU und Art. 2 Abs. 2 lit. j RL 2008/48/EG). Darüber hinaus entsprechen die Kreditverträge ohne Zinsen und Gebühren außer den Kosten der Besicherung (Art. 3 Abs. 2 lit. c RL 2014/17/EU) weitgehend den maximal dreimonatigen zins- und gebührenfreien Kreditverträgen (Art. 2 Abs. 2 lit. f Fall 1 RL 2008/48/EG).

den Erwerb einer Immobilie, in denen festgehalten ist, dass das Objekt zu keinem Zeitpunkt als Haus, Wohnung oder sonstige Wohnstätte durch den Verbraucher oder ein Familienmitglied des Verbrauchers genutzt werden kann und dass sie auf der Grundlage eines Mietvertrags als Haus, Wohnung oder sonstige Wohnstätte genutzt werden soll (Art. 3 Abs. 3 lit. b RL 2014/17/EU). Gemeint ist offenbar die kreditfinanzierte Kapitalanlage in fremdgenutzten Wohnimmobilien. Wie immer, wenn die (beabsichtigte) Verwendung einer Sache rechtliche Bedeutung erlangt, stellt sich hier die Frage, wie Verträge mit doppeltem Nutzungszweck (sog. Dual-use-Verträge[81]) zu behandeln sind: die Immobilie ist teils selbst-, teils fremdgenutzt; sie ist teils als Wohnraum und teils gewerblich genutzt; die Kinder sollen in einigen Jahren möglicherweise in die Wohnung einziehen. Dieses Problem ist in § 13 BGB[82] jüngst zugunsten des überwiegenden Nutzungszwecks gelöst worden.[83]

Daneben stellt sich das Problem, dass der Vertragspartner (hier: der Kreditgeber) die tatsächliche Nutzung nicht sicher kennt.[84] Daher wird nunmehr auf den im Vertrag angegebenen Verwendungszweck abgestellt. Das erscheint wenig durchdacht. So ist zu § 13 BGB anerkannt, dass der Verbraucherschutz nicht abbedungen werden kann, indem der Vertragspartner schriftlich bestätigt, im Rahmen seiner selbständigen beruflichen Tätigkeit zu handeln.[85] Diese Opt-out-Möglichkeit, die auf britischen Wunsch in die Richtlinie aufgenommen worden sein soll,[86] erscheint daher jedenfalls aus deutscher Sicht nicht sinnvoll. Übt sie

---

81 So BT-Drucks. 17/13951, S. 61.

82 I.d.F. von Art. 1 Nr. 2 des Gesetzes vom 20.9.2013, BGBl. I, 3642, nach Art. 15 in Kraft getreten am 13.6.2014.

83 Vgl. dazu *Bülow*, WM 2014, 1, 2. Dies entspricht Erwägungsgrund 17 der Richtlinie 2011/83/EU des Europäischen Parlaments und des Rates vom 25.10.2011 über die Rechte der Verbraucher ..., ABl. EU Nr. L 304, S. 64. Allerdings bezieht sich dieser Erwägungsgrund unmittelbar nur auf den Verbraucherbegriff in dieser Richtlinie. So wurde für § 474 BGB bisher die Auffassung vertreten, ein bloßes Überwiegen des privaten Zwecks reiche für die Annahme eines Verbrauchsgüterkaufs nicht aus. Vielmehr müsse der beruflich-gewerbliche Zweck objektiv derart nebensächlich sein, dass er im Gesamtzusammenhang des betreffenden Geschäftes eine nur ganz untergeordnete Rolle spielt. So *S. Lorenz*, in: Münchener Kommentar, BGB, 6. Aufl. 2012, § 474 Rn. 25. Dies entspricht EuGH Slg. 2005, I-439 in Rn. 39 (*Gruber*) zum Verbrauchergerichtsstand nach Art. 14 EuGVÜ, ABl. EG Nr. S 27, S. 3. Hier zeigt sich das Grundproblem, wenn disparate Richtlinienbestimmungen in den allgemeinen Teil des BGB integriert werden, der durch unmittelbar geltende Normen wie Art. 15 EuGVVO und Art. 6 Rom I-VO ergänzt wird. Vgl. dazu schon *Piekenbrock/Ludwig*, 2010, 114, 121 f.

84 Dieser Grund hat maßgeblich zum Ausschluss aller Hypothekarkredite aus dem Anwendungsbereich der zweiten Verbraucherkreditrichtlinie beigetragen. S. Nr. 5.3.1 des geänderten Richtlinienvorschlags vom 7.10.2005, KOM(2005) 483 endg.

85 Vgl. nur *Micklitz*, in: Münchener Kommentar, BGB, 6. Aufl. 2012, § 13 Rn. 33.

86 So *König*, WM 2013, 1688, 1690.

ein Mitgliedstaat trotzdem aus, muss er für diese Arten von Krediten gleichwohl einen „angemessenen Rahmen“ bereitstellen (Art. 3 Abs. 4 RL 2014/17/EU).

Die anderen drei Fälle umfassen zinsfreie oder -begünstigte Förderdarlehen, die bereits aus dem Anwendungsbereich des allgemeinen Verbraucherkreditrechts ausgenommen sind (Art. 2 Abs. 2 lit. l RL 2008/48/EG; § 491 Abs. 2 Nr. 5 BGB), Überbrückungsdarlehen und zinsbegünstigte Kredite an die Mitglieder lokaler Kreditvereine mit sozialer Zwecksetzung, für die schon nach der zweiten Verbraucherkreditrichtlinie (Art. 2 Abs. 5 RL 2008/48/EG) eine partielle Opt-out-Möglichkeit besteht (Art. 3 Abs. 3 lit. c – e RL 2014/17/EU). In diesen Fällen müssen die Mitgliedstaaten, die die Option ausüben, aber sicherstellen, „dass die Verbraucher in der vorvertraglichen Phase rechtzeitig über die Hauptmerkmale, Risiken und Kosten solcher Kreditverträge informiert werden und dass die Werbung für solche Kreditverträge den Kriterien der Redlichkeit und Eindeutigkeit genügt und nicht irreführend ist“ (Art. 3 Abs. 5 RL 2014/17/EU).

Selbst wenn ein Mitgliedstaat alle Opt-out-Möglichkeiten nutzt, lässt sich der Geltungsbereich der Wohnimmobilienkreditvertragsrichtlinie nicht auf die Finanzierung von Wohnraum und erst recht nicht auf selbst genutzten Wohnraum beschränken. Vielmehr gilt sie – abgesehen von den Bestimmungen zu den Standardinformationen und den vorvertraglichen Informationen – auch für Hypothekarkredite zum Erwerb eines vermieteten Geschäftsgebäudes und für hypothekarisch besicherte Überziehungskredite. Ihr Titel ist daher irreführend. Die gängigen Bezeichnungen „Hypothekarkreditrichtlinie“ oder „Mortgage Credit Directive“ (MCD) sind aber auch nicht besser, weil sie den Kredit zum Erwerb einer Immobilie ohne Grundpfandrecht nicht erfassen. Lassen wir es daher beim etwas sperrigen amtlichen Titel.

3.3 Privatrechtliche Vorgaben der Wohnimmobilienkreditvertragsrichtlinie

Die privatrechtlichen Vorgaben der Wohnimmobilienkreditvertragsrichtlinie an die Mitgliedstaaten lassen sich entlang der Zeitachse in sechs Phasen unterteilen: Bevor eine konkrete Kundenbeziehung angebahnt wird, besteht noch keine schuldrechtliche Sonderverbindung vertraglicher oder gesetzlicher Art. Die Anforderungen an das Verhalten der Kreditgeber und -vermittler in dieser Phase sind dem Lauterkeitsrecht zuzurechnen (dazu 3.3.1). Dem Vertragsschluss unmittelbar vorgelagert ist die Vertragsanbahnungsphase, in der nach heutiger Auffassung ein gesetzliches Schuldverhältnis zwischen den potentiellen Vertragspartnern besteht (§ 311 Abs. 2 BGB)[87] (dazu 3.3.2). Denkbar ist in dieser Phase aber auch, dass ein Beratungsvertrag zustande kommt (dazu 3.3.3). Das eigentliche Herzstück der privatrechtlichen Regelungen bilden diejenigen, die sich unmittelbar auf den Vertragsschluss (dazu 3.3.4) und auf die Rechte und Pflichten der Parteien aus dem Vertrag beziehen (dazu 3.3.5). Schließlich geht es um die Durchsetzung der privaten Rechte (dazu 3.3.6).

3.3.1 Lauterkeitsrecht

3.3.1.1 Werbung

Dem lauterkeitsrechtlichen Regelungsbereich, der bis zur ersten Verbraucherkreditrichtlinie zurückreicht (Art. 3 RL 87/102/EWG), sind die „Standardinformationen, die in die Werbung aufzunehmen sind", zuzuordnen (Art. 11 RL 2014/17/EU),[88] die weitgehend denen in der zweiten Verbraucherkreditrichtlinie entsprechen (Art. 4 RL 2008/48/EG). Von zentraler Bedeutung ist dabei für die Nachfrageseite die Angabe des effektiven Jahreszinses, die schon im Fokus der ersten Verbraucherkreditrichtlinie stand[89] und in der Werbung nunmehr mindestens genauso hervorzuheben ist wie jeder Zinssatz (Art. 11 Abs. 2 lit. e RL 2014/17/EU). Markttransparenz kann diese Angabe aber nur schaffen, wenn der effektive Jahreszins überall im Binnenmarkt gleich definiert ist. Dazu wurden die Vorgaben in der zweiten Verbraucherkreditrichtlinie 2011 noch einmal verfeinert.[90] Genauso wichtig ist es lauterkeitsrechtlich für die Angebotsseite, dass die Angabe des effektiven Jahreszinses, die dem heimischen Recht entspricht, überall im Binnenmarkt korrekt ist. Denn kollisionsrechtlich ist im Lauterkeitsrecht das Recht des Staates maßgeblich, in dessen Gebiet die Wettbewerbsbeziehungen oder die kollektiven Interessen der Verbraucher beeinträchtigt worden sind (Art. 6 Abs. 1 Rom II-VO). Daher sind die Vorgaben für die Berechnung des effektiven Jahreszinses (Art. 17 und Anhang I RL 2014/17/EU) ausnahmsweise auch in der Wohnimmobilienkreditvertragsrichtlinie vollharmonisierend (Art. 2 Abs. 2 RL 2014/17/EU).

Zur Umsetzung dieser Vorgabe muss § 6a PAngV, der ohnehin für jede Werbung gegenüber Letztverbrauchern für den Abschluss eines Kreditvertrags

---

87 Im berühmten Linoleumrollenfall hat RGZ 78, 239, 240 dieses Schuldverhältnis dagegen noch rechtsgeschäftlich rekonstruiert.

88 So auch *Schürnbrand*, ZBB 2014, 168, 170.

89 S. oben sub 2.4.1.

90 S. Anhang I Teil II RL 2008/48EG i.d.F. von Art. 1 der Richtlinie 2011/90/EU der Kommission vom 14.11.2011, ABl. EU Nr. L 296, S. 35.

gilt, nur punktuell um einen Hinweis auf die Identität des Kreditgebers etc., auf die Besicherung durch ein Grundpfandrecht sowie ggf. die Anzahl der Raten und die Gefahr von Wechselkursschwankungen ergänzt werden (Art. 11 Abs. 2 lit. a, b, i, j RL 2014/17/EU).

3.3.1.2 Koppelungsgeschäfte

Ebenfalls dem Lauterkeitsrecht zugeordnet werden kann das Koppelungsverbot.[91] Danach sind Koppelungsgeschäfte, bei denen der Kreditvertrag zwingend mit anderen Finanzdienstleistungen abgeschlossen werden muss (Art. 4 Nr. 26 RL 2014/17/EU), grundsätzlich verboten (Art. 12 Abs. 1 RL 2014/17/EU). Zulässig ist allerdings die Koppelung mit einem Kontovertrag zur Ansammlung von Tilgungsleistungen (Art. 12 Abs. 2 lit. a RL 2014/17/EU) und mit einer Versicherung (Art. 12 Abs. 4 RL 2014/17/EU), etwa einer Restschuldversicherung oder einer kapitalbildenden Lebensversicherung zur endfälligen Tilgung. Erlaubt sind auch sogenannte Bündelungsgeschäfte, bei denen der Kreditvertrag optional mit anderen Finanzdienstleistungen abgeschlossen werden kann und dadurch günstiger wird (Art. 4 Nr. 27 RL 2014/17/EU). Diese Regelungen könnten ins KWG aufgenommen werden. Ein Verstoß wäre dann lauterkeitsrechtlich von § 4 Nr. 11 UWG erfasst.

3.3.1.3 Verwendung der Begriffe „Beratung" und „Berater"

Zum Lauterkeitsrecht kann man schließlich die Vorgaben zur Verwendung der Begriffe „Beratung" und „Berater" zählen. Diese darf als irreführend untersagt werden, wenn die Beratungsdienstleistungen von Kreditgebern oder gebundenen Kreditvermittlern bzw. ihren benannten Vertretern erbracht werden (Art. 22 Abs. 4 UAbs. 1 RL 2014/17/EU). Eine Bank könnte dann nicht mehr darum bitten, sich an ihren freundlichen Kundenberater zu wenden. Mitgliedstaaten wie Deutschland, die so weit nicht gehen wollen, müssen aber die Verwendung der Begriffe „unabhängige Beratung" oder „unabhängiger Berater" an substantielle Mindestanforderungen knüpfen (Art. 22 Abs. 4 UAbs. 2 RL 2014/17/EU). Das ließe sich in § 5 UWG regeln, der die irreführenden geschäftlichen Handlungen im Einzelnen benennt.[92]

---

91 Zum lauterkeitsrechtlichen Koppelungsverbot vgl. etwa BGH GRUR 2002, 979 (*Koppelungsverbot II*).

92 Der Referentenentwurf sieht für Immobilienkreditvermitler dagegen eine gewerberechtliche Umsetzung vor (§ 34i Abs. 5 GewO-RefE), die dann über § 4 Nr. 11 UWG lauterkeitsrechtliche

3.3.2 Vorvertragliches Schuldverhältnis

3.3.2.1 Vorvertragliche Informationen

Dem vorvertraglichen Schuldverhältnis sind zunächst die vorvertraglichen Informationen zuzuordnen (Art. 14 RL 2014/17/EU), die ebenfalls weitgehend denen in der zweiten Verbraucherkreditrichtlinie entsprechen (Art. 5 RL 2008/48/EG). Damit bleibt der Unionsgesetzgeber dem „Informationsmodell", das Verbraucherschutz (auch) durch Verbraucherinformation verwirklichen will, treu. Dass sich dieses Modell mehr schadet als nützt, wenn der Adressat in der Informationsflut („information overload") ertrinkt,[93] wird zumindest ansatzweise zur Kenntnis genommen.[94]

In der zweiten Verbraucherkreditrichtlinie erfolgt die Information bekanntlich anhand der Europäischen Standardinformationen für Verbraucherkredite (Anhang II zur Richtlinie 2008/48/EG). Wird dieses Formular verwendet, besteht eine sogenannte Gesetzlichkeitsfiktion, die wir seit 2002 bei der Verwendung der Musterwiderrufsbelehrung kennen[95] und die in Wahrheit gar keine Fiktion, sondern eine unwiderlegbare Vermutung darstellt.[96] Für die Wohnimmobilienkredite ist nunmehr das seit 2001 empfohlene und angeblich benutzerfreundlichere[97] Europäische Standardisierte Merkblatt (kurz: ESIS-Merkblatt[98])[99] in modi-

---

Bedeutung erlangen würde.

93 Vgl. in diesem Sinne etwa *Schmolke*, Grenzen der Selbstbindung im Privatrecht, 2014, S. 813 m.w.N. aus der US-amerikanischen empirischen Forschung in Fn. 701; *Kieninger*, Verhandlungen des 69. DJT, Band II/1, 2013, S. I 29, 37 f.; *Schürnbrand*, ZBB 2014, 168, 173; *Zimmer*, JZ 2014, 714 (715).

94 S. den Verweis auf die empirische Verbraucherforschung in Erwägungsgrund 41 RL 2014/17/EU.

95 S. § 14 Abs. 1 BGB-InfoV i.d.F. der Bek. vom 5.8.2002, BGBl. I, 3002. Zur Wirksamkeit dieser „Gesetzlichkeitsfiktion" vgl. *Schmidt-Kessel/Gläser*, WM 2014, 965, 967 ff. S. heute Art. 246a § 1 Abs. 2 Satz 2 EGBGB i.d.F. von Art. 2 Nr. 4 des Gesetzes vom 20.9.2013 (Fn. 82), für Haustür- und Fernabsatzgeschäfte über andere Gegenstände als Finanzdienstleistungen, Art. 246b Abs. 2 Abs. 3 EGBGB für Haustür- und Fernabsatzgeschäfte über Finanzdienstleistungen und Art. 247 §§ 6 Abs. 2 Satz 3, 12 Abs. 1 Satz 3 EGBGB für Verbraucherdarlehensverträge.

96 Vgl. *Piekenbrock/Ludwig*, WM 2012, 1409, 1410.

97 So Erwägungsgründe 40, 41 RL 2014/17/EU und dazu *Schürnbrand*, ZBB 2014, 168, 174

98 Die Abkürzung leitet sich aus ab aus dem englischen Begriff „European Standardised Information Sheet" (Art. 2 Abs. 2 RL 2014/17/EU).

99 S. die Empfehlung der Kommission vom 1.3.2001 über vorvertragliche Informationen, die Darlehensgeber, die wohnungswirtschaftliche Darlehen anbieten, den Verbrauchern zur Verfügung stellen müssen, ABl. EG Nr. 69, S. 25. Zur Übernahme in Deutschland vgl. Art. 247 § 2 Abs. 2 Satz 2 i.V.m. Anlage 5 i.d.F. von Art. 2 Nr. 6 des Gesetzes vom 29.7.2009, BGBl. I, 2355 bzw. seit 13.6.2014 Art. 247 § 2 Abs. 2 Satz 2 i.V.m. Anlage 6 i.d.F. von Art. 2 Nr. 5 lit. a, bb, bbb des Gesetzes

fizierter Form[100] verbindlich geworden (Art. 14 Abs. 2 RL 2014/17/EU), das nach Wahl der Mitgliedstaaten vor oder mit dem Vertragsangebot bereitzustellen ist (Art. 14 Abs. 3, 4 RL 2014/17/EU). Damit sind auch die Informationspflichten nach der Finanzdienstleistungsfernabsatzrichtlinie[101] erfüllt (Art. 14 Abs. 7 RL 2014/17 /EU).

Als wesentlicher Schritt zur Verwirklichung des Binnenmarktes für die Angebotsseite sind auch diese Regelungen ausnahmsweise vollharmonisierend. Das bedeutet, dass die Mitgliedstaaten keine Bestimmungen in ihrem nationalen Recht beibehalten oder einführen dürfen, die von den Bestimmungen des Art. 14 Abs. 2 RL 2014/17/EU sowie des Anhangs II Teil A abweichen (Art. 2 Abs. 2 RL 2014/17/EU). Länder wie Deutschland, die für Hypothekarkredite bisher neben dem ESIS-Merkblatt die Verwendung der Europäischen Standardinformationen für Verbraucherkredite zugelassen haben (vgl. Art. 247 § 2 Abs. 1, 2 Satz 3 EGBGB), können es bis 21. März 2019 dabei belassen (Art. 14 Abs. 5 RL 2014/17/EU). Anbieter aus anderen Mitgliedstaaten müssen aber schon in dieser Übergangszeit ihren vorvertraglichen Informationspflichten durch die Verwendung des ESIS-Merkblatts genügen können. Das spricht dafür, schon jetzt für alle Anbieter einheitlich auf das neue ESIS-Merkblatt umzustellen.

3.3.2.2 Erläuterung des Vertragsangebots

Zu den vorvertraglichen Pflichten zählt weiter die aus der zweiten Verbraucherkreditrichtlinie (Art. 5 Abs. 6 RL 2008/48/EG) übernommene Pflicht, das Vertragsangebot in angemessener Weise zu erläutern (Art. 16 RL 2014/17/EU). Darin liegt aber keine gesetzliche Leistungspflicht, sondern nur eine typische Nebenpflicht im Rahmen der Vertragsanbahnung (§§ 311 Abs. 2 Nr. 2, 241 Abs. 2 BGB), deren schuldhafte Verletzung zum Schadensersatz verpflichtet (§ 280 Abs. 1 BGB).[102] Der Umfang dieser Nebenpflicht deckt sich in beiden Richtlinien weitgehend. Daher genügt § 491a Abs. 3 BGB, der auch auf Immobiliendarlehensverträge anwendbar ist (vgl. § 503 Abs. 1 BGB), auch der neuen Richtlinie.

---

vom 20.9.2013 (Fn. 82).

100 Vgl. dazu *Schnauder*, WM 2014, 783, 789.

101 Art. 3 Abs. 1, 5 Abs. 1 der Richtlinie 2002/65/EG des Europäischen Parlaments und des Rates vom 23.9.2002 über den Fernabsatz von Finanzdienstleistungen an Verbraucher und zur Änderung der Richtlinie 90/619/EWG des Rates und der Richtlinien 97/7/EG und 98/27/EG, ABl. EU Nr. 271, S. 16.

102 So auch *Schürnbrand*, in: Münchener Kommentar, BGB, 6. Aufl. 2012, § 491a Rn. 61.

3.3.2.3 Bonitätsprüfung und Immobilienbewertung

3.3.2.3.1 Pflichten der Kreditgeber

Umstritten ist dagegen, ob auch die Pflichten zur Prüfung der Kreditwürdigkeit des Verbrauchers (Art. 18, 20 RL 2014/17/EU) und zur Immobilienbewertung (Art. 19 RL 2014/17/EU) zum vorvertraglichen Schuldverhältnis gehören und damit (Neben-) Pflichten gegenüber dem Kreditbewerber begründen (§§ 311 Abs. 2, 241 Abs. 2 BGB).

3.3.2.3.1.1 Bonitätsprüfung

Nach klassischer deutscher Lesart erfüllt ein Kreditinstitut mit der Prüfung der persönlichen Bonität und der Werthaltigkeit dinglicher Sicherheiten keine Pflicht gegenüber dem Kreditbewerber.[103] Aus diesem Grund hat der Gesetzgeber bei der Umsetzung der zweiten Verbraucherkreditrichtlinie die dort ebenfalls vorgeschriebene Bonitätsprüfung (Art. 8 Abs. 1 RL 2008/48/EG), die primär im öffentlichen Interesse vorgenommen werde, für Kreditinstitute in § 18 Abs. 2 KWG[104] und für sonstige Zahlungsdienstleister in § 2 Abs. 3 S. 4 ZAG aufgenommen.[105] Auch die Beleihungswertermittlung im Pfandbriefrecht (§ 16 PfandBG) wird traditionell aufsichtsrechtlich qualifiziert. AGB-rechtlich wird daraus die Unangemessenheit einer Preisklausel für die Immobilienbewertung hergeleitet.[106] Für die aufsichtsfreien Unternehmer fand die Pflicht ihren Platz dagegen – man könnte sagen: faute de mieux – in § 509 BGB , der zur Vermeidung von Umsetzungsdefiziten auf Darlehen solcher Unternehmen entsprechend anzuwenden ist.[107] Ob es sich dabei um eine schadensersatzbewehrte vorvertragliche Nebenpflicht (§§ 311 Abs. 2, 241 Abs. 2, 280 Abs. 1 BGB) handelt, wurde bisher – zum Teil auch für § 18

---

103 Vgl. etwa BGH WM 1982, 480, 481; WM 1992, 977; WM 1997, 2301, 2302; OLG Köln WM 1999, 1817.

104 Eingefügt durch Art. 7 Nr. 1 lit. d des Gesetzes vom 29.7.2009, BGBl. I, 2355.

105 S. BT-Drucks. 16/11643, S. 96.

106 Zu Entgelten für die Wertermittlung vgl. LG Stuttgart WM 2007, 1930, 1931 f.; OLG Karlsruhe WM 2011, 1366, 1370 (obiter). Zu Bearbeitungsentgelten vgl. BGHZ 201, 168 in Rn. 49 ff.

107 So schon *Schürnbrand*, in: Münchener Kommentar, BGB, 6. Aufl. 2012, § 509 Rn. 3; Artz, in: Bülow/Artz, Verbraucherkreditrecht, 8. Aufl. 2014, § 509 BGB Rn. 7, 8. Vgl. entsprechend nunmehr die Begründung des Referentenentwurfs, S. 93 (Fn. 2). Gleichwohl soll nach dem Referentenentwurf (Fn. 2) an dieser Dichotomie festgehalten werden, indem § 505e BGB-RefE die Regelungen über den Inhalt und die Folgen der Verletzung der Aufsichtspflicht für beaufsichtigte Kreditinstitute und Zahlungsdienstleister für unanwendbar erklärt und stattdessen auf die aufsichtsrechtlichen Vorgaben in § 18a KWG-RefE (ggf. i.V.m. der Verweisung in § 2 Abs. 3 S. 5 ZAG-RefE) verweist. Der vorläufige Referentenentwurf vom 14.10.2014 hatte dagegen – meines Erachtens überzeugender – für alle Fälle eine einheitliche Regelung im BGB vorgesehen.

Abs. 2 KWG und § 509 BGB – unterschiedlich gesehen.[108] Das Unionsrecht sagt nur, dass die Sanktion „wirksam, verhältnismäßig und abschreckend" sein muss (Art. 23 Satz 2 RL 2008/48/EG; Art. 38 Abs. 1 Satz 2 RL 2014/17/EU).

Diese Diskussion ist durch das Urteil des EuGH in der Rechtssache *Crédit Lyonnais*[109] überholt.[110] Dort heißt es wörtlich: „Die vorvertragliche Verpflichtung des Kreditgebers zur Beurteilung der Kreditwürdigkeit des Kreditnehmers trägt insoweit, als sie den Schutz der Verbraucher vor der Gefahr der Überschuldung und der Zahlungsunfähigkeit bezweckt, zur Verwirklichung des Ziels der Richtlinie 2008/48 bei".[111] Der EuGH hatte in diesem Fall die französische Sanktion zu überprüfen, die bis zum vollständigen Verlust des Anspruchs des Kreditgebers auf den vertraglichen Zins reichen kann (Art. 311-48 Abs. 2 Satz 1 C.com.[112]). Freilich steht dem Kreditgeber nach der Rechtsprechung der *Cour de cassation*[113] ein Anspruch auf den gesetzliche Verzugszins (Art. 1153 Abs. 1 C.c.[114]) von gegenwärtig 0,04 %[115] zu, der sich zwei Monate nach einer vollstreckbaren gerichtlichen Entscheidung um fünf Prozentpunkte erhöht, auf Antrag aber auch

108 So sieht *Schürnbrand*, Bankrechtstag 2009 (Fn. 27), S. 173, 183 f. bei § 18 Abs. 2 KWG und § 2 Abs. 3 S. 4 ZAG keine Nebenpflicht, wohl aber bei § 509 BGB. Vgl. entsprechend *Schürnbrand*, in: Münchener Kommentar, BGB, 6. Aufl. 2012, § 491a Rn. 62 zu § 18 Abs. 2 KWG und § 509 Rn. 7; *Nobbe*, WM 2011, 625, 630. Zuletzt hat *Schnauder*, WM 2014, 783, 791 nachdrücklich vor den Rechtsfolgen einer zivilrechtlichen Regelung gewarnt. Für eine Nebenpflicht in beiden Fällen dagegen *Ady/Paetz*, WM 2009, 1061, 1067; *Derleder*, NJW 2009, 3195, 3200; *Hofmann*, NJW 2010, 1782, 1785; *Grunewald*, in: Festschrift Schneider, 2011, S. 401, 405 f.; *Rott/Terryn/Twigg-Flesner*, VuR 2011, 163, 165 ff.; *Möller*, in: BeckOKBGB, 31. Edition: 31.5.2014, § 509 Rn. 3; gegen Nebenpflicht *Kessal-Wulf*, in: Staudinger, BGB, Neubearb. 2012, § 509 Rn. 2; *Rühl*, DStR 2009, 2256, 2261; *Rösler/Werner*, BKR 2009, 1, 3. BGHZ 201, 168 in Rn. 52 nimmt zur etwaigen drittschützenden Wirkung von § 18 Abs. 2 KWG nicht abschließend Stellung, sondern betont nur, dass diese nicht die Einordnung der Bonitätsprüfung als Sonderleistung für den Kunden rechtfertige.

109 EuGH NJW 2014, 1941 (*LCL Le Crédit Lyonnais*).

110 Insoweit a.A. *Schürnbrand*, ZBB 2014, 168, 177.

111 EuGH NJW 2014, 1941 in Rn. 42 (*LCL Le Crédit Lyonnais*).

112 *Code de la consommation*. Die Vorschrift lautet: « *Lorsque le prêteur n'a pas respecté les obligations fixées aux articles ... L. 311-9* [scil.: die Pflicht zur Bonitätsprüfung], *il est déchu du droit aux intérêts, en totalité ou dans la proportion fixée par le juge.* » Vgl. dazu auch *Rott/Terryn/Twigg-Flesner*, VuR 2011, 163, 164.

113 Vgl. insbesondere Cass. civ. 1re vom 26.11.2002, Bull. civ. 2002 I, Nr. 288. Zur Kritik in Frankreich vgl. etwa *Poissonnier*, Contrats, concurrence, consommation 2013, Heft 7, étude 10.

114 *Code civil*. Die Vorschrift lautet: «*Dans les obligations qui se bornent au paiement d'une certaine somme, les dommages-intérêts résultant du retard dans l'exécution ne consistent jamais que dans la condamnation aux intérêts au taux légal, sauf les règles particulières au commerce et au cautionnement.*»

115 Für das Jahr 2014 vgl. Art. 1 des Dekrets Nr. 2014-98 vom 4.2.2014, J.O. vom 6.2.2014.

wieder ermäßigt werden kann (Art. 313-3 C.mon. et fin.[116]). Diese Sanktion hielt der EuGH im Lichte der Ziele der zweiten Verbraucherkreditrichtlinie nicht für „wirklich abschreckend", wenn „die an den Kreditgeber infolge der Anwendung dieser Sanktion zu zahlenden Beträge nicht wesentlich geringer sind als diejenigen, die ihm zustünden, wenn er der genannten Verpflichtung nachgekommen wäre."[117]

Das kann de lege lata für § 18 Abs. 2 KWG nur bedeuten, wie bei § 23a Abs. 1 Satz 2 KWG 1998[118] und bei § 31 Abs. 1 Nr. 2 WpHG[119] eine Ausstrahlungswirkung aufsichtsrechtlicher Normen auf den Inhalt des vorvertraglichen Schuldverhältnisses anzunehmen;[120] auf § 823 Abs. 2 BGB kommt es dann nicht mehr an. Dabei ist im Anschluss an das Urteil des EuGH in der Rechtssache *Consumer Finance*[121] davon auszugehen, dass die Beweislast für die Erfüllung der Pflicht zur Kreditwürdigkeitsprüfung den Darlehensgeber trifft. Mit Blick auf das Sanktionsgebot ist auch Zurückhaltung bei der Berücksichtigung der Mitverantwortlichkeit des Kreditbewerbers geboten (§ 254 Abs. 1 BGB). Zwar sollte auch ein Verbraucher die eigene Bonität grundsätzlich selbst einschätzen können. Er unterliegt aber einer durch den Wunsch nach dem zu finanzierenden Objekt begründeten Wahrnehmungsverzerrung und ist mit den typischen Risiken, die die Finanzierung später scheitern lassen, weniger vertraut als der Kreditgeber.[122] Bei einem NINJA-Kunden liegt eine weit überwiegende Mitverantwortlichkeit dagegen nahe.

---

116 *Code monétaire et financier*. Die Vorschrift lautet: *« En cas de condamnation pécuniaire par décision de justice, le taux de l'intérêt légal est majoré de cinq points à l'expiration d'un délai de deux mois à compter du jour où la décision de justice est devenue exécutoire, fût-ce par provision. Cet effet est attaché de plein droit au jugement d'adjudication sur saisie immobilière, quatre mois après son prononcé.*
Toutefois, le juge de l'exécution peut, à la demande du débiteur ou du créancier, et en considération de la situation du débiteur, exonérer celui-ci de cette majoration ou en réduire le montant. »

117 EuGH NJW 2014, 1941 in Rn. 52 (*LCL Le Crédit Lyonnais*).

118 KWG i.d.F. der Bek. vom 9.9.1998, BGBl. I, 2776. Nach BGH NJW 2009, 3429 in Rn. 21 hatte diese Vorschrift „(auch) anlegerschützende Funktion."

119 Für den Schutz des individuellen Anlegers etwa *Möllers*, in: Kölner Kommentar, WpHG, 2. Aufl. 2014, § 31 Rn. 13; *Spindler*, in: Langenbucher/Bliesener/Spindler, Bankrechtskommentar, 2013, 33. Kap. Rn. 28. A.A. allerdings BGHZ 191, 119 in Rn. 47.

120 So schon *Grunewald*, in: Festschrift Schneider, 2011, S. 401, 405 f. Vgl. entsprechend *Hoffmann/Barlitz*, WM 2014, 2297, 2303. Dagegen hielt *Herresthal*, WM 2009, 1174, 1178 eine Schutzwirkung zugunsten des Kreditnehmers auch mit Blick auf Art. 23 RL 2008/48/EG unionsrechtlich nicht für erforderlich.

121 EuGH, Urt. v. 18.12.2014 – C-449/13 in Rn. 27 ff. (*CA Consumer Finance SA / Bakkaus u.a.*).

122 Daher ist die Einschätzung von *Nobbe*, ZBB 2008, 78, 80 zu Art. 9 des Richtlinienvorschlags von 2002 (Fn. 66), der Unionsgesetzgeber folge dem Leitbild eines „bemitleidenswerten Blödians mit Sonderschulniveau aus der früheren deutschen Wettbewerbsrechtsprechung", in der Wort-

Die Einzelheiten hierzu müssen der empirischen Forschung im Bereich der Verhaltensökonomie überlassen werden. Aus normativer Sicht sollte eine hinreichende Sanktion der Pflichtverletzung des Kreditgebers darin liegen, dass er sich der Abwägung der Mitverantwortlichkeitsanteile im Rahmen von § 254 Abs. 1 BGB stellen muss. Zum Vergleich: In der Schweiz verliert der Kreditgeber bei schwerwiegenden Verstößen die von ihm gewährte Kreditsumme samt Zinsen und Kosten und muss bereits erbrachte Leistungen nach den Regeln über die ungerechtfertigte Bereicherung herausgeben (Art. 32 KKG).[123] In Belgien kann der Vertrag vom Gericht für nichtig erklärt oder die zu zahlende Hauptsumme verringert werden.[124] In Griechenland ist nur der Darlehensbetrag ohne Zinsen nach dem vereinbarten Ratenplan zu bezahlen.[125]

In vielen anderen Mitgliedstaaten wird die Verletzung der Pflicht zur Prüfung der Kreditwürdigkeit bisher durch Bußgelder sanktioniert. Dies gilt namentlich für:

- Bulgarien,[126]
- Irland,[127]
- Malta,[128]

---

wahl zweifelhaft und in der Sache falsch, auch wenn der EuGH etwa in der *Mars*-Entscheidung (Slg 1995, I-1923 in Rn. 24) das frühere lauterkeitsrechtliche Verbraucherleitbild in Deutschland in der Tat zugunsten des „verständigen Verbrauchers" korrigiert hat.

123 Vgl. dazu *Nobbe*, ZBB 2008, 78, 79; *Zahn* (Fn. 66), S. 127 ff.

124 So Art. 86 Abs. 1 des Verbraucherkreditgesetzes i.d.F. von Art. 50 des Gesetzes vom 13.6.2010 (Fn. 69): «*Sans préjudice des sanctions de droit commun, le juge annule le contrat ou réduit les obligations du consommateur au maximum jusqu'au prix au comptant ou au montant emprunté* [...]. *Le juge peut prendre une mesure similaire lorsque le prêteur ne respecte pas les mentions visées à l'article* [...] *15° à 17°* [...].» Vgl. dazu auch *Rott/Terryn/Twigg-Flesner*, VuR 2011, 163, 164.

125 So Art. 8 Abs. 3 des Gemeinsamen Ministerialbeschlusses Nr. Z1–699, Εφημερίδα της Κυβερνήσεως (Φ.Ε.Κ) Nr. 917 Β' v. 23.6.2010.

126 S. Art. 16, 47 Abs. 1 des Verbraucherkreditgesetzes (закон за потребителския кредит) vom 1.3.2010, Държавен вестник 18/2010. Danach kann die Verletzung der Pflicht zur Prüfung der Kreditwürdigkeit bei der verantwortlichen Person mit Geldbuße von 700 bis 2.000 Lew (ca. 350 bis 1.000 Euro) und beim Unternehmer von 3.000 bis 8.000 Lew (ca. 1.500 bis 4.000 Euro) geahndet werden.

127 S. reg. 11(3), 25(1)(b) European communities (Consumer Credit Agreements) Regulations 2010, S.I. Nr. 281/2010. Danach kann die Verletzung der Pflicht zur Prüfung der Kreditwürdigkeit mit Geldstrafe bis zu 100.000 Euro und Freiheitsstrafe bis zu drei Jahren geahndet werden.

128 S. reg. 10, 23(2) Consumer Credit Regulations 2010, Legal Notice 330/2010. Danach kann die Verletzung der Pflicht zur Prüfung der Kreditwürdigkeit mit Geldbuße zwischen 1.000 und 45.000 Euro geahndet werden.

- Österreich,[129]
- Polen,[130]
- Portugal,[131]
- Rumänien,[132]
- Schweden,[133]
- die Slowakei,[134]
- Slowenien,[135]

---

129 S. §§ 7, 28 Nr. 3 VKrG, BGBl. I Nr. 28/2010. Danach ist die Verletzung der Pflicht zur Prüfung der Kreditwürdigkeit als Verwaltungsübertretung mit einer Geldstrafe bis zu 10.000 Euro zu bestrafen.

130 S. Art. 138c § 1a des Ordnungswidrigkeitengesetzes (*Kodeks wykroczeń*), Dziennik Ustaw (Dz. U.) 2010 Nr. 46 Pos. 275, i.d.F. von Art. 60 Nr. 1 des Verbraucherkreditgesetzes (*ustawa o kredycie konsumenckim*) vom 12.5.2011, Dz. U. 2011 Nr. 126 Pos. 715. Die Prüfung der Kreditwürdigkeit richtet sich für Banken gemäß Art. 9 Abs. 4 des Verbraucherkreditgesetzes i.d.F. von Art. 5 Nr. 3 des Gesetzes vom 23.10.2013, Dz. U. 2010 Pos. 1567 nach Art. 70 des Bankrechts (*prawo bankowe*), Gesetz vom 29.8.1997, Dz. U. 2002 Nr. 72, Pos. 665. Für andere Kreditgeber ist dagegen Art. 9 Abs. 1 – 3 des Verbraucherkreditgesetzes maßgeblich. Diese Aufteilung ähnelt der zwischen § 18 Abs. 2 KWG und § 509 BGB.

131 S. Art. 10, 30 des Verbraucherkreditrechts (*Regime Relativo aos Contratos de Crédito aos Consumidores*), Gesetzes-Dekret (*Decreto-Lei*) Nr. 133/2009 vom 2.6.2009, Diário da República, Serie 1, Nr. 106, S. 3438. Da-nach kann die Verletzung der Pflicht zur Prüfung der Kreditwürdigkeit mit Geldbuße geahndet werden. Die Geldbuße beträgt nach Art. 210 lit. i des Kreditwesenrechts (*Regime Geral das Instituições de Crédito e Sociedades Financeiras*) i.d.F. von Art. 5 des Gesetzes Nr. 28/2009 vom 19.6.2009, Diário da República, Serie 1, Nr. 117, S. 4085 von 3.000 bis 1.500.000 Euro für Gesellschaften und von 1.000 bis 500.000 Euro für Einzelpersonen.

132 S. Art. 30 Abs. 1, 86 Abs. 1 der Eilverordnung der Regierung Nr. 50/2010 betreffend den Verbraucherkre-ditvertrag (*Ordonanţa de urgenţă a Guvernului privind contractele de credit pentru consumatori*), Monitorul Oficial I, Nr. 389 vom 11.6.2010, insoweit unverändert bestätigt durch Gesetz Nr. 288/2010, Monitorul Oficial I, Nr. 888 vom 30.12.2010. Danach kann die Verletzung der Pflicht zur Prüfung der Kreditwürdigkeit mit Geldbuße von 10.000 bis 80.000 Lei (ca. 2.250 bis 18.000 Euro) geahndet werden.

133 S. §§ 12, 51, 52 des Verbraucherkreditgesetzes (Konsumentkreditlag) vom 9.12.2010, SFS (i.e.: Svensk författningssamling) 2010:1846 i.d.F. des Änderungsgesetzes vom 20.2.2014, SFS 2014:83. Danach kann die Verletzung der Pflicht zur Prüfung der Kreditwürdigkeit mit Geldbuße von 5.000 bis 10.000.000 Kronen (ca. 550 bis 1.100.000 Euro) geahndet werden.

134 S. §§ 7 Abs. 1, 23 Abs. 2 lit. b) bb) Nr. 2 des Verbraucherkreditgesetzes (*zákon o spotrebiteľských úveroch a o iných úveroch a pôžičkách pre spotrebiteľov*) vom 9.3.2010, Nr. 129/2010 Zb. (i.e.: Zbierka zákonov) vom 9.3.2010. Danach kann die Geldbuße bis zu 70.000 Euro und im Wiederholungsfall bis zu 140.000 Euro betragen.

135 S. Art. 8, 39 Abs. 1 Nr. 4 des Verbraucherkreditgesetzes (*Zakon o potrošniških kreditih [ZPotK-1]*) vom 16.7.2010, Uradni List Nr. 59/2010. Danach kann die Verletzung der Pflicht zur Prüfung der Kreditwürdigkeit mit Geldbuße von 12.500 bis 125.000 Euro geahndet werden.

- Spanien[136]
- und Tschechien[137]
- sowie den EWR-Staat Liechtenstein.[138]

Darin kann eine hinreichende Sanktion liegen. In Deutschland ist ein solcher Tatbestand dagegen bewusst nicht geschaffen worden.[139] Vielmehr soll es auch mit Blick auf Art. 23 der zweiten Verbraucherkreditrichtlinie genügen, dass erhebliche Verstöße einen Missstand im Sinne von § 6 Abs. 2 KWG begründen und Anlass für Maßnahmen der BaFin nach § 6 Abs. 3 KWG sein können.[140] In anderen Mitgliedstaaten findet sich stattdessen ausdrücklich die Möglichkeit, im Wiederholungsfall den Abschluss von Verbraucherdarlehensverträgen zu verbieten. Dies gilt etwa für Finnland[141] und Kroatien.[142] Schließlich gibt es aber auch Mitgliedstaaten, in denen es jedenfalls auf den ersten Blick keine ausdrücklichen speziellen Sanktionen gibt, wenn Kreditgeber die Pflicht zur Prüfung der Kreditwür-

136 S. Art. 14, 34 Abs. 1 UAbs. 2 des Verbraucherkreditgesetzes (*ley de contratos de crédito al consumo*), Nr. 16/2011 vom 24.6.2011, Boletín Oficial del Estado (B.O.E.) Nr. 151 vom 25.6.2011, S. 68179. Wird die Kredit-würdigkeit nicht überprüft, liegt darin eine schwere oder sogar sehr schwere Verletzung (*infracción [muy] grave*), die nach Art. 51 Abs. 1 lit. b, c des allgemeinen Verbraucherschutzgesetzes (*ley general para la defensa de los consumidores y usuarios*), i.d.F. der königlichen Gesetzesverordnung (*real decreto legislativo*) Nr. 1/2007 vom 16.11.2007, B.O.E. Nr. 287 vom 30.11.2011, S. 49181 mit Geldbuße von 3.005,07 bis 15.025,30 Euro bzw. von 15.025,31 bis 601.012,10 geahndet werden können.

137 S. §§ 9, 20 Abs. 2 lit. a, Abs. 5 lit. b des Verbraucherkreditgesetzes (*zákon o spotřebitelském úvěru*) Nr. 145/2010 Sb. (i.e.: Sbírka zákonů) vom 21.4.2010. Danach kann die Verletzung der Pflicht zur Prüfung der Kreditwürdigkeit mit Bußgeld bis zu 2.000.000 Kronen (ca. 72.000 Euro) geahndet werden.

138 S. Art. 8, 25 Abs. 1 lit. c des Konsumkreditgesetzes vom 24.11.2011, LGBl. 2012, Nr. 1. Danach wird die Verletzung der Pflicht zur Prüfung der Kreditwürdigkeit mit Buße bis 5.000 Franken und im Wiederholungsfalle bis 20.000 Franken bestraft.

139 Nach § 56 Abs. 2 Nr. 5 KWG liegt eine Ordnungswidrigkeit nur bei einem Verstoß gegen die Pflicht zur Offenlegung der wirtschaftlichen Verhältnisse bei Großkrediten ab 750.000 Euro oder 10 % des anrechenbaren Eigenkapitals (§ 18 Abs. 1 S. 1 KWG).

140 So BT-Drucks. 16/11643, S. 144.

141 S. Kap. 7 §§ 14, 50 des Konsumentenschutzgesetzes (*Konsumentskyddslag*) i.d.F. des Gesetzes vom 27.8.2010, Finlands Författningssamling (FFS) 746/2010 und des Gesetzes vom 15.3.2013, FFS 207/2013. Da-neben wird in der Regel aber auch ein Bußgeld verhängt. Vgl. Kap. 2 § 16 des Konsumentenschutzgesetzes i.d.F. des Gesetzes vom 29.8.2008, FFS 561/2008.

142 S. Art. 8, 23b Abs. 1 Nr. 3, Abs. 2 des Verbraucherkreditgesetzes (*zakon o potrošačkom kreditiranju*) vom 23.6.2009, Naronde Novine (N.N.) 75/2009 i.d.F. Art. 12 des Änderungsgesetzes vom 4.10.2012, N.N. 112/2012.

digkeit des Verbrauchers verletzen. Dies gilt etwa für Dänemark,[143] Italien[144] und die Niederlande[145] sowie den EWR-Staat Norwegen.[146] Insofern steht Deutschland nicht allein

3.3.2.3.1.2 Immobilienbewertung

Bei der Immobilienbewertung liegen die Dinge aber wesentlich anders, weil auch ein interner Gutachter (vgl. Art. 19 Abs. 2 RL 2014/17/EU) über bessere Marktinformationen verfügt als der Kreditbewerber, der an einem neuen, für ihn noch fremden Wohnort eine Wohnimmobilie für sich und seine Familie erwerben will. Wenn nun die Bank gegenüber dem Kreditbewerber gesetzlich zur Immobilienbewertung verpflichtet ist, wären interne und externe Gutachter ihre Erfüllungsgehilfen (§ 278 BGB). Das erscheint zum Schutz des Kreditbewerbers aber nicht geboten. Vielmehr sollten die Banken aufsichtsrechtlich verpflichtet werden, den Darlehensvertrag erst abzuschließen oder das Darlehen erst auszuzahlen, wenn die Immobilie von einem Gutachter bewertet worden ist. Das ist (nicht nur) für Pfandbriefbanken ohnehin selbstverständlich (§§ 16 Abs. 1 PfandBG, 5 Abs. 1 BelWertV). Dazu sollten sie aber stets ein externes Gutachten verlangen, auch wenn § 16 Abs. 1 PfandBG nur vorschreibt, dass der Gutachter „von der Kreditentscheidung unabhängig" sein muss und interne Gutachter daher nach Maßgabe von § 7 Abs. 2 BelWertV zugelassen sind.[147]

Schaut man allein auf Art. 19 Abs. 1 S. 2 RL 2014/17/EU, spricht nichts dagegen, dass der Kreditbewerber das Gutachten auf eigene Rechnung anfertigen lässt, solange der Gutachter zur Immobilienbewertung hinreichend qualifiziert ist. In diesem Fall kann der Kreditbewerber als Auftraggeber bei Bewertungsmängeln vom Gutachter Schadensersatz verlangen (§ 280 Abs. 1 BGB). Soll das Darlehen durch Pfandbrief refinanziert werden, ist dieser Weg jedoch ausgeschlossen (§ 5

143 S. § 7c des Kreditvertragsgesetzes (*lov om kreditaftaler*) i.d.F. der Bek. vom 2.4.2014, Lovtidende A Nr. 347. Zur Diskussion um die Umsetzung von Art. 23 der zweiten Verbraucherkreditrichtlinie vgl. den Bericht Nr. 1509/2009 zur Umsetzung der Verbraucherkreditrichtlinie (*Gennemførelse af forbrugerkreditdirektivet*), S. 95 ff., abrufbar unter < www.ft.dk/samling/20131/lovforslag/L39/baggrund.htm >.

144 S. Art. 124-bis des Bankgesetzes (*testo unico bancario*) i.d.F. von Art. 1 Nr. 1 der Gesetzesverordnung (decreto legislativo) vom 13.8.2010, Nr. 141, G.U. suppl. ord. Nr. 212/L vom 4.9.2010.

145 Vgl. Art. 4:34 des Finanzaufsichtsgesetzes (*Wet op het financieel toezicht*) i.d.F. von Art. III F des Gesetzes vom 19.5.2011, Staatsblad Nr. 246.

146 S. § 46b des Finanzvertragsgesetzes (*finansavtaleloven*) i.d.F. des Gesetzes Nr. 15 vom 7.5.2010, Norsk Lovtidend I, 917.

147 Vgl. dazu *Smola*, PfandBG, 2. Aufl. 2014, § 16 Rn. 1.

Abs. 2 Satz 3 BelWertV). Mandatiert die Bank den externen Gutachter dagegen im Auftrag des Kreditbewerbers selbst und stellt die Kosten dafür in Rechnung (§ 670 BGB), liegt ein klassischer Vertrag mit Schutzwirkung zugunsten Dritter vor,[148] so dass der Kreditbewerber ebenfalls einen eigenen Schadensersatzanspruch hat. Ein Anspruch gegen die Bank aus culpa in contrahendo (§§ 311 Abs. 2, 241 Abs. 2, 280 Abs. 1 BGB) besteht dann nur noch, wenn die Bank pflichtwidrig ganz auf die Bewertung verzichtet.

Dagegen kommt ein Anspruch aus §§ 664 Abs. 1 Satz 3, 278, 280 Abs. 1 BGB nicht in Betracht, weil hier keine (unzulässige) Übertragung der Ausführung des Auftrags an einen Dritten (§ 664 Abs. 1 Satz 1 BGB) vorliegt, sondern der Auftrag gerade darin besteht, den externen Gutachter zu mandatieren. In Betracht kommt ein Anspruch aus § 280 Abs. 1 BGB daher nur, wenn die Bank bei der Auswahl des Gutachters ihre Pflichten aus dem Auftragsvertrag verletzt. Das kann bei einem von der HypZert GmbH nach DIN EN ISO/EC 17024 zertifizierten Sachverständigen grundsätzlich ausgeschlossen werden.

3.3.2.3.2 Pflichten des Kreditbewerbers

Schließlich ist an dieser Stelle auf die Pflichten des Kreditbewerbers bei der Bonitätsprüfung einzugehen. Bemerkenswert sind dabei die Rechtsfolgen der Verletzung dieser Pflicht. So soll es dem Kreditgeber verwehrt sein, „einen Kreditvertrag mit der Begründung zu beenden, dass die vor Abschluss des Kreditvertrags vom Verbraucher erhaltenen Angaben unvollständig waren“ (Art. 20 Abs. 3 UAbs. 2 RL 2014/17/EU). Erlaubt sein soll ihm nur, „einen Kreditvertrag zu kündigen, wenn nachgewiesen ist, dass der Verbraucher Informationen wissentlich vorenthalten oder gefälscht hat“ (Art. 20 Abs. 3 UAbs. 3 RL 2014/17/EU).

Aus deutscher Sicht kommt daher in erster Linie die Anfechtung wegen arglistiger Täuschung (§ 123 Abs. 1 BGB) in Betracht. Die Kündigung aus wichtigem Grund (§ 314 BGB) muss man wohl auf Fälle des Vorsatzes beschränken. Dagegen scheint die Irrtumsanfechtung ausgeschlossen, auch wenn man in der Bonität eine verkehrswesentliche Eigenschaft sieht (§ 119 Abs. 2 BGB).[149] In Betracht

148 Zur Grundstücksbewertung vgl. nur BGHZ 159, 1, 5. Vgl. im Übrigen BGHZ 138, 257, 260 f.; 167, 155 in Rn. 12; 181, 12 in Rn. 17; WM 2014, 935 in Rn. 14.

149 So erstmals RGZ 66, 385, 387 ff. Vgl. entsprechend noch heute *Armbrüster*, in: Münchener Kommentar, BGB, 6. Aufl. 2012, § 119 Rn. 128; *Wunderlich*, in: Schimansky/Bunte/Lwowski (Hrsg.), Bankrechts-Handbuch, 4. Aufl. 2011, § 76 Rn. 43; abl. *Flume*, Allgemeiner Teil des BGB, Band 2: Das Rechtsgeschäft, 4. Aufl. 1992, § 24 3 b, S. 487 unter Verweis auf § 321 BGB 1900; dagegen für den vorleistungspflichtigen Verkäufer *Lindacher*, MDR 1977, 797 ff.; zurückhaltend *Fleischer*, Informationsasymmetrie im Vertragsrecht, 2001, S. 364 ff.; abl. *Mankowski*, Beseiti-

kommt bei vorsätzlicher Verletzung der vorvertraglichen Aufklärungspflicht vielmehr der schadensrechtliche Anspruch auf Vertragsaufhebung aus culpa in contrahendo (§§ 311 Abs. 2, 241 Abs. 2, 280 Abs. 1, 249 Abs. 1 BGB).

Gleichwohl kann die rechtliche Relevanz von Informationsdefiziten über die Bonität des Kreditbewerbers nicht auf die Fälle vorsätzlicher Täuschung beschränkt sein. Das zeigt ein Vergleich mit § 490 Abs. 1 BGB, der von der Wohnimmobilienkreditrichtlinie nicht tangiert wird.[150] Das dortige Kündigungsrecht ist tatbestandlich nicht gegeben, wenn sich nicht die Vermögenslage des Kreditnehmers verschlechtert hat, sondern nur die schlechte Vermögenslage offenbar geworden ist.[151]

Auch § 321 BGB hilft dem Kreditgeber nicht weiter,[152] obwohl der entgeltliche Darlehensvertrag ein gegenseitiger Vertrag ist[153] und die Unsicherheiteneinrede heute auch in den Fällen besteht, in denen die Gegenleistung bereits bei Vertragsschluss gefährdet war, ohne dass der Vorleistungspflichtige dies wusste.[154] Insoweit ist § 321 BGB weiter gefasst als § 490 Abs. 1 BGB. Soweit die herrschende Lehre daher § 321 BGB auf Darlehensverträge anwenden will,[155] kann dabei als Gegenleistung aber nur die Zinszahlung gemeint sein;[156] der Anspruch auf Rückzahlung des Darlehens ist dagegen eine Abwicklungspflicht,[157] die nicht im Synallagma steht.[158] Darüber hinaus passen die Rechtsfolgen des Leistungsverweige-

---

gungsrechte, 2003, S. 497 ff. *Harke*, Irrtum über wesentliche Eigenschaften, 2003, 139 ff. hält die Kontroverse zugunsten von § 321 BGB i.d.F. der Bek. vom 2.1.2002, BGBl. I, 42 (im Folgenden: BGB 2002) für erledigt.

150 So auch *König*, WM 2013, 1688, 1695.

151 Mülbert, in: Staudinger, BGB. Neubearb. 2011, § 490 Rn. 23; *K. P. Berger*, in: Münchener Kommentar, BGB, 6. Aufl. 2012, § 490 Rn. 2.

152 Auf die Frage, ob die Anwendung von § 321 BGB mit Art. 13 Abs. 2 RL 2008/48/EG vereinbar ist, kommt es dabei nicht an, weil diese Richtlinie auf Wohnimmobilienkredite gerade nicht anwendbar ist. Vgl. dazu *Mühlbert/Zahn*, in: Festschrift Maier-Reimer, 2010, S. 457, 468.

153 Vgl. nur *Otto/Schwarze*, in: Staudinger, BGB, Neubearb. 2009, Vorbem zu §§ 320 – 326 Rn. 34; *Freitag*, in: Staudinger, BGB, Neubearb. 2011, § 488 Rn. 23; *Emmerich*, in: Münchener Kommentar, BGB, 6. Aufl. 2012, Vor § 320 Rn. 17.

154 Vgl. nur BT-Drucks. 14/6040, S. 178 f.

155 *Mülbert*, in: Staudinger, BGB, Neubearb. 2011, § 490 Rn. 7; *K. P. Berger*, in: Münchener Kommentar, BGB, 6. Aufl. 2012, § 490 Rn. 73; *Krämer/Müller*, in: NomosKommentar, BGB, 2. Aufl. 2012, § 490 Rn. 16; a.A. *Freitag*, in: Staudinger, BGB, Neubearb. 2011, § 488 Rn. 162.

156 So auch *Mühlbert*, in: Staudinger, BGB. Neubearb. 2011, § 490 Rn. 224; insoweit dezidiert a.A. *Gsell*, in: Soergel, BGB, 13. Aufl. 2005, § 321 Rn. 15, die auf das Merkmal der Gegenseitigkeit verzichten will.

157 Zur Frage, ob dieser Anspruch gesetzlicher oder vertraglicher Natur ist, vgl. nur *Freitag*, in: Staudinger, BGB. Neubearb. 2011, § 488 Rn. 165.

158 *Chr. Berger*, in: Jauernig, BGB, 15. Aufl. 2014, § 488 Rn. 3; *Schnauder*, WM 2014, 783, 785.

rungsrechts nicht richtig, weil die Verurteilung zur Auszahlung des Darlehens Zug um Zug gegen die Rückzahlung (vgl. § 322 Abs. 1 BGB) keinen Sinn ergibt. Zwar könnte der Darlehensnehmer für seine Verpflichtungen nachträglich Sicherheit leisten (§ 321 Abs. 1 Satz 2, Abs. 2 Satz 1 BGB) und der Darlehensgeber vom Vertrag zurücktreten, wenn die Sicherheit nicht innerhalb der von ihm gesetzten Frist gestellt wird (§ 321 Abs. 2 Satz 2 BGB).[159] Das ändert aber nichts daran, dass die eigentliche Rechtsfolge in § 322 Abs. 1 BGB auf Darlehensverträge nicht passt.[160] Schließlich ist bei Vereinbarung einer bestimmten Laufzeit jede rechtsgeschäftliche Vorsorge durch ein vereinbartes Kündigungsrecht ausgeschlossen (§ 499 Abs. 1 BGB).

Es kann aber nicht richtig sein, dass der Darlehensgeber fristlos kündigen kann und damit das Darlehen entweder gar nicht auszahlen muss bzw. sofort zurückverlangen kann, wenn sich die Vermögenslage des Kreditnehmers nachträglich unverschuldet verschlechtert,[161] es aber auszahlen muss bzw. nicht sofort zurückverlangen kann, wenn er nachträglich von einer entsprechend schlechten Vermögenslage erfährt und ihm der Kreditnehmer davon grob fahrlässig nichts gesagt hat. Dieses Ergebnis widerspricht aber nicht nur der inneren Systematik des deutschen Rechts. Vielmehr ist es – hier entscheidend – mit dem Grundanliegen der Richtlinie, die verantwortungsvolle Kreditvergabe und -aufnahme zu fördern (vgl. auch Art. 45 RL 2014/17/EU), unvereinbar.

Der Widerspruch zwischen den Fällen der nachträglichen Verschlechterung der Vermögenslage des Kreditnehmers und dem fahrlässig verursachten Irrtum über die Vermögenslage lässt sich auflösen, wenn der Kreditgeber den Kreditvertrag nicht allein (!) aus dem Grund kündigen kann, „dass die vor Abschluss des Kreditvertrags vom Verbraucher erhaltenen Angaben unvollständig waren" (Art. 20 Abs. 3 UAbs. 2 RL 2014/17/EU).[162] Dies ist der Fall, wenn die Bonitätsprüfung auch unter Berücksichtigung der weitergehenden Informationen immer

---

Entgegen der Annahme in Fn. 8 ergibt sich aus *Piekenbrock/Ludwig*, WM 2012, 2349, 2351 nichts anderes. Der dortige Vergleich mit § 320 BGB beim Kaufvertrag mag aber zu Missverständnissen Anlass gegeben haben.

159 Für diese Rechtsfolge plädieren *Krämer/Müller*, in: NomosKommentar, BGB, 2. Aufl. 2012, § 490 Rn. 16.

160 *Freitag*, in: Staudinger, BGB. Neubearb. 2011, § 488 Rn. 162 will §§ 320 – 322 BGB daher generell auf den Austausch wechselbezüglicher Einzelleistungen in „spot-Verträgen" beschränken. Zur möglichen Anwendung bei Dauerschuldverhältnissen vgl. *Oetker*, Das Dauerschuldverhältnis und seine Beendigung, 1994, S. 395 f.

161 Zur Irrelevanz des Verschuldens vgl. nur *Mülbert*, in: Staudinger, BGB. Neubearb. 2011, § 490 Rn. 20; *K. P. Berger*, in: Münchener Kommentar, BGB, 6. Aufl. 2012, § 490 Rn. 5.

162 So nunmehr auch § 499 Abs. 3 BGB-RefE und dazu die Begründung, S. 83 (Fn. 2).

noch so positiv ausfällt, „dass es wahrscheinlich ist, dass die Verpflichtungen im Zusammenhang mit dem Kreditvertrag in der gemäß diesem Vertrag vorgeschriebenen Weise erfüllt werden". Wenn sich aber aus diesem Versäumnis des Kreditnehmers ergibt, dass „die Rückzahlung des Darlehens, auch unter Verwertung der Sicherheit, gefährdet wird", dürfen die Mitgliedstaaten es einem Kreditgeber erlauben, einen Kreditvertrag zu beenden.

Dieses Ergebnis kann zum einen durch die Anfechtung nach § 119 Abs. 2 BGB erreicht werden, wenn sich der Kreditgeber über die Bonität geirrt hat. Ein Verschulden auf Seiten des Kreditbewerbers ist dafür nicht erforderlich. Allerdings muss die Anfechtung unverzüglich erfolgen (§ 121 Abs. 1 BGB); hat der Kreditbewerber einen Vertrauensschaden erlitten, muss der Kreditgeber ihn ersetzen (§ 122 Abs. 1 BGB), wenn der Kreditbewerber die Mängel der Bonitätsprüfung weder kannte noch kennen musste (§ 122 Abs. 2 BGB). Hat der Kreditbewerber die mangelhafte Information zu vertreten, kommt der schadensrechtliche Anspruch auf Vertragsaufhebung aus culpa in contrahendo (§§ 311 Abs. 2, 241 Abs. 2, 280 Abs. 1, 249 Abs. 1 BGB) in Betracht. Der BGH geht bekanntlich davon aus, dass § 123 BGB und § 311 Abs. 2 BGB grundsätzlich frei miteinander konkurrieren, weil die Anfechtung die freie Willensentschließung schütze und § 311 Abs. 2 BGB das Vermögen.[163] Liegt ein Vermögensschaden vor, soll daher auch die fahrlässige culpa in contrahendo innerhalb der Regelverjährung (§§ 195, 199 Abs. 1 BGB) die Vertragsaufhebung rechtfertigen, selbst wenn die Täuschungsanfechtung schon aus Zeitgründen ausgeschlossen wäre (§ 124 BGB).

Diese Rechtsprechung ist zu Recht vielfältiger Kritik ausgesetzt.[164] Hier ergibt sie aber auf der Tatbestandsseite ein schlüssiges Bild: Hat der Kreditbewerber die mangelhafte Information nicht zu vertreten und ist die Bonität tatsächlich nicht ausreichend, kann der Kreditgeber unverzüglich anfechten und muss den Vertrauensschaden ersetzen. Hat der Kreditbewerber die mangelhafte Information zu vertreten und ist die Bonität tatsächlich nicht ausreichend, kann der Kreditgeber die Aufhebung des Kreditvertrags verlangen. Der Ersatz des Vertrauensschadens ist hier ausgeschlossen. Hat der Kreditbewerber den Kreditgeber vorsätzlich getäuscht, kann dieser seine Erklärung unabhängig davon anfechten, ob die Bonität tatsächlich nicht ausreichend ist. Dass die Verjährung der culpa in contrahendo mit den Anfechtungsfristen nicht harmoniert, lässt sich durch eine

---

163 Vgl. BGH NJW 1998, 302, 304; BGHZ 167, 239, 251.

164 Vgl. etwa *Grigoleit*, Vorvertragliche Informationshaftung, 1997, S. 157 ff.; *S. Lorenz*, ZIP 1998, 1053 ff.; *Wiedemann*, JZ 1998, 1176 f.; *Schur*, Leistung und Sorgfalt, 2001, S. 315 ff.; *Mertens*, AcP 203 (2003), 818, 846 f.

Analogie zu § 124 BGB lösen. Bei Fahrlässigkeit auf § 121 BGB zurückzugreifen,[165] wäre dagegen nicht angemessen, weil die culpa in contrahendo dann mit der Anfechtung gleichgestellt wird, die auf Seiten des Kreditbewerbers kein Verschulden voraussetzt.

3.3.3 Beratungsdienstleistungen

Neu sind im Vergleich zur zweiten Verbraucherkreditrichtlinie die Regelungen über Beratungsdienstleistungen (Art. 22 RL 2014/17/EU), die bereits dem vertraglichen Bereich zuzuordnen sind.

3.3.3.1 Vertragsschluss

Bei der bekanntermaßen schwierigen Abgrenzung zwischen einem vorvertraglichen Schuldverhältnis und einem Beratungsvertrag hilft die nunmehr obligatorische ausdrückliche Information darüber, „ob Beratungsdienstleistungen für den Verbraucher erbracht werden oder erbracht werden können" (Art. 22 Abs. 1 RL 2014/17/EU).

Wenn Beratungsdienstleistungen angeboten werden, muss das Angebot als essentialia negotii zum einen ausdrücklich den Preis oder ggf. die Methode seiner Berechnung benennen. Die Anwendung des deutschen Dienst- und Werkvertragsrechts, wonach die Vergütung „als stilschweigend vereinbart" gelten kann (§§ 612 Abs. 1, 632 Abs. 1 BGB), scheidet damit aus. Vielmehr ergibt sich aus der Richtlinie (Art. 22 Abs. 2 lit. b RL 2014/17/EU), dass die Dienstleistung „den Umständen nach nicht nur gegen eine Vergütung zu erwarten ist". Auch wenn damit schon bei der Anwendung des BGB ein richtlinienkonformer Zustand erzielt werden kann, fordert das Transparenzgebot, dass hier eine ausdrückliche Norm geschaffen wird.

Von wesentlicher Bedeutung für die Hauptleistungspflicht des Beraters ist die Frage, ob sich die Empfehlung nur auf die eigene Produktpalette bezieht oder auch Angebote Dritter umfasst. Diese Angabe gehört damit ebenfalls zu den essentialia negotii eines Vertrags über Beratungsdienstleistungen (Art. 22 Abs. 2 lit. a RL 2014/17/EU).

---

165 So *Armbrüster*, in: Münchener Kommentar, BGB, 6. Aufl. 2012, § 123 Rn. 91.

3.3.3.2 Vertragsinhalt

Zum Pflichtenprogramm des Beraters gehört zum einen die Anamnese (Art. 22 Abs. 3 lit. a Satz 1 RL 2014/17/EU). Die darauf aufbauende Empfehlung muss bezüglich der Risiken für die Situation des Verbrauchers während der Laufzeit des angebotenen Kreditvertrags realistische Annahmen zugrunde legen (Art. 22 Abs. 3 lit. a S. 2 RL 2014/17/EU). Das heißt, dass der Vertrag von Seiten des Kreditnehmers nicht nur im Idealfall erfüllbar sein darf. Dies entspricht dem Grundanliegen der Richtlinie und dem Inhalt der Bonitätsprüfung.[166] Schließlich muss der Berater eine ausreichende Zahl von Kreditverträgen aus der eigenen Produktpalette bzw. von den am Markt verfügbaren Verträgen einbeziehen (Art. 22 Abs. 3 lit. b, c RL 2014/17/EU). Die konkrete Empfehlung ist wie üblich in Textform zu dokumentieren (Art. 22 Abs. 3 lit. e RL 2014/17/EU). Schließlich können die Mitgliedstaaten vorsehen, dass der Kreditbewerber gewarnt werden muss, wenn ein Kreditvertrag unter Berücksichtigung seiner finanziellen Situation möglicherweise ein spezifisches Risiko für ihn birgt (Art. 22 Abs. 5 RL 2014/17/EU). Diese Vorgaben sollten wegen ihres dienstrechtlichen Charakters in einem neuen Untertitel mit der Bezeichnung „Darlehensberatungsvertrag" im Titel 8 „Dienstvertrag und ähnliche Verträge" geregelt werden.

3.3.4 Kreditvertragsschluss

3.3.4.1 Gesetzliche Form

Beim Vertragsschluss ist zunächst auf die gesetzliche Form mit zahlreichen Pflichtangaben hinzuweisen, die bis zur ersten Verbraucherkreditrichtlinie zurückreicht (Art. 4 Abs. 1 RL 87/102/EWG) und sich selbstverständlich auch in der Wohnimmobilienkreditvertragsrichtlinie findet. Anders als in der zweiten Verbraucherkreditrichtlinie, die nach wie vor die Form des Vertrags regelt (Art. 10 Abs. 1 RL 2008/48/EG), heißt es nunmehr aber lediglich, dass verbindliche Angebote, die der Kreditgeber dem Verbraucher vorlegt, auf Papier oder auf einem anderen dauerhaften Datenträger übermittelt werden (Art. 14 Abs. 3 RL 2014/17/EU). Außerdem ist dem Verbraucher vor Vertragsschluss eine „Ausfertigung des Kreditvertragsentwurfs" auszuhändigen (Art. 14 Abs. 3 RL 2014/17/EU). Diese Bestimmungen lesen sich so, als ob nur die Erklärung des Kreditgebers formbedürftig wäre. Selbst wenn dem so wäre, sollte der deutsche Gesetzgeber an der modifizierten, durch die elektronische Form ersetzbaren Schriftform (§§ 492 Abs. 1, 126 Abs. 3, 126a BGB) nichts ändern.

---

166 S. oben sub 3.3.2.3.(2).

3.3.4.2 Widerrufsrecht und Bedenkzeit

Zu den wesentlichen Neuerungen der zweiten Verbraucherkreditrichtlinie gehört bekanntlich das vierzehntägige Widerrufsrecht des Verbrauchers (Art. 14 RL 2008/48/EG). Bis dahin hatte es im Unionsrecht für die Kreditbranche kein vertragsspezifisches Widerrufsrecht gegeben, sondern nur ein vertriebsspezifisches bei Haustürgeschäften[167] und beim Fernabsatz von Finanzdienstleistungen.[168] Obwohl das Widerrufsrecht für Hypothekarkredite in Deutschland nach der *Heininger*-Entscheidung[169] schon vor zwölf Jahren eingeführt worden ist,[170] wird das damit verfolgte Regelungsanliegen in der Wohnimmobilienkreditvertragsrichtlinie auf unterschiedlichen Wegen verfolgt. Das Anliegen besteht darin, dem Verbraucher mindestens sieben Tage Zeit zu geben, um die Angebote zu vergleichen, ihre Auswirkungen zu bewerten und eine fundierte Entscheidung zu treffen (Art. 14 Abs. 6 UAbs. 1 RL 2014/17/EU). Dies kann durch eine Bedenkzeit oder ein Widerrufsrecht geschehen.

Die Bedenkzeit, innerhalb derer das Angebot für den Kreditgeber verbindlich bleibt und vom Verbraucher jederzeit angenommen werden kann (Art. 14 Abs. 6 UAbs. 3 S. 1 RL 2014/17/EU), ist nichts anderes als eine gesetzlich bestimmte Mindestannahmefrist im Sinne von § 148 BGB. Optional sollen die Mitgliedstaaten dem Verbraucher aber auch die Annahme des Angebots innerhalb einer Bedenkzeit von höchstens zehn Tagen verwehren können (Art. 14 Abs. 6 UAbs. 3 S. 2 RL 2014/17/EU). Ein solcher Schutz des Verbrauchers vor sich selbst geht noch über das frühere deutsche Konzept der schwebenden Unwirksamkeit hinaus, wonach die Willenserklärung des Verbrauchers erst nach Ablauf der Widerrufsfrist

---

167 S. Art. 4 der Richtlinie 85/577/EWG (Fn. 20).

168 S. Art. 6 Abs. 1 der Richtlinie 2002/65/EG des Europäischen Parlaments und des Rates vom 23.9.2002 über den Fernabsatz von Finanzdienstleistungen an Verbraucher und zur Änderung der Richtlinie 90/619/EWG des Rates und der Richtlinien 97/7/EG und 98/27/EG, ABl. EG Nr. L 271, S. 16.

169 EuGH Slg. 2001, I-9945 (*Heininger*).

170 Zuletzt hatte noch § 491 Abs. 3 Nr. 1 BGB 2002 (Fn. 148) die Anwendung von § 495 BGB auf Hypothekarkredite ausgeschlossen. Dieser Anwendungsausschluss wurde durch Art. 25 Nr. 10 lit. a OLGVertrÄndG vom 23.7.2002, BGBl. I, 2850 gestrichen.

wirksam wurde.[171] Er ist mit der Privatautonomie unvereinbar und für Deutschland sicherlich keine Option.[172]

Vielmehr sieht die Wohnimmobilienkreditvertragsrichtlinie – wahlweise alternativ oder kumulativ zur Bedenkzeit in der einen oder anderen Ausgestaltung[173] – ein mindestens einwöchiges Widerrufsrecht vor (Art. 14 Abs. 6 UAbs. 2 RL 2014/17/EU), das nachträglich Bedenkzeit schafft. Hier erinnert die Gesetzgebung weniger an eine „Richtlinie" als an einen Gemischtwarenladen, um eine politische Einigung zu erzielen. Damit genügt § 495 BGB auch in Zukunft den unionsrechtlichen Vorgaben, ist dann für Hypothekarkredite aber kein autonom gesetztes überschießendes Privatrecht mehr. Wird, wie in Deutschland, das vertragsspezifische Widerrufsrecht gewährt, geht es wie schon nach der zweiten Verbraucherkreditrichtlinie (Art. 14 Abs. 5 RL 2008/48/EG) dem vertriebsspezifischen, das sich inzwischen auf den Fernabsatz beschränkt,[174] ausdrücklich vor (Art. 14 Abs. 6 UAbs. 6 RL 2014/17/EU). Das hatte der BGH im Fall *Heininger* auch für Haustürgeschäfte zunächst angenommen.[175] Die Antwort des EuGH ist bekannt.[176] Dieser Vorrang des (unbefristeten)[177] vertragsspezifischen Wider-

---

171 So namentlich § 1b AbzG i.d.F. von Art. 1 Nr. 2 des Gesetzes vom 15.5.1974, BGBl. I, 1169; § 1 HWiG vom 16.1.1986, BGBl. I, 122; § 7 Abs. 1 VerbrKrG 1990; § 5 TzWrG vom 20.12.1996, BGBl. I, 2154. Erst mit der Umsetzung der Fernabsatzrichtlinie hat der deutsche Gesetzgeber auf eine rücktrittsähnliche Ausgestaltung des Widerrufs umgestellt. S. § 361a Abs. 1 S. 1, Abs. 2 BGB i.d.F. von Art. 2 Abs. 1 Nr. 3 des Gesetzes vom 27.6.2000, BGBl. I, 897 und §§ 355, 357 BGB i.d.F. der Bek. vom 2.1.2002, BGBl. I, 42.

172 Soweit § 495d Abs. 3 BGB-RefE in bestimmten Fällen, in denen kein Widerrufsrecht besteht, eine Bedenkzeit vorsieht, soll diese daher zu Recht als Annahmefrist nach § 148 BGB zu verstehen. Vgl. dazu die Begründung, S. 82 (Fn. 2). Damit ist aber nicht zu vereinbaren, dass der Vertrag nach § 495 Abs. 3 S. 2 BGB-RefE erst nach Ablauf der Bedenkzeit soll geschlossen werden können.

173 Das entspricht dem bisherigen französischen System, wonach der Kreditnehmer (*emprunteur*) zum einen ein vierzehntägiges Widerrufsrecht (*droit de rétraction*) hat (Art. L 311-12 C.com.). Zum anderen kann auf den Vertrag innerhalb von sieben Tagen ab der Annahme des Angebots durch den Kreditnehmer keine Zahlung erbracht werden (Art. L 311-14 C.com.).

174 Für Haustürgeschäfte über Finanzdienstleistungen gibt es dagegen keine unionsrechtlichen Vorgaben mehr. S. Art. 3 Abs. 3 lit. d RL 2011/83/EU (Fn. 83), der Finanzdienstleistungen vom Anwendungsbereich dieser Richtlinie ausschließt. Die Richtlinie 85/577/EWG (Fn. 20), die auch Finanzdienstleistungen erfasst hat, ist dagegen durch Art. 31 RL 2011/83/EU aufgehoben worden.

175 BGH NJW 2000, 521, 523.

176 EuGH Slg. 2001, I-9945 in Rn. 25 ff. (*Heininger*).

177 Dabei erscheint es als Ironie der Geschichte, dass das vertriebsspezifische Widerrufsrecht nunmehr – in Anschluss an Art. 10 Abs. 1 RL 2011/83/EU (Fn. 83) – auf ein Jahr und vierzehn Tage befristet ist (§ 356 Abs. 3 S. 2 BGB). Da Art. 14 Abs. 1 RL 2008/48/EG kein solche Höchstfrist kennt, muss das vertragsspezifische Widerrufsrecht dagegen – anders als nach § 7 Abs. 2 S. 3

rufsrechts ist jetzt in § 312g Abs. 3 BGB[178] enthalten. Auch hier besteht daher kein Umsetzungsbedarf.

Schließlich kann es aus unionsrechtlicher Sicht auch bei der besonders verbraucherfreundlichen Regelung bleiben, dass der Darlehensnehmer für die Zeit bis zum Widerruf statt des vereinbarten Sollzinses nur den Wert des Gebrauchsvorteils erstatten muss (§ 357a Abs. 3 S. 2, 3 BGB[179]). Der Anwendungsbereich dieser ursprünglich in § 346 Abs. 2 S. 2 Hs. 2 BGB 2002[180] verankerte Regelung ist im Zuge der Umsetzung der zweiten Verbraucherkreditrichtlinie bekanntlich auf durch Grundpfandrecht gesicherte Darlehen beschränkt worden (§ 495 Abs. 2 Nr. 3 BGB 2010[181]), weil die Richtlinie die Zinszahlung auf der Basis des vereinbarten Sollzinses vorsieht (Art. 14 Abs. 3 lit. b S. 2 RL 2008/48/EG) und keine für den Verbraucher günstigere Regelung zulässt (Art. 22 Abs. 1 RL 2008/48/EG).[182] Die Wohnimmobilienkreditvertragsrichtlinie enthält dagegen keine Vorgaben zu den Rechtsfolgen des Widerrufs (Art. 14 Abs. 6 RL 2014/17/EU) und hat im Wesentlichen nur Mindestschutzcharakter (Art. 2 Abs. 1 RL 2014/17/EU). Umsetzungsbedarf besteht daher insoweit nicht.

3.3.5 Rechte und Pflichten aus dem Darlehensvertrag

3.3.5.1 Vorzeitige Rückzahlung

Zum Kern der vertragsrechtlichen Regelungen gehört seit 1987 das Recht des Verbrauchers auf vorzeitige Rückzahlung (Art. 8 RL 87/102/EWG), das sich auch in der zweiten Verbraucherkreditrichtlinie (Art. 16 RL 2008/48/EG) und der Wohnimmobilienkreditvertragsrichtlinie (Art. 25 RL 2014/17/EU) findet. Die unionsrechtlichen Vorgaben zu den Modalitäten unterscheiden sich aber wesentlich. Ursprünglich sollte der Verbraucher „gemäß den von den Mitgliedstaaten festge-

---

VerbrKrG 1990 – unbefristet sein. Dasselbe gilt für das vertriebsspezifische Widerrufsrecht für Finanzdienstleistungen (§ 356 Abs. 3 S. 3 BGB), weil Art. 6 Abs. 1 RL 2002/65/EG (Fn. 167) keine Höchstfrist kennt. Dagegen enthält Art. 14 Abs. 6 UAbs. 6 RL 2014/17/EU keinerlei Vorgaben zu den Rechtsfolgen einer fehlerhaften Widerrufsbelehrung. Angesichts des Mindestschutzcharakters der Wohnimmobilienkreditrichtlinie bestehen gegen das unbefristete Widerrufsrecht keine Bedenken.

178 I.d.F. von Art. 1 Nr. 6 des Gesetzes vom 20.9.2013 (Fn. 82).

179 I.d.F. von Art. 1 Nr. 10 des Gesetzes vom 20.9.2013 (Fn. 82).

180 I.d.F. von Art. 25 Nr. 5 lit. b OLGVertrÄndG (Fn. 169).

181 I.d.F. von Art. 1 Nr. 25 lit. a des Gesetzes vom 29.7.2009, BGBl. I, 2355, nach Art. 11 Abs. 1 in Kraft getreten am 11.6.2010.

182 Vgl. BT-Drucks. 16/11643, S. 83 f.

legten Regelungen eine angemessene Ermäßigung der Gesamtkosten des Kredits verlangen“ können (Art. 8 Satz 2 RL 87/102/EWG). Die zweite Verbraucherkreditrichtlinie billigt dem Verbraucher grundsätzlich ein Recht auf Ermäßigung der Gesamtkosten des Kredits zu, „die sich nach den Zinsen und den Kosten für die verbleibende Laufzeit des Vertrags richtet“ (Art. 16 Abs. 1 Satz 2 RL 2008/48/EG). Nur wenn ein fester Sollzinssatz vereinbart ist, kann der Kreditgeber eine angemessene Entschädigung für die unmittelbar mit der vorzeitigen Rückzahlung des Kredits zusammenhängenden Kosten von je nach Restlaufzeit 0,5 % bis 1 % des vorzeitig zurückgezahlten Betrags verlangen (Art. 16 Abs. 2 RL 2008/48/EG).

Die Wohnimmobilienkreditvertragsrichtlinie schränkt bereits das Recht auf vorzeitige Rückzahlung ein. Soll sie in einem Zeitraum erfolgen, für den ein fester Sollzinssatz vereinbart wurde, können die Mitgliedstaaten das Rückzahlungsrecht von einem berechtigten Interesse des Verbrauchers abhängig machen (Art. 25 Abs. 5 RL 2014/17/EU). Auch in den übrigen Fällen können sie die Ausübung an bestimmte Bedingungen knüpfen (Art. 25 Abs. 2 RL 2014/17/EU). Auf der Rechtsfolgenseite basiert auch die Wohnimmobilienkreditvertragsrichtlinie auf dem Grundsatz der laufzeitabhängigen Ermäßigung der Gesamtkosten (Art. 25 Abs. 1 Satz 2 RL 2014/17/EU). Insgesamt fällt die Regelung aus Sicht der Kreditgeber aber deutlich gemäßigter aus, weil die Vorfälligkeitsentschädigung nicht zwingend der Höhe nach und auf Zeiten der Sollzinsbindung begrenzt ist. Die Mitgliedstaaten können die Entschädigung aber auf einen bestimmten Umfang oder eine bestimmte Zeitspanne begrenzen (Art. 25 Abs. 3 RL 2014/17/EU). Hier wird sich zeigen müssen, ob Forderungen der Verbraucherschützer, die die in Niedrigzinsphasen besonders gravierende Vorfälligkeitsentschädigung „auf höchstens fünf Prozent des vorzeitig zurückgezahlten Kredits“ gedeckelt sehen wollen,[183] im politischen Diskurs Gehör finden werden.[184]

Geringer Umsetzungsbedarf besteht dagegen bei der vorzeitigen Rückzahlung, da § 503 Abs. 1 Satz 1 BGB die Anwendung von §§ 500, 502 BGB gegenwärtig für die dort definierten Immobiliendarlehensverträge ausschließt. Davon erfasst sind auch solche Verträge, die zwingend der Wohnimmobilienkreditvertragsrichtlinie unterliegen. Allerdings sieht § 490 Abs. 2 BGB im Anschluss an

183 So Verbraucherzentrale Bundesverband, Kostenfalle Immobilienkredit vom 7.7.2014, abrufbar unter < www.vzbv.de/13600.htm >.

184 § 502 Abs. 3 BGB-RefE beschränkt die Deckelung der Vorfälligkeitsentschädigung auf „Allgemein-Verbraucherdarlehensverträge“(§ 491 Abs. 2 BGB-RefE). Vgl. dazu die Begründung S. 85 ff. (Fn. 2).

die Rechtsprechung des BGH[185] für Hypothekenkredite mit Sollzinsbindung[186] schon seit der Schuldrechtsreform ein außerordentliches Kündigungsrecht gegen Vorfälligkeitsentschädigung vor, wenn der Darlehensnehmer ein Bedürfnis nach einer anderweitigen Verwertung der zur Sicherung des Darlehens beliehenen Sache hat. Diese Regelung genügt nicht ganz den Anforderungen von Art. 25 Abs. 5 RL 2014/17/EU, weil eine Teilkündigung nicht vorgesehen ist und § 490 Abs. 2 BGB keine Immobilienerwerbs- oder -erhaltungsdarlehen ohne Grundpfandrecht erfasst.[187] Die Anwendung von § 502 BGB muss dagegen weiterhin ausgeschlossen bleiben, weil die Vorfälligkeitsentschädigung dort auf Verträge mit Sollzinsbindung beschränkt und der Höhe nach gedeckelt ist.

3.3.5.2 Fremdwährungskredite

Neu sind in der Wohnimmobilienkreditrichtlinie die speziellen Vorgaben für Fremdwährungskredite.[188] Danach soll der Kreditnehmer entweder das Recht erhalten, unter bestimmten Bedingungen den Kreditvertrag zum aktuelle Wechselkurs auf eine alternative Währung umzustellen, oder es sollen andere Vorkehrungen getroffen werden, um das für den Verbraucher im Rahmen des Kreditvertrags bestehende Wechselkursrisiko zu begrenzen (Art. 23 Abs. 1, 3 RL 2014/17/EU). Darüber hinaus müssen die Kreditnehmer bei Währungsschwankungen von 20 % gewarnt und auf ihre Rechte hingewiesen werden (Art. 23 Abs. 4 RL 2014/17/EU). Dass die alternative Währung auch die Währung des Mitgliedstaats sein kann, in welchem der Verbraucher seinen Wohnsitz hat oder in welchem er bei Abschluss des Kreditvertrags seinen Wohnsitz hatte (Art. 23 Abs. 2 lit. b RL 2014/17/EU), wird die grenzüberschreitende Hypothekarkreditvergabe außerhalb der Eurozone kaum beflügeln. Darüber hinaus ergeben sich für die Bank schwer kalkulierbare Risiken, wenn sie sich in der Fremdwährung refinanziert oder das

---

185 Vgl. BGHZ 136, 161, 164 ff. Danach bestand allerdings kein einseitiges außerordentliches Kündigungsrecht, sondern ein Anspruch auf Einwilligung in die Vertragsauflösung gegen Vorfälligkeitsentschädigung.

186 Die Änderung des Textes durch Art. 1 Nr. 18 lit. b des Gesetzes vom 29.7.2009, BGBl. I, 2355, durch die die Wörter „für einen bestimmten Zeitraum ein fester Zinssatz vereinbart“ durch die Wörter „der Sollzinssatz gebunden“ ersetzt wurden, war rein redaktioneller Natur und der Anpassung an den Sprachgebrauch der zweiten Verbraucherkreditrichtlinie geschuldet. Vgl. BT-Drucks. 16/11643, S. 74.

187 § 500 Abs. 2 S. 2 BGB-RefE sieht dementsprechend für alle „Immobiliar-Verbraucherdarlehensverträge“ (vgl. § 491 Abs. 3 BGB-RefE) ein Recht auf vollständige oder teilweise vorzeitige Erfüllung vor, „wenn hierfür ein berechtigtes Interesse des Darlehensnehmers besteht.“

188 Vgl. dazu aus AGB-rechtlicher Sicht jüngst EuGH NJW 2014, 2335 (*Kásler*).

Fremdwährungsrisiko durch einen Währungsswapvertrag ausgleicht. Damit dürfte das Angebot an Fremdwährungskrediten sicherlich nicht steigen.

Diese neuen Vorgaben sind im BGB im Kontext des Verbraucherdarlehensrechts umzusetzen. Da § 244 BGB dafür nicht genügt und die Regelungen zur Umstellung auf eine alternative Währung keinen Vorbildcharakter für das gesamte Schuldrecht haben können, ist die Ergänzung der Regelungen zu Fremdwährungsverbindlichkeiten dagegen nicht zu empfehlen. Die Hinweise auf die Währungsschwankungen sollten in § 493 BGB aufgenommen werden.

3.3.5.3 Kreditverträge mit variablem Zinssatz

Schließlich enthält die Wohnimmobilienkreditrichtlinie noch wenige Vorgaben für Kreditverträge mit variablem Zinssatz. Zum einen müssen die Indizes oder Referenzzinssätze, die zur Berechnung des Sollzinssatzes herangezogen werden, klar, verfügbar, objektiv und von den Vertragsparteien des Kreditvertrages und den zuständigen Behörden überprüfbar sein (Art. 24 lit. a RL 2014/17/EU). Zum anderen müssen die entsprechenden Aufzeichnungen aufbewahrt werden (Art. 24 lit. b RL 2014/17/EU). Das ist bei den üblichen Referenzzinssätzen wie Libor oder Euribor nicht weiter spektakulär, muss aber im Kapitel über die Verbraucherdarlehensverträge geregelt werden.

3.3.5.4 Forderungsabtretung

Im Gegensatz zu beiden Verbraucherkreditrichtlinien (Art. 9 RL 87/102/EWG; Art. 17 der RL 2008/48/EG) enthält die Wohnimmobilienkreditvertragsrichtlinie keine Vorgaben zu den Rechten des Verbrauchers im Falle der Forderungsabtretung. Das heißt, es ist unionsrechtlich nicht zwingend erforderlich, dass der Verbraucher dem neuen Gläubiger gegenüber alle Einreden geltend machen kann, die ihm gegen den ursprünglichen Kreditgeber zustanden. Damit können dingliche Einreden (§§ 1157, 1192 Abs. 1 BGB) oder – bei der Hypothek – die dingliche Wirkung schuldrechtlicher Einreden (§§ 1137, 1138 BGB) im Zessionsfall nach wie vor kraft des öffentlichen Glaubens des Grundbuchs (§ 892 BGB) verloren gehen. § 1192 Abs. 1a BGB bleibt damit selbst im B2C-Bereich autonom gesetztes überschießendes Privatrecht. Der Vorschlag, statt einer Sicherungsgrundschuld eine „abstrakte Verkehrshypothek“ zu bestellen, die ein abstraktes Schuldanerkenntnis (§ 781 BGB) besichert,[189] wird daher durch die Wohnimmobilienkreditvertragsrichtlinie nicht in Frage gestellt.

189 Zur Eintragungsfähigkeit vgl. jüngst OLG Köln DNotZ 2013, 768, 769 f. m.w.N. Vgl. ergänzend

3.3.5.5 Verbundene Verträge

Die Wohnimmobilienkreditvertragsrichtlinie enthält im Gegensatz zu beiden Verbraucherkreditrichtlinien (Art. 11 RL 87/102/EWG; Art. 15 RL 2008/48/EG) auch keine Vorgaben zu verbundenen Verträgen. Das bedeutet, dass es sich auch bei §§ 358 Abs. 3 Satz 3, 359 BGB weiterhin um autonom gesetztes überschießendes Privatrecht handelt. Schon wegen des Mindestschutzcharakters der Wohnimmobilienkreditvertragsrichtlinie ist dieser zusätzliche Verbraucherschutz unionsrechtlich unbedenklich, da eine unzulässige Einwirkung auf die Marktgrundfreiheiten nicht zu erwarten ist.

3.3.6 Durchsetzung der privaten Rechte

3.3.6.1 Zahlungsausfall und Zwangsvollstreckung

Bei der Durchsetzung der privaten Rechte des Kreditgebers stellt sich für Hypothekarkredite als erstes die Frage nach dem Schicksal des Grundpfandrechts. Dazu macht die Wohnimmobilienkreditvertragsrichtlinie nur zwei wachsweiche Vorgaben: Zum einen sollen die Kreditgeber darin bestärkt werden, angemessene Nachsicht walten zu lassen, bevor Zwangsvollstreckungsverfahren eingeleitet werden (Art. 28 Abs. 1 RL 2014/17/EU). Dafür dürften die Möglichkeiten, das Zwangsversteigerungsverfahren auf Antrag des Gläubigers oder des Schuldners einstweilen einzustellen (§§ 30, 30a ZVG), genügen.

Zum anderen sollen Verfahren und Maßnahmen dafür bestehen, „dass für die Immobilie, die Gegenstand der Zwangsvollstreckung ist, der bestmögliche Preis erzielt wird“, wenn dieser den vom Verbraucher geschuldeten Betrag beeinflusst (Art. 28 Abs. 5 UAbs. 1 RL 2014/17/EU). Dafür dürften das relative und das absolute Mindestgebot in der Zwangsversteigerung (§§ 74a, 85a ZVG) genügen. Auf der schuldrechtlichen Ebene können die Mitgliedstaaten dem Kreditgeber beim Zahlungsausfall des Kreditnehmers entweder bloße Schadensersatzansprüche oder darüber hinausgehende „Gebührenansprüche“ zubilligen (Art. 28 Abs. 2, 3 RL 2014/17/EU). Auch hier erinnert die Gesetzgebung weniger an eine

---

etwa *Heinze*, AcP 211 (2011), 105, 111 ff., 117 ff.; *Piekenbrock*, ZZP 125 (2012), 171, 196; *Wolfsteiner*, in: Staudinger, BGB, Neubearb. 2009, § 1113 Rn. 28. Diese Besicherung eines abstrakten Schuldanerkenntnisses durch eine Verkehrshypothek war bereits der Ersten Kommission bekannt. S. *Jakobs/Schubert*, Beratungen des BGB, Sachenrecht II, 1991, S. 411. In der Praxis findet sich die Fallgestaltung erstmals in RGZ 83, 301, auch wenn dort eine Sicherungshypothek bestand, so dass § 1138 BGB durch § 1185 Abs. 2 BGB ausgeschlossen war.

„Richtlinie" als an einen Gemischtwarenladen. Umsetzungsbedarf besteht hier nicht.

Dass die Parteien nicht an einer Einigung gehindert werden, die darin besteht, „dass die Rückgabe oder Übertragung der Sicherheit oder des Erlöses aus der Verwertung der Sicherheit als für die Tilgung des Kredits ausreichend angesehen wird" (Art. 28 Abs. 4 RL 2014/17/EU), ist für eine der Privatautonomie verpflichtete Privatrechtsordnung selbstverständlich. Darüber hinaus soll dem Verbraucher die Rückzahlung erleichtert werden, wenn nach Abschluss des Zwangsvollstreckungsverfahrens offene Verbindlichkeiten verbleiben (Art. 28 Abs. 5 UAbs. 1 RL 2014/17/EU). Was damit gemeint ist, bleibt im Dunkeln. Sicher ist nur, dass die Mitgliedstaaten nicht gezwungen werden, den Realkredit dem Pfandleihgeschäft anzugleichen (§ 5 Abs. 1 Nr. 2 PfandlV) und die Haftung des Darlehensnehmers auf das Grundstück zu beschränken (vgl. § 491 Abs. 2 Nr. 2 BGB).

Im Übrigen kann die Tilgungsfiktion in § 114a ZVG einen Beitrag dazu leisten, dass nach Abschluss des Zwangsvollstreckungsverfahrens weniger Verbindlichkeiten offen bleiben. Darüber hinaus bestehen für die Vollstreckung der Restforderung in das sonstige Vermögen des Darlehensnehmers die Regelungen über die gütliche Einigung und den Vollstreckungsaufschub bei Zahlungsvereinbarungen (§ 802b ZPO). Schließlich bleibt das Insolvenzverfahren mit Restschuldbefreiung (§§ 1 Satz 2, 286 ff. InsO), die bald schon in drei Jahren zu erlangen ist (§ 300 Abs. 1 Satz 2 Nr. 2 InsO[190]). Das entspricht der Frist, die die Kommission für die Unternehmerinsolvenz empfohlen hat.[191] Mehr ist hier nicht zu veranlassen.

3.3.6.2 Außergerichtliche Streitbeilegung

Zu den obligatorischen Inhalten einer heutigen Verbraucherschutzrichtlinie gehören schließlich die Vorgaben zur außergerichtlichen Streitschlichtung (Art. 39 RL 2014/17/EU). Die unionsrechtlichen Aktivitäten auf diesem Gebiet reichen zurück bis zur Empfehlung der Kommission zur Transparenz der Bankkonditionen bei grenzüberschreitenden Finanztransaktionen von 1990.[192] Ver-

190 I.d.F. von Art. 1 Nr. 30 des Gesetzes vom 15.7.2013, BGBl. I, 2379, die nach Art. 9 am 1.7.2014 in Kraft getreten ist.

191 S. Nr. 30 der Empfehlung der Kommission vom 12.3.2014 für einen neuen Ansatz im Umgang mit unternehmerischem Scheitern und Unternehmensinsolvenzen, C(2014), 1500 final, ABl. EU Nr. L 74, S. 65.

192 S. den Sechsten Grundsatz, Nr. 2 im Anhang zur der Empfehlung 90/109/EWG vom 14.2.1990, ABl. EG Nr. L 67, S. 39, 41. Danach sollten sich Kunden, deren Beschwerden nicht abgeholfen wurde, „an eine Stelle der Mitgliedstaaten wenden [können], die Kundenreklamationen entgegennehmen."

bindlich vorgeschrieben worden ist die Einrichtung von Schlichtungsstellen erstmals in der Überweisungsrichtlinie.[193] Die Umsetzung erfolgte zunächst in § 29 AGBG[194] und ab 2002 in § 14 Abs. 1 UKlaG[195]. Der Anwendungsbereich dieser Regelung wurde sukzessive auf Finanzdienstleistungen im Fernabsatz,[196] Zahlungsdienste,[197] Verbraucherdarlehen und sonstige Finanzierungshilfen erweitert.[198] Daneben traten die unionsrechtlich vorgegebenen Regelungen zur Schlichtung im Versicherungs-[199] und im Investmentbereich.[200]

Da die Vorgaben in der Wohnimmobilienkreditrichtlinie im Wesentlichen denen in der zweiten Verbraucherkreditrichtlinie (Art. 24 RL 2008/48/EG) entsprechen und § 14 Abs. 1 UKlaG schon heute auch Immobiliendarlehensverträge erfasst, besteht hier prima facie kein Umsetzungsbedarf. Auch die Zusammenarbeit mit ausländischen Stellen zur außergerichtlichen Streitbeilegung ist bereits ausdrücklich geregelt (§ 6a SchlichtVerfV). Umsetzungsbedarf besteht hier vielmehr durch die sogenannte ADR-Richtlinie[201], auf die hier nicht näher eingegangen werden kann. Erwähnt sei nur, dass sich an der überkommenen sektoriellen Struktur der Schlichtungsstellen unter Mitwirkung privater Organisationen wie dem Bundesverband deutscher Banken (§ 7 Abs. 1 Nr. 1 SchlichtVerfV) nichts ändern muss.

---

193 S. Art. 10 der Richtlinie 97/5/EG des Europäischen Parlaments und des Rates vom 27.1.1997 über grenzüberschreitende Überweisungen, ABl. EG Nr. L 43, S. 25.

194 I.d.F. von Art. 2 Abs. 2 Nr. 4 ÜG vom 21.7.1999, BGBl. I, 1642.

195 I.d.F. von Art. 3 des Gesetzes vom 26.11.2001, BGBl. I, 3138.

196 S. dazu Art. 14 RL 2002/65/EG (Fn. 167). Die Umsetzung erfolgte durch § 14 Abs. 1 Nr. 2 UKlaG i.d.F. von Art. 4 Nr. 1 des Gesetzes vom 2.12.2004, BGBl. I, 3102.

197 S. § 14 Abs. 1 UKlaG i.d.F. von Art. 3 Nr. 5 lit. b des Gesetzes vom 29.7.2009, BGBl. I, 2355, nach Art. 11 Abs. 2 Satz 1 in Kraft getreten am 31.10.2009.

198 S. § 14 Abs. 1 UKlaG i.d.F. von Art. 3 Nr. 5 lit. c des Gesetzes vom 29.7.2009, BGBl. I, 2355, nach Art. 11 Abs. 1 in Kraft getreten am 11.6.2010. Vgl. dazu BT-Drucks. 16/11643, S. 139.

199 S. zunächst für Verbraucherstreitigkeiten bei Fernabsatzverträgen über Versicherungen § 48e VVG i.d.F. von Art. 6 Nr. 3 des Gesetzes vom 2.12.2004, BGBl. I, 3102. Diese Beschränkung ist in § 214 VVG entfallen. Vgl. BT-Drucks. 16/3945, S. 117.

200 S. Art. 100 der Richtlinie 2009/65/EG des Europäischen Parlaments und des Rates vom 13.7.2009 zur Koordinierung der Rechts- und Verwaltungsvorschriften betreffend bestimmte Organismen für gemeinsame Anlagen in Wertpapieren (OGAW) (Neufassung), ABl. EU Nr. 302, S. 32 und dazu zunächst § 139c InvG i.d.F. von Art. 1 Nr. 93 OGAW-IV-UmsG vom 22.6.2011, BGBl. I, 1126 sowie heute § 342 KAGB.

201 Richtlinie 2013/11/EU des Europäischen Parlaments und des Rates vom 21.5.2013 über alternative Streitbeilegung in Verbraucherangelegenheiten, ABl. EU Nr. L 165, S. 63.

4 Fazit

Von einer Wohnimmobilienkreditvertragsrichtlinie, die auf die Binnenmarktkompetenz (Art. 114 AEUV) gestützt worden ist, erwartet man im Jahre 2014 einen Impuls für die Belebung des Binnenmarkts für Hypothekarkredite, den es bisher faktisch nicht gibt.[202] Diese Erwartung wird weitestgehend enttäuscht.[203] Die Richtlinie erweist sich als Sammelsurium disparater Regelungen und mitgliedstaatlicher Optionen nach dem Vorbild eines Gemischtwarenladens. Positiv hervorzuheben ist hier nur die Vollharmonisierung beim effektiven Jahreszins und bei den vorvertraglichen Informationen. Soweit die Wohnimmobilienkreditvertragsrichtlinie weiter geht als die zweite Verbraucherkreditrichtlinie, wird sie bei der Umsetzung einen Sogeffekt erzeugen. Dadurch werden die neuen Vorgaben zur Wahrung der Binnensystematik auch für andere Verbraucherdarlehen Bedeutung erlangen. Dies gilt namentlich für die Bonitätsprüfung. Soweit die Wohnimmobilienkreditvertragsrichtlinie weniger weiter geht, sollten die bisherigen Sonderregelungen für Immobiliendarlehensverträge dagegen soweit wie möglich beibehalten werden. Das gilt namentlich für die vorzeitige Rückzahlung gegen Vorfälligkeitsentschädigung.

Wer die wirklichen Probleme des Binnenmarkts für Hypothekarkredite, der wie der grenzüberschreitende Verbraucherkreditmarkt insgesamt bis heute nur schwach ausgeprägt ist,[204] angehen will, muss anders ansetzen. Zwar lässt etwa das deutsche Pfandbriefrecht die Beleihung von Grundstücken in anderen Mitgliedstaaten schon lange zu.[205] Gleichwohl ist es bei den geringen Zinsmargen im Hypothekarkreditbereich nicht lukrativ, sich mit der Ausgestaltung des Immobiliarsachenrechts und des Zwangsvollstreckungsrechts in einem anderen Mitgliedstaat vertraut zu machen. Wer hier andere Teile des Binnenmarktes für sich erschließen will, wird das über Tochterinstitute vor Ort tun. Um grenzüberschreitende unmittelbare Marktaktivitäten zu fördern, muss endlich die Euro-

---

202 So geht *Schäfer*, VuR 2014, 207, 211 davon aus, dass der Anteil grenzüberschreitender Geschäfte im ange-sprochenen Marktsegment gegenwärtig bei 1 % liegt.

203 So auch das Fazit von *König*, WM 2013, 1688, 1689.

204 Zum grenzüberschreitenden Verbraucherkreditgeschäft vgl. die ernüchternden Feststellungen im Bericht der Kommission über die Umsetzung der zweiten Verbraucherkreditrichtlinie 2008/48/EG vom 14.5.2014, COM(2014) 259 final, Nr. 6.4, S. 18 f.

205 S. zunächst § 5 Abs. 1 Nr. 2a HypBG i.d.F. von Art. 1 Nr. 1 lit. b des Gesetzes vom 8.6.1988, BGBl. I, 710 und später § 5 Abs. 1 Nr. 2, 2a i.d.F. von Art. 2 Nr. 3 lit. a, bb und cc des Gesetzes 13.12.1990, BGBl. I, 2749.

hypothek[206] eingeführt werden.[207] Auch nach knapp fünfzig Jahren ist die entsprechende Schlussfolgerung des *Segré*-Berichts von 1966 immer noch aktuell: „Eine Angleichung oder Harmonisierung der in den einzelnen Mitgliedstaaten geltenden Rechtsvorschriften über die Grundpfandrechte sollte als eine vorrangige Aufgabe angesehen werden.“[208]

206 Vgl. dazu insbesondere *Stöcker*, Die „Eurohypothek“, 1992, S. 216 ff.; *Wehrens*, WM 1992, 557 ff.; *Stadler*, Gestaltungsfreiheit und Verkehrsschutz durch Abstraktion, 1996, S. 615 ff.; *Wolfsteiner/Stöcker*, ZBB 1998, 264 ff.; *Wachter*, WM 1999, 49 ff.; *Müller*, Systemwettbewerb, Harmonisierung und Wettbewerbsverzerrung, 2000, S. 295 f.; *Kiesgen*, Ein Binnenmarkt für den Hypothekarkredit, 2004, S. 38 ff.; *Kircher*, Grundpfandrechte in Europa, 2004 S. 402 ff.; *Scherber*, Europäische Grundpfandrechte in der nationalen und internationalen Insolvenz im Rechtsvergleich, 2004, S. 158 ff.; *Stöcker/Köndgen*, ZBB 2005, 112 ff.; *Stöcker*, WM 2006, 1941 ff.; *ders.*, Jahresheft der Internationalen Juristenvereinigung Osnabrück 2007, S. 61 ff.; *Nasarre-Aznar*, Eurohypothec & Eurotrust, 2008, S. 1 ff.; *Josipović*, in: Basedow/Remien/Wenckstern (Hrsg.), Europäisches Kreditsicherungsrecht, 2010, S. 71 ff.

207 Auf diesen Aspekt weist auch *Schürnbrand*, ZBB 2014, 168, 171 zutreffend hin.

208 EWG- Kommission (Hrsg.), Der Aufbau eines Europäischen Kapitalmarkts: Bericht einer von der EWG-Kommission eingesetzten Sachverständigengruppe, 1966, Kapitel 8, Nr. 14.1, S. 177.

Prof. Dr. Markus Artz, Universität Bielefeld

Neues Verbraucherkreditrecht

1 Unionsrechtlicher Hintergrund und gesetzgeberische Entscheidungen

Das aktuelle deutsche Verbraucherkreditrecht ist vor allem geprägt durch das Gesetz zur Umsetzung der Verbraucherkreditrichtlinie II zum 11.6.2010. Es folgte ein sog. Reparaturgesetz, durch das am 30.7.2010 gemeinschaftsrechtlich insuffiziente Regelungen korrigiert wurden. Mit der Umsetzung der neuen Richtlinie über Rechte der Verbraucher, sog. Verbraucherrechterichtlinie, kam es mit Wirkung zum 13.6.2014 wiederum zu Änderungen der Rechtslage im Verbraucherkreditrecht. In erster Linie betrifft diese Gesetzesreform allerdings das Recht der Besonderen Vertriebsformen, also Fernabsatzverträge und Haustürgeschäfte. Das Verbraucherkreditrecht hat Veränderungen aber dadurch erfahren, dass das Reglement zu den Voraussetzungen und der Ausübung des verbraucherprivatrechtlichen Widerrufsrechts sowie den Rechtsfolgen des Widerrufs grundlegend neu geregelt wurde. Hier schlagen die Änderungen des Gesetzes unmittelbar durch auf das Kreditrecht. Der vorliegende Beitrag stellt die neuen Vorschriften zum Widerrufsrecht in Bezug auf das Verbraucherkreditrecht vor[1].

2 Grundlagen der Neuregelung des verbraucherkreditrechtlichen Widerrufsrechts

Als Grundnorm des Widerrufsrechts bleibt § 495 BGB bestehen. Hier wird dem Verbraucher das Widerrufsrecht eingeräumt. § 495 Abs. 1 BGB regelt allerdings nur noch die Einräumung des Widerrufsrechts. Besonderheiten der Ausübung, Fristen und ähnliches finden sich nun zu allen Widerrufsrechten des Privatrechts im Allgemeinen Schuldrecht, dort in den §§ 355 ff. BGB. Hinsichtlich Finanzierungshilfen bleibt es bei dem Verweis in § 506 Abs. 1 BGB auf § 495 BGB. § 510 Abs. 3 BGB sieht nun ein eigenes Widerrufsrecht für Ratenlieferungsverträge vor. Ergänzt wird die Vorschrift durch §§ 356c und 357c BGB.

Das Konkurrenzverhältnis zum Widerrufsrecht bei Fernabsatzverträgen oder Haustürgeschäften findet eine Regelung in § 312 g BGB, wo in Abs. 3 bestimmt ist, dass die verbraucherkreditrechtlichen Regelungen Vorrang genießen.

3 Das Widerrufsrecht im Einzelnen

3.1 Die Widerrufserklärung

Im Allgemeinen Schuldrecht findet sich in § 355 BGB weiterhin die grundlegende Norm zum verbraucherprivatrechtlichen Widerrufsrecht, die in Abs. 1 auch regelt, in welcher Art und Weise der Widerruf ausgeübt werden kann. Nach neuem Recht

---

1 Grundlage der Ausführungen sind Arbeiten an der 8. Auflage der Kommentierung zum Verbraucherkreditrecht, *Bülow/Artz*, 2014. Eine eingehende Darstellung der einschlägigen Neuregelungen ist dort zu finden unter § 495 BGB. Siehe nun auch *Bülow/Artz*, Verbraucherprivatrecht, 4. Auflage 2014, Rn. 113 ff. und 294 ff.

besteht die Möglichkeit des formlosen, d.h. auch mündlichen Widerrufs der Willenserklärung. Man mag in Frage stellen, ob Verbrauchern mit dem Wegfall des Textformerfordernisses ein Gefallen getan wurde, da es nun an ihnen liegt, im Nachhinein den Beweis dafür zu erbringen, rechtzeitig mündlich die Willenserklärung widerrufen zu haben. Allerdings bedarf es nach dem Gesetz der eindeutigen Erklärung, was so zu verstehen ist, dass unter Anwendung der allgemeinen Auslegungsgrundsätze der Erklärung eindeutig der Erklärungsgehalt des Widerrufs zu entnehmen sein muss. Weiterhin bedarf es keiner Begründung des Widerrufs durch den Verbraucher. Die schlichte Erklärung des Widerrufs durch Rücksendung der Ware genügt nach neuem Recht hingegen nicht mehr. In Betracht kam nach bisherigem Recht eine solche Widerrufserklärung vor allem bei der Einräumung einer sonstigen Finanzierungshilfe, etwa bei einem Abzahlungskauf. Hier hat der Verbraucher die Erklärung des Widerrufs nun der Ware beizulegen.

Das „Rückgaberecht" (§ 508 Abs. 1 BGB a.F.) gibt es nach neuem Recht nicht mehr.

Weiterhin genügt die rechtzeitige Absendung des Widerrufs zur Wahrung der Frist. Freilich ist gleichwohl der Zugang der Erklärung beim Vertragspartner Wirksamkeitsvoraussetzung für den Widerruf. Es handelt sich um eine empfangsbedürftige Willenserklärung. Hingegen ist der wirksame Vertragsschluss nicht Voraussetzung für die Widerruflichkeit der Willenserklärung. Der Verbraucher kann auch vor Vertragsschluss, also unabhängig von der Annahme durch den Unternehmer, die bereits abgegebene Willenserklärung widerrufen. Der Zeitpunkt des Vertragsschlusses hat nur Relevanz für das Ingangsetzen der Widerrufsfrist. Der Beginn der Widerrufsfrist ist aber vom Entstehen des Widerrufsrechts strikt zu trennen.

3.2 Die Widerrufsfrist

3.2.1 Fristlänge

Für das Verbraucherkreditrecht gibt es nun zwei relevante Widerrufsfristen. Nach Maßgabe von § 355 Abs. 2 Satz 1 BGB beträgt die allgemeine Widerrufsfrist 14 Tage. § 356b Abs. 2 BGB bestimmt weiterhin, dass die Widerrufsfrist einen Monat beträgt, wenn die dem Darlehensnehmer zur Verfügung gestellte Urkunde die Pflichtangaben nach § 492 Abs. 2 BGB nicht enthält. Der Fristbeginn (dazu nachfolgend) wird dann auf den Zeitpunkt der Nachholung dieser Angaben gemäß § 492 Absatz 6 verlagert. Die aus dem bisherigen Recht allgemein bekannte Monatsfrist existiert nur noch im Sonderfall des Verbraucherkredits. Eine verspätete Widerrufsbelehrung setzt etwa beim Fernabsatzvertrag die Widerrufsfrist von 14 Tagen in Gang.

3.2.2 Beginn der Frist

Ausgangspunkt für die Bestimmung des Zeitpunkts des Fristbeginns ist die Regelung des § 355 Abs. 2 BGB. Danach beginnt die Frist von 14 Tagen mit Vertragsschluss, soweit nichts anderes bestimmt ist. Hinsichtlich der einzelnen Widerrufsrechte finden sich allerdings wichtige Ergänzungen in den §§ 356 bis 356 c BGB. Hier ist insofern „etwas anderes bestimmt". Nach der neuen Systematik der Vorschriften über das verbraucherprivatrechtliche Widerrufsrecht finden sich in den auf die Grundnorm des § 355 BGB folgenden Vorschriften Besonderheiten zu den einzelnen Widerrufsrechten und den Folgen der Ausübung. Das Widerrufsrecht betreffen die §§ 356 bis 356 c BGB, wobei einschlägig für den Verbraucherkredit § 356b BGB ist. Den Rechtsfolgen des Widerrufs widmen sich die §§ 357 bis 357 c BGB, von denen sich § 357 a BGB des Verbraucherkredits annimmt.

Die Ergänzung für den Verbraucherkredit hinsichtlich des Fristbeginns liegt darin, dass nach § 356 b Abs. 1 BGB die Widerrufsfrist nicht zu laufen beginnt, bevor der Darlehensgeber dem Darlehensnehmer eine für diesen bestimmte Vertragsurkunde, den schriftlichen Antrag des Darlehensnehmers oder eine Abschrift der Vertragsurkunde oder seines Antrags zur Verfügung gestellt hat. Dieses Dokument muss die Pflichtangaben nach § 492 Abs. 2 BGB i.V.m. Art. 247 §§ 6 bis 13 EGBGB zutreffend und ordnungsgemäß enthalten. Hierzu gehört auch die Unterrichtung über das Widerrufsrecht nach Art. 247 § 6 Abs. 2 EGBGB und gegebenenfalls bei verbundenem Geschäft nach § 12 Abs. 1. Anders als die Widerrufsbelehrung, z.B. im Fernabsatzgeschäft, sind die Pflichtangaben zum Widerruf bei Verbraucherkreditverträgen daher Teil des Vertragsabschlusstatbestands. Nur wenn dem Verbraucher ein insoweit fehlerfreies Dokument vorliegt, wird die Widerrufsfrist von 14 Tagen in Gang gesetzt.

Bei einem gem. § 494 Abs. 1 BGB formnichtigen Darlehensvertrag beginnt die Widerrufsfrist frühestens mit dem Zeitpunkt der Darlehensauszahlung, die gem. § 494 Abs. 2 Satz 1 BGB zur Heilung des Vertrags führt. Darüber hinaus ist der Beginn der Widerrufsfrist aber von der Nachholung fehlender oder fehlerhafter Pflichtangaben nach Maßgabe von § 492 Abs. 6 BGB abhängig. Die Heilung des Vertrags kann, muss aber nicht die Änderung der Bedingungen nach sich ziehen. Führt die Heilung zu Veränderungen in den Vertragsbedingungen, stellt der Darlehensgeber dem Verbraucher gem. § 494 Abs. 7 BGB eine angepasste Vertragsabschrift zur Verfügung. Nach Maßgabe von § 356 b Abs. 3 BGB beginnt die Widerrufsfrist erst zu diesem Zeitpunkt. Die Frist verlängert sich gem. § 356 b Abs. 2

Satz 2 auf einen Monat. Führt die Heilung des formnichtigen Vertrags hingegen nicht zu einer Änderung der Vertragsbedingungen, genügt gem. § 492 Abs. 6 Satz 1 BGB die Nachholung auf einem dauerhaften Datenträger. Die Widerrufsfrist beginnt mit dieser Nachholung. Auch in diesem Fall beträgt die Frist gem. § 356 b Abs. 2 Satz 2 BGB einen Monat. In beiden Fällen ist der Verbraucher auf einem dauerhaften Datenträger auf den Fristbeginn und die Fristdauer gem. § 492 Abs. 6 Satz 4 BGB hinzuweisen, wobei das Fehlen des Hinweises ohne Einfluss auf den Fristbeginn bleibt.

3.2.3 Fristende

Die Widerrufsfrist endet, wie bereits ausgeführt, gem. § 355 Abs. 1 Satz 1, Abs. 2 Satz 1 BGB nach 14 Tagen oder, im Falle der Nachholung, einem Monat gem. § 356 b Abs. 2 Satz 2 i.V.m. § 492 Abs. 6 BGB, nachdem die Pflichtangaben aus Art. 247 § 6 Abs. 2 EGBGB gegenüber dem Verbraucher als Darlehensnehmer gemacht wurden. Erfolgten die Pflichtangaben nach Art. 247 § 6 Abs. 2 EGBGB nicht, so ist der Verbraucherdarlehensvertrag gem. § 494 Abs. 2 Satz 1 BGB nichtig, so dass sich die Frage des Fristendes nicht stellt. Das Gesetz bestimmt für Verbraucherkreditverträge nicht ein Erlöschen durch Zeitablauf, so dass ein unbefristetes, ewiges Widerrufsrecht entsteht, das allenfalls bis zur Grenze der Verwirkung[2] zu beliebigem Zeitpunkt ausgeübt werden kann. Dagegen erlischt nach neuem Recht das Widerrufsrecht für außerhalb von Geschäftsräumen und im Fernabsatz geschlossene Verträge nach zwölf Monaten und 14 Tagen gem. § 356 Abs. 3 Satz 2 BGB.

2 Dazu *Habersack/Schürnbrand*, ZIP 2014, 749; *Kropf*, WM 2013, 2250 (2254); *Lang/Schulz*, ZBB 2014, 273; *Borowski*, BKR 2014, 361; *Gansel/Knorr*, BKR 2014, 353; *Hölldampf*, WM 2014, 1659; LG Ulm VuR 2014, 314.

4 Die Vertragsabwicklung nach Ausübung des Widerrufsrechts

4.1 Systematik der neuen Regelungen

Das neue Recht weist zur Rückabwicklung widerrufener Verbraucherverträge eine völlig neue Systematik auf[3]. Der bislang erfolgende Verweis auf die Vorschriften über das Rücktrittsfolgenrecht in §§ 346 ff. BGB findet nicht mehr statt. Die Vertragsabwicklung nach Widerruf wird nunmehr eigenständig und abschließend geregelt. Einschlägige Vorschriften finden sich in §§ 355 Abs. 3, 357a und 361 Abs. 1 BGB

4.2 Rückabwicklung des Vertrags

4.2.1 Grundsätzliche Rückgewährpflicht

Ausgangspunkt der Regelungen zur Rückgewährpflicht ist § 355 Abs. 3 BGB. Danach sind im Falle des Widerrufs die empfangenen Leistungen unverzüglich zurückzugewähren. Der Unternehmer trägt bei Widerruf die Gefahr der Rücksendung der Waren.

4.2.2 Rückgewährfristen und Verzug

§ 355 Abs. 3 Satz 2 weist darauf hin, dass etwaige Fristen zur Rückgewähr für Unternehmer und Verbraucher durchaus unterschiedlich beginnen können. Maß gibt für den Unternehmer der Zugang der Widerrufserklärung, für den Verbraucher deren Abgabe. Hat der Verbraucher Waren zurückzusenden, wahrt er diese Frist durch deren rechtzeitige Absendung. Nach § 355 Abs. 3 Satz 1 sind die empfangenen Leistungen grundsätzlich unverzüglich zurückzugewähren. Jedoch bestimmt § 357a Abs. 1 BGB für den Verbraucherkredit eine Höchstfrist für die Rückgewähr, nämlich dreißig Tage. Obwohl die beiderseitigen Rückgewährpflichten das ursprüngliche Synallagma fortsetzen, sind sie nicht Zug um Zug zu erfüllen. § 348 BGB ist für das Widerrufsschuldverhältnis nicht anwendbar.

3 Dazu *Servais*, NJW 2014, 3748.

Verzug des einen Widerrufsschuldners tritt daher ohne Rücksicht auf die Pflichterfüllung des anderen Widerrufsschuldners ein.

4.2.3 Ansprüche des Verbrauchers im Rahmen der Rückgewähr

Der Verbraucher hat gegen den Unternehmer gem. § 355 Abs. 3 Satz 1 BGB Anspruch auf Rückgewähr von Geldleistungen, die er zur Erfüllung des widerrufenen Vertrags an den Unternehmer erbracht hatte. § 357a Abs. 1 bestimmt für die Rückzahlung eine Höchstfrist von dreißig Tagen, die mit dem Zugang der Widerrufserklärung beim Unternehmer beginnt.

Abweichend vom bisherigen Recht, in dem §§ 346 Abs. 2 Nr. 1, 100 BGB zur Anwendung kamen, hat der Verbraucher gegen den Darlehensgeber oder den die Finanzierungshilfe leistenden Unternehmer keinen Anspruch mehr auf Ersatz der Gebrauchsvorteile, die in dem gezahlten Geld liegen, mit anderen Worten auf Verzinsung des bereits gezahlten Geldes. Ebenso abweichend vom früheren Recht ist die Rücktrittsvorschrift von § 347 BGB nicht mehr anwendbar, so dass ein Anspruch wegen Ersatzes notwendiger Verwendungen auf die zurückzugewährende Sache jedenfalls nicht auf § 347 Abs. 2 Satz 1 BGB gestützt werden kann. Ein bereicherungsrechtlicher Ausgleich ist insofern aber möglich.

4.2.4 Ansprüche des Unternehmers, der Bank im Rahmen der Rückgewähr

Der Unternehmer, resp. die Bank hat gegen den Verbraucher Anspruch auf Rückgewähr der empfangenen Leistungen spätestens nach dreißig Tagen gem. § 357 a Abs. 1 BGB. Diese Frist beginnt mit der Abgabe der Widerrufserklärung durch den Verbraucher. Insofern hat der Verbraucher das Darlehen, soweit es valutiert, an den Darlehensgeber zurückzuzahlen. Wird die Frist von dreißig Tagen überschritten, gerät der Verbraucher gem. § 286 Abs. 2 Nr. 1 BGB ohne Mahnung in Verzug. Er schuldet gem. § 288 Abs. 1 BGB den Verzugszins, nicht aber den Vertragszins, unter Anwendung von § 497 BGB. Dies bedeutet, dass der Verbraucher entgegen § 289 Satz 1 BGB Verzugszinsen nicht nur auf das Kapital, sondern auch auf rückständige Vertragszinsen schuldet. Der gem. §§ 289 Satz 2, 252 BGB im Allgemeinen geschuldete Wiederanlagezins ist gem. § 497 Abs. 2 Satz 2 BGB in der Höhe auf den gesetzlichen Zinssatz nach § 246 BGB beschränkt.

Im Falle von Finanzierungshilfen nach § 506 BGB, die sich auf Sachen beziehen, etwa im Falle eines Abzahlungskaufs, hat der Unternehmer gegen den Verbraucher im Allgemeinen Anspruch auf Rücksendung auf dessen Kosten. Dieser Rücksendungsanspruch auf Kosten des Verbrauchers ergibt sich aus §§ 357 a

Abs. 3 Satz 4, Abs. 2 Satz 2, 357 Abs. 6 BGB. Die Regelungen über die Rückabwicklung von Fernabsatzverträgen u.ä. finden nach § 357 a Abs. 3 Satz 4 BGB entsprechende Anwendung.

Der allgemeine Anspruch auf Entschädigung für die Nutzung des Vertragsgegenstands, wie er sich bislang aus §§ 346 Abs. 1, 100 BGB ergab, besteht auch zu Gunsten des Unternehmers bei Vertragsabwicklung nach Widerruf im Allgemeinen nicht mehr. Im besonderen Fall des Darlehens hat der Darlehensgeber gegen den Verbraucher aber gem. § 357 a Abs. 3 Satz 1 BGB Anspruch auf den Vertragszins, den Sollzins nach § 489 Abs. 5 BGB, für die Zeit zwischen Auszahlung und Rückzahlung des Darlehens, gegebenenfalls bis Verzugseintritt. Bei Immobiliardarlehen nach § 503 BGB kann der Verbraucher gem. § 357 a Abs. 3 Sätze 2 und 3 BGB erreichen, dass er weniger als den vereinbarten Sollzins schuldet.

Nach neuem Recht ist das rücktrittsrechtliche Wertersatzregime von § 346 Abs. 2 bzw. Abs. 3 BGB auf die Rückabwicklung infolge Widerrufs nicht mehr anwendbar. Vielmehr gelten die Einzelregelungen von §§ 357 ff. BGB. Für Darlehen beschränkt sich der Anspruch des Darlehensgebers auf die Entrichtung des Sollzinses nach § 357 a Abs. 3 Sätze 1 und 2 BGB. Für Finanzierungshilfen verweist § 357 a Abs. 3 Satz 4 i.V.m. Abs. 2 BGB auf die Regelung zu den Besonderen Vertriebsformen in § 357 Abs. 7 BGB.

4.2.5 Halbzwingendes Recht

Nach § 361 Abs. 1 BGB bestehen keine weiteren Ansprüche gegen den Verbraucher infolge des Widerrufs. Die Regelung wirkt halbzwingend zugunsten des Verbrauchers. Weitere Ansprüche gegen den Unternehmer bleiben daher unberührt, z.B. aus Pflichtverletzung nach § 280 Abs. 1 BGB wegen unterbliebener ordnungsgemäßer Widerrufsbelehrung. Gegenüber dem Verbraucher bleiben auch Ansprüche unberührt, die sich aus dem Rückabwicklungsschuldverhältnis selbst ergeben, nämlich wegen Verletzung von Rückgewährpflichten, z.B. bei Verzug oder bei Gebrauch der Sache trotz erklärtem Widerruf. Der Ausschluss bezieht sich nur auf Ansprüche infolge des Widerrufs. Ansprüche jenseits davon kann der Unternehmer geltend machen, etwa wegen Verletzung von Schutzpflichten gegenüber dem Unternehmer. Ausgeschlossen sind allerdings Bereicherungs- und deliktische Ansprüche, die auf dem Widerruf beruhen würden oder etwa auf Ersatz von Gebrauchsvorteilen nach § 100 BGB oder eines entgangenen Unternehmergewinns.

5 Die Widerrufserstreckung beim verbundenen Geschäft

5.1 Denkbare Fallkonstellationen

Zwischen einem unentgeltlichen Verbraucherdarlehensvertrag und einem Austauschgeschäft, typischerweise einem Kaufvertrag, kann eine Verbindung im Sinne des § 358 Abs. 3 Satz 1 BGB bestehen, die zur Erstreckung des Widerrufsrechts führt[4]. Dabei sind unterschiedliche Konstellationen denkbar und in der rechtlichen Konstruktion voneinander zu unterscheiden. Sowohl der finanzierte Vertrag als auch der Darlehensvertrag sind widerruflich, was der Fall sein kann, wenn der finanzierte Vertrag beispielsweise ein Fernabsatzgeschäft darstellt. Der finanzierte Vertrag kann auch widerruflich sein, ohne dass hinsichtlich des Darlehens ein solches Recht besteht, was vorkommt, wenn die Finanzierung unentgeltlich erfolgt. Wird der finanzierte Vertrag ohne besondere Umstände abgeschlossen, z.B. ein Kaufvertrag in einem Ladengeschäft, ist dieser nicht widerruflich, wohl aber der Verbraucherdarlehensvertrag, wenn bzgl. dessen keine Besonderheiten vorliegen. Schließlich mögen die Verträge miteinander verbunden sein, ohne dass ein Widerrufsrecht besteht, was dann freilich hinsichtlich einer Erstreckung als irrelevante Konstellation einzuordnen ist.

5.2 Ausübung des Widerrufsrechts hinsichtlich des finanzierten Vertrags

Der finanzierte Kaufvertrag kann etwa als Fernabsatz- oder Haustürgeschäft (§ 312 b und c BGB) gem. § 355 Abs. 1 BGB widerruflich sein. Das Widerrufsrecht folgt dann aus § 312 g BGB. Der wirksame Widerruf des finanzierten Geschäfts beseitigt nach § 358 Abs. 1 BGB nicht nur dessen Bindung, sondern erstreckt sich auch auf den Darlehensvertrag. In der Regel ist der Darlehensvertrag zugleich ein Verbraucherdarlehensvertrag nach § 491 Abs. 1 BGB, der seinerseits gem. § 495 BGB widerruflich ist. Die Bindung an den Verbraucherdarlehensvertrag endet, obwohl der Verbraucher von dem verbraucherkreditrechtlichen Widerrufsrecht keinen Gebrauch gemacht hat. Durch den Widerruf des finanzierten Geschäfts (Kaufvertrag) wird der Verbraucherdarlehensvertrag behandelt, als wäre er selbst

4 Keine Anwendung auf die unentgeltliche Finanzierung, BGH NJW 2014, 3719 mit Bespr. *Riehm*, NJW 2014, 3692.

widerrufen worden. Der Widerrufsdurchgriff findet aber auch dann statt, wenn der Darlehensvertrag gem. § 491 Abs. 2 BGB nicht zugleich Verbraucherdarlehensvertrag und folglich nicht widerruflich ist.

5.3 Ausübung des Widerrufsrechts hinsichtlich des Darlehensvertrags

Der Widerruf des Verbraucherdarlehensvertrags beendet nach Maßgabe von § 358 Abs. 2 BGB die Bindung an den verbundenen und finanzierten Kaufvertrag. Der finanzierte Vertrag (Kaufvertrag) wird unverbindlich, als wäre er und nicht nur der Darlehensvertrag widerrufen worden. Gleichgültig ist, ob bezüglich des finanzierten Kaufvertrags ein Widerrufsrecht bestand. Der Widerruf ist unteilbar und ergreift den Verbraucherdarlehensvertrag vollständig, nicht etwa nur im Umfang des finanzierten Vertrags, wenn der Nettodarlehensvertrag den Preis aus dem finanzierten Vertrag überstieg. Der übrige Teilbetrag mag dem Verbraucher zur freien Verfügung oder zur Finanzierung einer anderen Leistung überlassen worden sein.

5.4 Wahlrecht des Verbrauchers bei doppeltem Widerrufsrecht

In der Konstellation von § 358 Abs. 1 BGB sind oftmals Kaufvertrag und Verbraucherdarlehensvertrag widerruflich. Von welchem Widerrufsrecht der Verbraucher Gebrauch macht, § 312 g oder § 495 BGB, unterliegt seiner Wahl. Die Fristen für den Widerruf des finanzierten Kaufvertrags und des Darlehensvertrags müssen in solchen Fällen nicht unbedingt miteinander korrespondieren. Über die Widerrufserstreckung und das hier angesprochene Wahlrecht kann daher die Bindung an einen Vertrag aufgehoben werden, bzgl. dessen die Widerrufsfrist schon verstrichen ist. Zur Illustration seien Beispiele genannt. Werden beide Verträge nicht zeitgleich abgeschlossen, beginnen die Widerrufsfristen zu unterschiedlichen Zeitpunkten, da der Vertragsschluss nach § 355 Abs. 2 Satz 2 BGB grundsätzlich maßgeblich für Fristbeginn ist. Wird die Ware erst später an den Verbraucher ausgeliefert, spielt der Erhalt der Ware durch den Verbraucher eine entscheidende Rolle für den Beginn der Frist, was § 356 Abs. 2 Nr. 1 a BGB bestimmt. Wird der Verbraucher im Darlehensvertrag fehlerhaft über das Widerrufsrecht informiert, verlängert sich die Widerrufsfrist nach § 356 b Abs. 2 Satz 2 BGB auf einen Monat bezogen auf den Zeitpunkt der Nachholung nach § 492 Abs. 6 BGB.

5.5 Rückabwicklung der Verträge nach Widerruf

Durch die Erklärung des Widerrufs wird gem. § 355 Abs. 3 Satz 1 BGB ein Rückabwicklungsverhältnis ausgelöst, wonach die empfangenen Leistungen an den Kreditgeber resp. Verbraucher zurück zu gewähren sind. Da beim verbundenen Geschäft drei Personen, Darlehensgeber, Verkäufer und Verbraucher, auftreten, sind §§ 357 ff. BGB, für Verbraucherkredite § 357 a BGB, mit ihren Regelungen eines Zwei-Personen-Verhältnisses nicht ohne weiteres anwendbar. Das Problem wird gelöst durch § 358 Abs. 4 Satz 5 BGB. Danach tritt der Darlehensgeber im Verhältnis zum Verbraucher hinsichtlich der Rechtsfolgen des Widerrufs in die Rechte und Pflichten des Unternehmers aus dem verbundenen Vertrag ein, wenn das Darlehen dem Unternehmer bei Wirksamwerden des Widerrufs bereits zugeflossen ist. Es erfolgt somit eine Rückabwicklung im Zweipersonenverhältnis.

Für die Abwicklung des widerrufenen Vertrags, sei es das Finanzierungsgeschäft oder der finanzierte Vertrag, gelten grundsätzlich keine Besonderheiten. Im Fall von § 358 Abs. 2 BGB ist der Verbraucherdarlehensvertrag gem. §§ 355 Abs. 3, 357 a BGB abzuwickeln. Für den widerrufenen Kaufvertrag geben §§ 355 Abs. 3, 357 BGB Maß.

Auf den nicht widerrufenen, aber verbundenen Vertrag, sind die Vorschriften anzuwenden, die gelten würden, wenn dieser andere Vertrag widerrufen worden wäre, also je nach der Art des verbundenen Vertrags §§ 357 bis 357 b BGB, was § 358 Abs. 4 Satz 1 BGB bestimmt. Ist der andere Vertrag widerruflich, wenngleich von diesem Widerrufsrecht kein Gebrauch gemacht worden war, da etwa der Darlehensvertrag widerrufen wurde, so ist die einschlägige Vorschrift neben § 355 Abs. 3 BGB bei Fernabsatz- und Haustürgeschäften § 357 BGB. Ist der andere Vertrag allerdings nicht widerruflich, z.B. bei einem Verbrauchsgüterkauf im stationären Handel, dürfte § 357 BGB die hypothetisch anwendbare Rückabwicklungsnorm sein, wobei statt der Rücksendung nach § 357 Abs. 5 BGB die gelieferte Sache vom Verbraucher selbst zurückgebracht werden kann[5]. Bei Widerruf des finanzierten Vertrags nach § 358 Abs. 1 BGB ist der nicht widerrufene Verbraucherdarlehensvertrag nach §§ 355 Abs. 3, 357a Abs. 1, Abs. 3 BGB abzuwickeln.

5 So auch *Leier*, VuR 2013, 457 (463).

6 Schluss

Auch wenn die jüngste Reform das Verbraucherkreditrecht selbst nicht zum Gegenstand hatte, haben die Ausführungen gezeigt, dass durch die vollkommene Neukonzeption des Reglements zum Widerrufsrecht nicht unerhebliche Änderungen eingetreten sind.

Dr. Philipp Federlin, Syndikus, Frankfurt

Grenzen der Durchsetzung von Verbraucherkreditforderungen

Der Beitrag behandelt zunächst die besonderen Voraussetzungen, die für die Kündigung von Verbraucherdarlehensvoraussetzungen durch die Bank zu beachten sind (hierzu unter 1). In der Folge sollen dann zwei konkrete Themenkomplexe näher beleuchtet werden, die in der Praxis zu Problemen bei Kreditinstituten bei der Geltendmachung und Durchsetzung ihrer Ansprüche führen. Zum einen handelt es sich dabei um die Fragestellung, inwieweit einem Kreditinstitut nach der Kündigung eines Darlehensvertrags neben der Restschuld und Verzugszinsen auch eine Vorfälligkeitsentschädigung zusteht (hierzu unter 2) und zum anderen um die Frage, ob aufgrund der in einem Titel enthaltenen, teilweise bereits verjährten Grundschuldzinsen ein Rechtsschutzbedürfnis für die Erhebung einer Vollstreckungsabwehrklage des Schuldners besteht (hierzu unter 3).

1 Überblick über die besonderen Voraussetzungen für die Kündigung von Verbraucherdarlehensverträgen durch die Bank

Sofern die Bank ein Verbraucherdarlehen kündigen möchte, gelten im Vergleich zu den Kündigungsrechten des allgemeinen Darlehensrechts (vgl. hier die Regelungen in § 488 Abs. 3 BGB für die ordentliche Kündigung bzw. § 490 Abs. 1 BGB und § 314 BGB für die außerordentliche Kündigung von Darlehensverträgen) Besonderheiten, die im Folgenden dargestellt werden sollen. Hinsichtlich der Kündigungsvoraussetzungen ist zunächst auch bei der Kündigung von Verbraucherdarlehen danach zu differenzieren, ob es sich bei dem Darlehen um ein solches handelt, für das eine bestimme Vertragslaufzeit vereinbart wurde (sog. „befristetes Darlehen"), oder ob für die Rückzahlung des Darlehens eine Zeit nicht bestimmt ist (sog. „unbefristetes Darlehen").

Die besonderen Kündigungsvorschriften für Verbraucherdarlehensverträge im Einzelnen:

1.1 Darlehen ohne feste Laufzeit

1.1.1 Das Kündigungsrecht der Bank nach § 499 BGB

§ 499 BGB regelt in Absatz 1 die Voraussetzungen, unter denen die Bank einen Verbraucherdarlehensvertrag ordentlich kündigen kann (bzw. unter welchen Voraussetzungen die Bank berechtigt ist, die Auszahlung der Darlehensvaluta zu verweigern, vgl. § 499 Abs. 2 BGB). § 499 Abs. 1, 1. Alt. BGB stellt zunächst klar, dass ein ordentliches Kündigungsrecht der Bank bei einem Verbraucherdarlehensvertrag nur für den Fall vereinbart werden kann, dass es sich um einen unbefristeten Verbraucherdarlehensvertrag handelt. Ist für den Vertrag dagegen eine bestimmte Vertragslaufzeit vereinbart, steht der Bank – und zwar unabhängig davon, ob ein fester oder variabler Zinssatz vereinbart wurde – während der vertraglich vereinbarten Laufzeit des Kreditvertrages kein ordentliches Kündigungsrecht zu.

Darlehen ohne feste Laufzeit können grundsätzlich ohne Weiteres gekündigt werden, sofern eine hiervon abweichende Kündigungsregelung nicht zwischen Bank und Darlehensnehmer vertraglich vereinbart worden ist – die gesetzliche Kündigungsfrist beträgt dabei nach § 488 Abs. 3 S. 2 BGB drei Monate. Diese

Regelung ist aber dispositiv[1] und in Nr. 19 Abs. 2 AGB-Banken bzw. Nr. 26 Abs. 1 AGB-Sparkassen auch abbedungen worden. Insofern gelten aber Besonderheiten für unbefristete Verbraucherdarlehensverträge – in diesem Falle bestimmt § 499 Abs. 1, 2. Alt. BGB – wiederum unabhängig davon, ob ein fester oder ein variabler Zinssatz vereinbart ist – dass die Kündigungsfrist der Bank in jedem Fall mindestens 2 Monate betragen muss. Eine hiervon zum Nachteil des Verbrauchers abweichende Regelung wäre nach § 511 BGB unzulässig. Die Vorschrift des § 499 BGB ist durch das Gesetz zur Umsetzung der EU-Verbraucherkreditrichtlinie mit Wirkung zum 11. Juni 2010 in Kraft getreten – die angesprochene Mindestkündigungsfrist gilt gemäß Art. 229 § 22 Abs. 3 EGBGB aber auch für unbefristete Darlehensverträge, die vor dem 11. Juni 2010 abgeschlossen worden sind.

Die Ausübung des Kündigungsrechts richtet sich dann nach den allgemeinen Grundsätzen, insbesondere steht dieses unter dem Vorbehalt von Treu und Glauben. Hieraus folgt, dass das Recht zur ordentlichen Kündigung durch die Bank stets im Einklang mit dem Gebot der Rücksichtnahme auf die berechtigten Belange des Kreditnehmers stehen muss, so dass eine Kündigung im Einzelfall wegen Rechtsmissbrauchs oder Erklärung „zur Unzeit" unwirksam sein kann[2].

1.1.2 Ausschluss des Anwendungsbereichs des § 499 BGB

Ausnahmen gelten diesbezüglich für auf einem laufenden Konto eingeräumte Überziehungsmöglichkeiten und geduldete Überziehungen – hier sehen § 504 Abs. 1 S. 4 BGB bzw. § 505 Abs. 4 BGB eine Ausnahmeregelung dergestalt vor, dass § 499 BGB und damit die zweimonatige Mindestkündigungsfrist des § 499 Abs. 1 BGB für nicht anwendbar erklärt werden mit der Folge, dass für jene Fallgestaltungen ein sofortiges Kündigungsrecht vereinbart werden kann. Eine entsprechende Vereinbarung ergibt sich regelmäßig aus der in Nr. 19 Abs. 2 AGB-Banken enthaltenen Regelung (eine vergleichbare Regelung findet sich in Nr. 26 Abs. 1 AGB-Sparkassen), wonach Kredite und Kreditzusagen, für die weder eine Laufzeit noch eine abweichende Kündigungsregelung vereinbart ist, seitens der Bank jederzeit ohne Einhaltung einer Kündigungsfrist gekündigt werden können – für die auf laufenden Konten eingeräumten Überziehungsmöglichkeiten gem. § 504 BGB bzw. geduldeten Überziehungen gemäß § 505 BGB gilt insofern regelmäßig

---

1 Vgl. *K.P. Berger*, in MünchKomm BGB, 6. Aufl. 2012, § 488 Rn. 240; *Mülbert*, in: Staudinger, BGB, Neubearbeitung 2011, § 488 Rn. 354.

2 Zu den Einzelheiten vgl *K.P. Berger*, in MünchKomm BGB, 6. Aufl. 2012, § 488 Rn. 236 ff.; *Mülbert*, in: Staudinger, BGB, Neubearbeitung 2011, § 488 Rn. 365 ff.

ein sofortiges Kündigungsrecht der Bank. Die Bank muss dabei insofern aber bei Ausübung dieses Kündigungsrechts auf die berechtigten Interessen des Kunden Rücksicht nehmen (vgl. Nr. 19 Abs. 2 S. 2 AGB-Banken bzw. Nr. 26 Abs. 1 S.2 AGB-Sparkassen). Klargestellt wird in diesem Zusammenhang aber in Nr. 19 Abs. 2 S. 3 AGB-Banken (bzw. in Nr. 26 Abs. 3 AGB-Sparkassen) auch, dass soweit im Bürgerlichen Gesetzbuch zwingende verbraucherdarlehensrechtliche Kündigungsregelungen vorgesehen werden, wie etwa in § 499 Abs. 1 BGB, die Bank (bzw. die Sparkasse) nur nach Maßgabe der entsprechenden gesetzlichen Regelungen kündigen kann.

Auch auf Immobiliardarlehensverträge im Sinne des § 503 BGB (also Verbraucherdarlehensverträge, bei denen die Zurverfügungstellung des Darlehens von der Sicherung durch ein Grundpfandrecht abhängig gemacht wird und zu Bedingungen erfolgt, die für grundpfandrechtlich abgesicherte Verträge und deren Zwischenfinanzierungen üblich sind – seit dem 11. Juni 2010 in § 503 Abs. 1 BGB; bis zu jenem Zeitpunkt in § 492 Abs. 1a S. 2 BGB definiert) ist die Regelung des § 499 Abs. 1 BGB nicht anwendbar – dies ergibt sich aus dem entsprechenden Anwendungsausschluss in § 503 Abs. 1 BGB. Auch derartige Verbraucherdarlehensverträge kann die Bank somit vom Grundsatz her jederzeit kündigen. In der Praxis wird für derartige Darlehen aber regelmäßig eine bestimmte Laufzeit vereinbart, so dass insoweit regelmäßig nur ein außerordentliches Kündigungsrecht der Bank nach den allgemeinen Vorschriften in Betracht kommt (vgl. hierzu nachfolgend unter lit. 1.1.2).

1.2 Darlehen mit fester Laufzeit

1.2.1 Ordentliche Kündigung

Ein Verbraucherdarlehen, für das eine bestimmte Vertragslaufzeit vereinbart wurde, kann durch die Bank grundsätzlich nicht ordentlich gekündigt werden – eine hiervon abweichende Vereinbarung wäre gemäß § 499 Abs. 1 BGB unwirksam.

1.2.2 Außerordentliche Kündigung

Ein Kreditinstitut kann einen Darlehensvertrag kündigen, wenn eine Erhöhung der Ausfallwahrscheinlichkeit des Darlehens droht. § 490 Abs. 1 BGB bestimmt in diesem Sinne ein außerordentliches Kündigungsrecht der Bank, wenn in den Vermögensverhältnissen des Darlehensnehmers oder in der Werthaltigkeit einer für das Darlehen gestellten Sicherheit eine wesentliche Verschlechterung eintritt oder einzutreten droht und die Rückzahlung des Darlehens hierdurch gefährdet wird. Die Rechtsfolge einer wesentlichen Verschlechterung der Vermögenslage eines Darlehensnehmers vor Valutierung des Darlehens ist, dass die Bank nach § 490 Abs. 1 Alt. 1. BGB „stets" dazu berechtigt ist, das Darlehen fristlos zu kündigen – es ist dem Darlehensgeber nicht zuzumuten, die Darlehenssumme an den Darlehensnehmer auszuzahlen, wenn klar ist, dass der Darlehensnehmer diese nicht mehr wird zurückzahlen können. Soll die Kündigung dagegen erst nach der Valutierung des Darlehens erfolgen, so ist die Bank nach § 490 Abs. 1 Alt. 2. BGB nur „in der Regel" dazu berechtigt, das Darlehen fristlos zu kündigen – so kann es der Bank im Einzelfall im Hinblick auf die Interessenlage des Darlehensnehmers zugemutet werden, auf eine Kündigung zu verzichten und die Darlehenssumme beim Darlehensnehmer zu belassen. Die soll nach der Gesetzesbegründung etwa im Fall der nur vorübergehenden Vermögensverschlechterung in Betracht kommen[3]. Gleiches gilt etwa, wenn sich die Vermögenssituation des Darlehensnehmers erst durch die Rückforderung so verschlechtern würde, dass er insolvent würde, während ihm bei Belassung des Darlehens jedenfalls eine ratenweise Rückführung möglich wäre[4].

Das in § 490 Abs. 1 BGB normierte außerordentliche Kündigungsrecht stellt aber keine abschließende Regelung dar – dies ergibt sich schon daraus, als in § 490 Abs. 3 BGB klargestellt wird, dass die „allgemeine" Vorschrift des § 314 BGB zur Kündigung von Dauerschuldverhältnissen aus wichtigem Grund unberührt bleibt[5]. Hieran anknüpfend werden in Nr. 19 Abs. 3 AGB-Banken und Nr. 26 Abs. 2 AGB-Sparkassen beispielhaft wichtige Gründe aufgeführt, bei deren Vorliegen der Bank bzw. Sparkasse ein Festhalten am Vertrag unzumutbar sein kann.

Diese Kündigungsrechte der Bank aus wichtigem Grund gelten grundsätzlich auch bei Verbraucherdarlehen[6]. Die besonderen Vorschriften für Verbraucherdarlehensverträge enthalten in § 498 BGB allerdings eine Sonderregelung für die Kündigung von Verbraucherdarlehen, die in Teilzahlungen zu tilgen sind wegen Zahlungsverzugs des Darlehensnehmers[7]. In diesem Fall wird das Kündigungs-

3 Vgl. BT-Drucks. 14/6040 S. 254.

4 Vgl. *K.P. Berger*, in MünchKomm BGB, 6. Aufl. 2012, § 490 Rn. 14 ff.; kritisch hiergegen *Mülbert*, WM 2002, 465 [475]; *ders.*, in: Staudinger, BGB, Neubearbeitung 2011, § 490 Rn. 35.

5 Zum Verhältnis zwischen § 490 BGB und § 314 BGB vgl. *Bruchner/Krepold*, in Schimansky/Bunte/Lwowski, Bankrechts-Handbuch, 4. Auflage 2011, Rn. 211 f.; *Mülbert*, in: Staudinger, BGB, Neubearbeitung 2011, § 490 Rn. 122.

6 Zu den einzelnen Voraussetzungen der Kündigungsrechte nach § 490 BGB und § 314 BGB vgl. *Früh/Müller-Arends*, in: Bankrecht und Bankpraxis, Rn. 3/156a ff.

7 Zum Begriff des Teilzahlungskredits vgl. *Kessal-Wulf*, in: Staudinger, BGB, 12. Aufl. 2012,

recht der Bank an genau festgelegte Voraussetzungen gebunden und damit die Berechtigung, das Kreditverhältnis aus wichtigem Grund vorzeitig zu beenden, im Interesse des Schuldnerschutzes eingeschränkt.

Voraussetzung für eine Kündigung nach § 498 S. 1 BGB ist zunächst, dass der Verbraucher mit mindestens zwei aufeinander folgenden Teilzahlungen ganz oder teilweise in Verzug ist und zugleich der Gesamtrückstand sich auf 10%, bei Verträgen mit einer Laufzeit von mehr als 3 Jahren auf 5% des Nennbetrages des Darlehens beläuft. Sofern sich der Verbraucher in dem beschriebenen Umfang in Verzug befindet, hat die Bank ihm des Weiteren eine Mindestfrist von zwei Wochen zur Zahlung des rückständigen Betrags zu setzen[8] und zugleich für den Fall des fruchtlosen Ablaufs der Nachfrist die Kündigung des Darlehensvertrags anzudrohen. Durch die Nachfristsetzung mit Androhung der Gesamtfälligstellung der Restschuld soll dem Verbraucher die Bedrohlichkeit der Situation vor Augen geführt und ihm eine letzte Chance zur Rettung des Darlehensvertrags gegeben werden soll[9]. Erst nach erfolglosem Fristablauf, d.h. bei Nichtzahlung bzw. nicht vollständiger Zahlung des rückständigen Betrags, ist die Bank zur Kündigung des Darlehensvertrags berechtigt. Diese Voraussetzungen gelten auch bei Immobiliardarlehen im Sinne von § 503 BGB, allerdings mit der Maßgabe, dass für die erforderliche Rückstandsquote gemäß § 503 Abs. 3 BGB einheitlich 2,5% des Nennbetrags genügen soll[10].

Ob im Falle des Zahlungsverzugs des Verbrauchers neben einer Kündigung nach § 498 BGB auch eine Kündigung nach § 490 Abs. 1 BGB wegen nachträglicher, auch nur drohender wesentlicher Verschlechterung der Vermögenslage des Darlehensnehmers in Betracht kommt, ist im Schrifttum nicht unumstritten[11]. Nach seinem Wortlaut regelt § 498 BGB indes nur das Recht des Darlehensgebers zur außerordentlichen Kündigung des Darlehensvertrags wegen Zahlungsverzugs des Darlehensnehmers – dass die Vorschrift des § 498 BGB darüber hinaus eine abschließende Wirkung haben soll, ist deren Wortlaut nicht zu entnehmen[12]. Allerdings dürfte eine Kündigung gemäß §§ 490 Abs. 1 BGB oder 314 BGB nur aus Gründen in Betracht kommen, die außerhalb eines Zusammenhangs mit

§ 498 Rn. 4 f.

8 Zur Frage, ob die Mahnung nach § 498 BGB neben der Höhe des rückständigen Betrags auch die Bezifferung der Restschuld enthalten muss, vgl. *Leube*, NJW 2007, 3240 ff.

9 Begr. RegE, BT-Drucks. 11/5462 S. 27.

10 Zur Entstehungsgeschichte und zum Hintergrund dieser Sonderregelung für Immobiliardarlehen vgl. *Schürnbrand*, in: MünchKomm BGB, 6. Aufl. 2012, § 503 Rn. 22.

11 Zum Meinungsstand vgl *Kessal-Wulf*, in: Staudinger, BGB, 12. Aufl. 2012, § 498 Rn. 6.

12 *Grüneberg*, in: Festschrift Nobbe, 2009, S. 283 ff.; so auch *Kessal-Wulf*, in: Staudinger, BGB, 12. Aufl. 2012, § 498 Rn. 6.

konkreten Zahlungsschwierigkeiten des Darlehensnehmers stehen[13]. In diesem Sinne kann eine Kündigung nach § 490 Abs. 1 BGB wegen nachträglicher, auch nur drohender wesentlicher Verschlechterung der Vermögenslage nicht allein mit dem Zahlungsverzug des Darlehensnehmers begründet werden[14]. Im Übrigen kann der Darlehensvertrag aber von der Bank nach §§ 314, 490 Abs. 3 BGB gekündigt werden, wenn ihr auf Grund einer Gesamtwürdigung aller Umstände unter Berücksichtigung auch der Belange der anderen Vertragspartei das Festhalten am Vertrag aus sonstigen Gründen unzumutbar ist. Unerheblich ist dabei, ob das Darlehen durch die Bank bereits an den Darlehensnehmer ausgezahlt worden ist, da die Pflicht zur Rückzahlung des Darlehens an den Darlehensgeber bereits mit Abschluss des Darlehensvertrags und mithin auch schon vor Auszahlung der Darlehensvaluta begründet[15].

2 Vorfälligkeitsentschädigung nach Kündigung von Verbraucherdarlehensverträgen

2.1 Ausgangssituation

In Fällen, in denen ein grundpfandrechtlich gesichertes Verbraucherdarlehen mit noch laufender Zinsbindung nach Eintritt von Zahlungsrückständen durch die Bank gekündigt wird, sehen sich Banken seit kurzem bei der Durchsetzung des Anspruchs auf Zahlung einer Vorfälligkeitsentschädigung Schwierigkeiten ausgesetzt. Hierbei geht es im Wesentlichen um die Frage, inwieweit einem Kreditinstitut nach der Kündigung eines Darlehensvertrags neben der Restschuld und Verzugszinsen auch eine Vorfälligkeitsentschädigung bzw. ein Aufhebungsentgelt zustehe.

Die Frage steht im Wesentlichen seit einer mündlichen Verhandlung des Bundesgerichtshofs im Raum. In dem vom Bundesgerichtshof erörterten – der Sache nach aber nicht entschiedenen[16] – Fall, hatte eine Bank ein Immobiliar-

---

13 So auch *Schürnbrand*, in: MünchKomm BGB, 6. Aufl. 2012, § 503 Rn. 24; *Grüneberg*, in: Festschrift Nobbe, 2009, S. 283 ff.; *Nobbe* WM 2011, 625 [632]; *Kessal-Wulf*, in: Staudinger, BGB, 12. Aufl. 2012, § 498 Rn. 6; *Merz*, in: Kümpel/Wittig, Bank- und Kapitalmarktrecht, 4. Aufl. 2011, Rn. 10.321.

14 So *Merz*, in: Kümpel/Wittig, Bank- und Kapitalmarktrecht, 4. Aufl. 2011, Rn. 10.321.

15 *Weidenkaff*, in: Palandt, BGB, 74. Aufl. 2015, § 488 Rn. 9.

16 In dem Verfahren XI ZR 512/11 gab die beklagte Bank ein Anerkenntnis ab, so dass ein Aner-

darlehen wegen Zahlungsverzugs des Darlehensnehmers gekündigt, Ausgleich der offenen Darlehensrestschuld nebst gesetzlicher Verzugszinsen ab Kündigung und eine auf den Kündigungszeitpunkt berechnete Vorfälligkeitsentschädigung geltend gemacht und diese Forderungen letztlich mit dem Erlös aus der Zwangsversteigerung des belasteten Grundstücks verrechnet. Im Rahmen der mündlichen Verhandlung soll der (damalige) Vorsitzende des 11. Senats des Bundesgerichtshofs geäußert haben, dass in Konstellationen der beschriebenen Art – neben dem Verzugsschaden – ein zusätzlicher Erfüllungsschaden im Form einer Vorfälligkeitsentschädigung nicht verlangt werden könne. Begründet worden sein soll dies damit, dass die Geltendmachung einer Vorfälligkeitsentschädigung im Widerspruch zum Sinn der gesetzlichen Regelungen bei Verbraucherdarlehen stehe – bei Verbrauchdarlehen sei insofern (auch im Hinblick auf die rechtlich geschützte Zinserwartung im Fall eine Zinsfestschreibung) nur der Verzugszins nach § 497 BGB gerechtfertigt.

Diese Auffassung steht dabei im Widerspruch zu der bisher in Rechtsprechung und Literatur nahezu einhellig vertretenen Meinung, wonach bei Kündigung eines Darlehens durch den Darlehensgeber sowohl ein Anspruch auf Ersatz des Erfüllungsschadens als auch eines möglichen Verzögerungsschadens besteht[17].

2.2 Rechtliche Grundlagen der Vorfälligkeitsentschädigung

Im Falle der vorzeitigen Rückzahlung eines Verbraucherdarlehens mit festem Zinssatz durch den Darlehensnehmer gelten die folgenden rechtlichen Rahmenbedingungen:

Nach § 500 Abs. 2 BGB hat ein Darlehensnehmer das Recht, seine Verbindlichkeiten aus einem (Verbraucher-)Darlehensvertrag jederzeit ganz oder teilweise vorzeitig zu erfüllen. Dies gilt ausdrücklich auch für Verträge mit festem Zinssatz während der laufenden Zinsfestschreibung. Hierbei bedarf keiner irgendwie gearteten Rechtfertigung auf Seiten des Darlehensnehmers, um die vorzeitige Rückzahlung vorzunehmen. Macht ein Darlehensnehmer von diesem

kenntnisurteil ohne Entscheidungsgründe vorliegt.

17 BGH WM 2005, 322 ff.; BGH WM 2001, 20 ff.; OLG Frankfurt a.M. WM 2012, 2280; *Wunderlich*, in: Schimansky/Bunte/Lwowski, Bankrechts-Handbuch, 4. Aufl. 2011, § 79 Rn. 182 m.w.N.; *K.P. Berger*, in: MünchKomm BGB, 6. Aufl. 2012, § 490 Rn. 12; *Krepold,* in: Langenbucher/Bliesener/Spindler, Bankrechts-Kommentar, 1. Aufl. 2013, 14. Kap. Rn. 71; *Freitag*, in: Staudinger, BGB, Neubearbeitung 2011, § 488 Rn. 243 ff.

Recht auf vorzeitige Rückzahlung Gebrauch, ist er – allerdings nur nach Maßgabe des engen Rahmens in § 502 BGB, der die Vorfälligkeitsentschädigung der Höhe nach begrenzt und hinter der Vorfälligkeitsentschädigungsregelung des § 490 Abs. 2 BGB deutlich zurückbleibt – verpflichtet, gegenüber der Bank den aus der vorzeitigen Rückzahlung resultierenden Schaden zu erstatten[18]. Diese im Zuge der Umsetzung einer entsprechenden Vorgabe aus Art. 16 Abs. 1 S. 1 der EU-Verbraucherkreditrichtlinie eingeführte und seit dem 11. Juni 2013 gültige Regelung findet indes auf Immobiliardarlehensverträge i. S. d § 503 BGB keine Anwendung, vgl. insofern § 503 Abs. 1 BGB.

Bei Immobiliardarlehensverträgen i. S. d § 503 BGB kommt eine vorzeitige Rückzahlung der Darlehensvaluta gemäß § 490 Abs. 2 BGB nur dann in Betracht, wenn die berechtigten Interessen des Darlehensnehmers dies gebieten. Nach § 490 Abs. 2 S. 3 BGB hat der Darlehensnehmer dem Darlehensgeber dann aber denjenigen Schaden zu ersetzen, der diesem aus der vorzeitigen Kündigung entsteht – damit wird zugleich der Begriff der „Vorfälligkeitsentschädigung" gesetzlich definiert. Für die Bank soll in diesen Fällen im Ergebnis eine vorzeitige Beendigung des Kreditvertrages nur dann zumutbar sein, wenn sie dadurch keinen finanziellen Nachteil erleidet – die Vertragsbeendigung kommt daher nur gegen Zahlung einer angemessenen Vorfälligkeitsentschädigung in Betracht[19]. Für Immobiliardarlehensverträge hat sich diesbezüglich der rechtliche Rahmen durch die Umsetzung der EU-Verbraucherkreditrichtlinie nicht verändert.

Für den Fall, dass das Darlehen nicht durch den Darlehensnehmer, sondern durch die Bank (etwa aufgrund von Zahlungsrückständen) vorzeitig beendet wird, fehlt es an einer ausdrücklichen gesetzlichen Regelung zur Vorfälligkeitsentschädigung. Nach ständiger Rechtsprechung des BGH und der ganz herrschenden Meinung im Schrifttum steht dem Darlehensgeber aber ein Anspruch auf Ausgleich des Schadens zu, der ihm durch die vorzeitige Beendigung eines Darlehensvertrags entstanden ist[20]. Im Falle eines Dauerschuldverhältnisses

---

18 In bestimmten Fallgestaltungen ist die Berechnung einer Vorfälligkeitsentschädigung insgesamt gesetzlich ausgeschlossen, auch wenn es sich um ein Festzinsdarlehen handelt – zum einen, wenn die Rückzahlung aus den Mitteln einer Versicherung bewirkt wird, die auf Grund einer entsprechenden Verpflichtung im Darlehensvertrag abgeschlossen wurde, um die Rückzahlung zu sichern (§ 502 Abs. 2 Nr. 1 BGB), oder wenn im Verbraucherdarlehensvertrag bestimmte (Pflicht-)Angaben unzureichend sind (§502 Abs. 2 Nr. 2 BGB).

19 Zu den diesbezüglich von der Rechtsprechung entwickelten Fallgestaltungen vgl. *K.P. Berger*, in: MünchKomm BGB, 6. Auflage 2012, § 490 BGB, Rn. 26.

20 BGH NJW 1988, 1967 [1969]; BGH WM 2001, 20 ff.; *Grüneberg*, in: Palandt, BGB, 74. Aufl. 2015, § 286 Rn. 41; *Wunderlich*, in: Schimansky/Bunte/Lwowski, Bankrechts-Handbuch, 4. Aufl. 2011, § 79 Rn. 182 m.w.N.; *K.P. Berger*, in: MünchKomm BGB, 6. Aufl. 2012, § 490 Rn. 12; *Krepold*, in:

ergibt sich bereits aus dem allgemeinen Schuldrecht in §§ 314 Abs. 4, 325, 628 Abs. 2 BGB, dass der Kündigungsgegner dann, wenn er durch sein vertragswidriges Verhalten den anderen Teil zur Kündigung veranlasst hat, dem Kündigenden zum Schadensersatz verpflichtet ist[21]. Da es sich bei einem Darlehensvertrag um ein Dauerschuldverhältnis handelt, folgt, dass sich im Falle einer von dem Darlehensnehmer verschuldeten Kündigung durch den Darlehensgeber ein Anspruch des Darlehensgebers aus §§ 314 Abs. 4, 280 BGB oder unter entsprechender Anwendung des § 628 Abs. 2 BGB ergibt.

Der Schadensersatzanspruch der Bank tritt dabei an Stelle ihres Anspruchs auf Zahlung des vereinbarten Vertragszinses und ist mit Wirksamwerden der Kündigung entstanden und sofort fällig (§ 271 BGB)[22]. Der Schaden der Bank ist hierbei der Zinsschaden, der ihr durch die Beendigung des Darlehensvertrags vor Ablauf der Zinsfestschreibung entsteht. Mit Wirksamwerden der Kündigung entfallen nämlich die vertraglichen Zahlungsansprüche auf Zinszahlung aus § 488 BGB[23]. Die Bank hat dann einen Anspruch auf Schadensersatz wegen Nichterfüllung aus dem Gesichtspunkt der positiven Vertragsverletzung (§ 280 Abs. 1 BGB). Der Anspruch ist dabei gerichtet auf das Erfüllungsinteresse, d.h. die Bank ist so zu stellen, wie sie stehen würde, wenn der Darlehensnehmer den Vertrag ordnungsgemäß erfüllt hätte. Maßgebend für die Berechnung des Schadens ist die rechtlich geschützte Zinserwartung der Bank – durch die Vorfälligkeitsentschädigung soll die Bank im wirtschaftlichen Ergebnis so gestellt werden, wie sie stünde, wenn das Darlehen für den entsprechend vereinbarten Zinsfestschreibungszeitraum vertragsgemäß fortgeführt worden wäre[24].

Ein fälliger Anspruch auf Rückzahlung des Darlehens und auf Zahlung einer Vorfälligkeitsentschädigung wäre nach den Regeln des Verzugs (§§ 280 Abs. 1, 2, 286 BGB) auch zu verzinsen. Ein Verstoß gegen das Doppelverzinsungsgebot

---

Langenbucher/Bliesener/Spindler, Bankrechts-Kommentar, 1. Aufl. 2013, 14. Kap. Rn. 71; *Freitag*, in: Staudinger, BGB, Neubearbeitung 2011, § 488 Rn. 243 ff.

21 *Gaier*, in: MünchKomm BGB, 6. Aufl. 2012, § 314 Rn. 24.

22 Vgl. *Krepold*, in: Langenbucher/Bliesener/Spindler, Bankrechts-Kommentar, 1. Aufl. 2013, 14. Kap. Rn. 143.

23 Vgl. etwa BGH NJW 1988, 1967 [1968]; BGH NJW-RR 1986, 205; BGH WM 2000, 718 ff.; BGH WM 2003, 264 ff.; *Schürnbrand*, in: MünchKomm BGB, 6. Aufl. 2012, § 497 Rn. 8.

24 Grundsätzlich kann die Bank die Vorfälligkeitsentschädigung dabei sowohl nach der sog. Aktiv-Aktiv-Methode als auch nach der sog. Aktiv-Passiv-Methode berechnen, vgl. hierzu BGH NJW 1997, 2875; BGH NJW 1997, 2878 ff.; zu der Berechnungsmethodik vgl. *Krepold*, in: Schimansky/Bunte/Lwowski, Bankrechts-Handbuch, 4. Aufl. 2011, § 79 Rn. 74 ff.

ist nicht gegeben, da die Bank mit der Vorfälligkeitsentschädigung nur eine Verzinsung der auf den Kündigungszeitpunkt abgezinsten Beträge verlangen kann[25].

2.3 Verhältnis von Vorfälligkeitsentschädigung und Ersatz des Verzugsschadens nach § 497 BGB

Die Vorschrift des § 497 Abs. 1 S. 1 BGB bestimmt, dass sich der aus §§ 280 Abs. 1, 2, 286 Abs. 1, 288 BGB folgende Anspruch des Darlehensgebers auf Ersatz seines Verzugsschadens[26] durchweg und damit auch in Bezug auf rückständige Zinsen nach § 288 Abs. 1 BGB bemisst[27], wobei der Verzugszinssatz für Immobiliardarlehen i.S.v. § 503 BGB nach § 503 Abs. 2 BGB hiervon abweichend (nur) 2,5 Prozentpunkte über dem Basiszinssatz beträgt. § 497 Abs. 1 S. 1 BGB begrenzt dabei zunächst den Verzögerungsschaden durch eine Pauschalierung der Höhe des Verzugszinses, stellt es den Vertragsparteien dann aber frei, im Einzelfall einen höheren oder niedrigeren Schaden nachzuweisen und geltend zu machen, vgl. § 497 Abs. 1 S. 2 BGB.

Es stellt sich nunmehr die Frage, ob vor dem Hintergrund der Regelung des § 497 BGB zum Verzug des Darlehensnehmers – jedenfalls im Anwendungsbereich des Verbraucherdarlehensrechts – eine Bank gehindert ist, im Falle einer durch die Bank selbst vorgenommenen Kündigung des Darlehens aufgrund pflichtwidrigen Verhaltens des Darlehensnehmers neben dem Verzugsschaden (nach § 497 BGB) den durch das pflichtwidrige Verhalten verursachten Nichterfüllungs-/Zinsausfallschaden geltend zu machen, und § 497 BGB insofern eine „Sperrwirkung" hinsichtlich der Geltendmachung eines Erfüllungsschadens entfaltet.

Hiergegen spricht, dass § 497 BGB allein eine Regelung zur Höhe des Verzugsschaden trifft (bereits ihrem Wortlaut nach beschränkt sich die Vorschrift auf eine Regelung der Verzinsung des „geschuldeten Betrags"). Die Geltendmachung eines weiteren Schadens wird von § 497 Abs. 1 BGB überhaupt nicht erfasst und daher auch nicht ausgeschlossen.

Der Verzugsschaden ist rechtsdogmatisch von dem Erfüllungsschaden zu trennen. Der Verzugsschaden ist ein Verzögerungsschaden, der auf die nicht rechtzeitige Leistung einer Schuld abstellt, während der Erfüllungsschaden ein Schaden ist, der dem Gläubiger wegen der Nichterfüllung einer Leistungspflicht

25 *Krepold*, in: Langenbucher/Bliesener/Spindler, Bankrechts-Kommentar, 1. Aufl. 2013, 14. Kap. Rn. 144; so auch OLG Frankfurt BKR 2012, 18 [22f.].

26 Zu der Rechtsgrundlage vgl. BGH NJW 1988, 1967 ff; BGH WM 2003, 264 ff.

27 Vgl. *Schürnbrand*, in: MünchKomm BGB, 6. Aufl. 2012, § 497 Rn. 2.

entstehen kann. Die beiden Schadensersatzansprüche stehen grundsätzlich nebeneinander und schließen sich nicht aus[28].

Auch aus der Gesetzesbegründung zu §§ 10 f. VerbrKrG, der Vorgängernormen der §§ 497 f. BGB, ergibt sich nichts anderes: Danach sollte „nach [§ 10] Absatz 1 Satz 1 [VerbrKrG a.F. – die Vorgängernorm des § 497 BGB) der geschuldete Betrag – vorbehaltlich des konkreten Nachweises eines höheren Schadens im Einzelfall – mit 5% über dem jeweiligen Bundesbankdiskontsatz zu verzinsen [sein]. Auch der Entwurf folgt damit der Auffassung, dass der Verzugszins nach Schadensersatzgesichtspunkten zu ermitteln und ein Rückgriff auf den Vertragszins grundsätzlich ausgeschlossen ist."[29] Die Einführung der Regelung im Verbraucherkreditgesetz war vor dem Hintergrund notwendig geworden, dass zum damaligen Zeitpunkt die Rechtsprechung zur Höhe der Verzugszinsen im Darlehensrecht uneinheitlich war; insofern sollten durch die Einführung von § 11 VerbrKrG a.F. bestehende Rechtsunsicherheiten bei der Ermittlung der zulässigen Verzugszinsen im Verbraucherkreditbereich beseitigt werden[30]. Eine Aussage dahingehend, dass mit dem entsprechenden Verzugszins auch über die aufgrund des Verzugs entstandenen Nachteile abgedeckt werden sollen, ist dem nicht zu entnehmen.

Etwas anderes ergibt sich auch nicht daraus, dass im Verlaufe des Gesetzgebungsverfahrens eine ursprünglich angedachte Regelung (in § 11 Abs. 3 VerbrKrG-E) verworfen worden war, die vorgesehen hatte, dass der Darlehensgeber bei Gesamtfälligstellung des Kreditvertrages abweichend von der Regelung über Verzugszinsen den Vertragszins verlangen können sollte. Schon vor dem Hintergrund, dass die Regelungen des § 11 VerbrKrG a.F. gemäß § 3 Abs. 2 Nr. 2 VerbrKrG a.F. auf festverzinsliche Immobiliardarlehen überhaupt nicht anwendbar waren, lässt sich aber aus der Nichtaufnahme des § 11 Abs.3 VerbrKrG-E nichts dahingehend herleiten, dass die Geltendmachung eines über den Verzugsschaden hinausgehenden (Nichterfüllungs-)Schadens bei festverzinslichen Immobiliardarlehen ausgeschlossen werden sollte[31]. Dies gilt umso mehr, als die Nichtaufnahme der entsprechenden Regelung (allein) darauf zurückzuführen war, dass man eine solche Regelung im Hinblick auf die zwischenzeitlich ergangene Rechtsprechung des Bundesgerichtshofs als überholt angesehen hatte[32]. Der BGH hatte mit Urteil

28 *Grüneberg*, in: Palandt, BGB 74. Auflage 2015, § 286 Rn. 41; *Ernst*, in: MünchKomm BGB, 6. Aufl. 2012, § 281, Rn. 110 ff.; *Schwarze*, in: Staudinger, BGB, Neubearbeitung 2014, § 281 Rn. B 134ff.

29 BtDRs. 11/5462, S. 26.

30 Vgl. BT-Drucks. 11/5462, S. 25; *Kessal-Wulf*, in: Staudinger, BGB, Neubearbeitung 2012, § 497 BGB Rn. 1.

31 So auch *Edelmann/Hölldampf*, BB 2014, 202 [205].

32 Vgl. BtDrs. 11/8274, S. 22.

vom 28.04.1988[33] ausgeführt, dass dem Kreditgeber das Recht einzuräumen sei, anstelle des Verzögerungsschadens nach § 286 BGB nach dem Rechtsgedanken des § 628 Abs. 2 S. 2 BGB den bisherigen Vertragszins als Schadensersatz wegen Nichterfüllung des vorzeitig beendeten Vertrages zu verlangen. Der Zinsanspruch sollte allerdings Einschränkungen unterliegen – so sollte sich dieser nur auf das Darlehenskapital, nicht aber auf rückständige Zinsen beziehen und sollte er spätestens im Zeitpunkt der im beendeten Darlehensvertrag vorgesehenen Fälligkeit des zu verzinsenden Betrages enden[34]. Diese getroffenen Einschränkungen – und nicht etwa die Abkehr von der Geltendmachung eines Nichterfüllungsschadens – waren Anlass für die Streichung der Regelung des § 11 Abs. 3 VerbrKrG[35]. Eine abschließende Regelung, die die Geltendmachung eines möglichen Erfüllungsschadens neben dem Verzugsschaden ausschließen sollte, ist der Gesetzesbegründung zum Verbraucherkreditgesetz nicht zu entnehmen.

Im Ergebnis festzuhalten ist damit, dass eine Ersatzfähigkeit des Nichterfüllungsschadens im Falle einer vom Darlehensnehmer verschuldeten Darlehenskündigung durch den Darlehensgeber nicht im Widerspruch zu Sinn und Zweck der Regelungen des Verbraucherdarlehensrechts steht.

Auch unter Wertungsgesichtspunkten wäre ein anderes Ergebnis nicht sachgerecht. Wäre im Anwendungsbereich des § 497 BGB der Anspruch auf Vorfälligkeitsentschädigung grundsätzlich ausgeschlossen, stünde der vertragsbrüchige Darlehensnehmer im Ergebnis – jedenfalls in Bezug auf seine Zahlungspflichten – besser als ein vertragstreuer Darlehensnehmer. Eine Beschränkung nur auf den Verzögerungsschaden würde nämlich dazu führen, dass ein Darlehensnehmer, der sich einseitig aus seinen vertraglichen Verpflichtungen lösen möchte, zur Vermeidung der Zahlung einer Vorfälligkeitsentschädigung etwa durch das Einstellen der Ratenzahlungen, die Bank veranlassen würde, den Vertrag zu kündigen – mit der Folge, dass dieser (vertragsbrüchige) Darlehensnehmer dann nur den Verzögerungsschaden ersetzen müsste Es ist nicht ersichtlich, warum im Falle der Kündigung des Darlehensvertrags durch die Bank, die aus Gründen erfolgt, weil sich der Darlehensnehmer nicht vertragsgerecht verhalten hat, der Darlehensnehmer einen solchen Schadensersatz nicht schulden sollte, während der vertragstreue, das Darlehen etwa nach § 490 Abs. 2 BGB kündigende Darlehensnehmer einen Schadensersatz in Form einer Vorfälligkeitsentschädigung zahlen müsste[36].

---

33 Abgedruckt in NJW 1988, 1967 ff.

34 Vgl. BGH NJW 1988, 1967 ff.

35 Vgl. BtDrs. 11/8274, S. 22.

36 Vgl. auch *Schürnbrand*, in: MünchKomm BGB, 6. Aufl. 2012, § 497 Rn. 8; diesen Gedanken

In Konstellationen, in denen das Verbraucherdarlehen noch vor Auszahlung, etwa aufgrund einer Verschlechterung der Einkommens- und Vermögenssituation des Darlehensnehmers, durch die Bank gekündigt wird, stellt sich die Frage einer möglichen „Sperrwirkung" des § 497 BGB in Bezug auf die Geltendmachung eines Erfüllungsschadens nicht. Der Anwendungsbereich des § 497 BGB ist in dieser Konstellation schon gar nicht eröffnet – Voraussetzung für die Anwendbarkeit dieser Vorschrift ist nämlich, dass ein Darlehensnehmer „mit Zahlungen, die er auf Grund des Darlehensvertrag schuldet, in Verzug kommt". Verzug i.d.S. liegt aber nur vor, wenn der Schuldner die Leistung aus einem von ihm zu vertretenden Grund pflichtwidrig verzögert[37]. Leistungen im Sinne des § 497 Abs. 1 BGB sind aber stets Zahlungen, also im Wesentlichen die Zins- und Tilgungsleistungen und sonstige vertraglich vereinbarte Zahlungspflichten[38]. Hiervon zu unterscheiden ist der „Verzug" bezüglich der Abnahme des Darlehenskapitals. Sofern das entsprechende Darlehen noch nicht zur Auszahlung gekommen ist, schuldet der Darlehensnehmer zum Zeitpunkt der Kündigung noch keine Zahlungen, mit denen er gem. § 497 BGB in Verzug hätte geraten können. Die Pflicht zur Abnahme des Darlehenskaptitals ist insofern vom Zahlungsverzug, wie in § 497 BGB voraussetzt, zu unterscheiden. Die Bank wird insofern hier in jedem Fall eine Vorfälligkeitsentschädigung in Form der Nichtabnahmeentschädigung geltend machen können[39].

3 Vollstreckungsgegenklage wegen verjährter Grundschuldzinsen

3.1 Ausgangssituation

In der Praxis sind Kreditinstitute zuletzt vermehrt mit dem Phänomen konfrontiert worden, dass Schuldner kurz vor einem anstehenden Versteigerungstermin versuchen, die Vollstreckung aus einer notariellen Urkunde für unzulässig erklären zu lassen[40]. Die Schuldner berufen sich in diesem Zusammenhang – unge-

greifen etwa auch *Edelmann/Hölldampf* in BB 2014, 202 [206] auf.

37 *Grüneberg*, in: Palandt, BGB, 74. Auflage 2015, § 286 Rn. 2.

38 Vgl. *Schürnbrand*, in: MünchKomm BGB, 6. Aufl. 2012, § 497 Rn. 10.

39 So auch OLG Stuttgart v. 26.03.2014 (9 U 193/13), das die Berechnung einer Nichtabnahmeentschädigung auf den Tag der Kündigung des Darlehensvertrags für zulässig erachtet hat.

40 Die Thematik ist nicht auf Sachverhalte mit Verbrauchern beschränkt, in der Praxis spielt

achtet der Tatsache, dass die Zwangsversteigerung nur wegen der Hauptsache und der nicht verjährten Zinsen betrieben wurde – regelmäßig darauf, dass die notarielle Urkunde auch eine Vollstreckung aus bereits verjährten Grundschuldzinsen zulasse.

Die Frage, ob aufgrund der in einem Titel enthaltenen, teilweise bereits verjährten Grundschuldzinsen ein Rechtsschutzbedürfnis für die Erhebung einer Vollstreckungsabwehrklage besteht, ist in der obergerichtlichen Rechtsprechung umstritten.

So hat etwa das OLG Zweibrücken[41] die Auffassung vertreten, dass ein Rechtsschutzbedürfnis für eine Vollstreckungsabwehrklage bereits immer dann bestehe, wenn ein Titel vorliegt. Das Rechtsschutzbedürfnis bestehe so lange fort, bis der Titel an den Schuldner ausgehändigt werde. Auch der Umstand, dass sich die Parteien darüber einig sind, dass die titulierte Forderung ganz oder teilweise erfüllt sei bzw. der Gläubiger einen Verzicht auf seine Rechte aus dem Titel erklärt habe, genügt nach Auffassung des Gerichts nicht. Dem Schutz des Gläubigers soll in derartigen Fällen das sofortige Anerkenntnis mit der Kostenfolge des § 93 ZPO dienen. Gläubiger könnten eine weitere – beschränkte – vollstreckbare Ausfertigung gem. § 733 ZPO erwirken und den ursprünglichen Titel dem Schuldner aushändigen. Die gleiche Rechtsauffassung vertreten in neueren Entscheidungen etwa das OLG Nürnberg[42] und das OLG Saarbrücken[43].

Das OLG Dresden[44] hingegen verneint das Rechtsschutzbedürfnis der beabsichtigten Rechtsverfolgung – dies jedenfalls dann, wenn wie in dem vorliegenden Fall die Bank ihren Antrag auf Vollstreckung aus der notariellen Urkunde bzgl. der verjährten Grundschuldzinsen zurückgenommen hat. Auch das OLG Frankfurt[45], das OLG Celle[46] und das Kammergericht Berlin[47] vertreten die Auffassung, dass in derartigen Fällen kein Rechtsschutzbedürfnis für eine Klage auf Unzulässigkeit der Vollstreckung bestehe, wenn das eingeleitete Zwangsversteigerungsverfahren wegen verjährter Grundschuldzinsen gerade nicht betrieben

---

dies im Wesentlichen aber nur im Zusammenhang mit Darlehensnehmern/Sicherungsgebern, die als Verbraucher zu qualifizieren sind, eine Rolle.

41 OLG Zweibrücken, Urt. v. 21.12.2012 – 7 U 16/12.

42 OLG Nürnberg, Beschl. v. 15.11.2012 – 16 U 1600/12.

43 OLG Saarbrücken ZfIR 2013, 486 ff.

44 OLG Dresden, Beschl. v. 23.01.2013 – 10 W 34/13.

45 OLG Frankfurt, WM 2013, 1275 ff. = ZfIR 2013, 558 mit (insofern zustimmender) Anm. von *Clemente*.

46 OLG Celle, Urteil v. 20.02.2013 – 4 U 122/12.

47 Kammergericht, Beschl. v. 27.09.2012 – 8 W 65/12.

wird. Auch das OLG Schleswig[48] folgt dem im Ergebnis, stützt seine dementsprechende Entscheidung indes nicht nur auf das fehlende Rechtsschutzbedürfnis, sondern auch darauf, dass die beabsichtigte Rechtsverfolgung mutwillig sei. Höchstrichterlich entschieden ist diese Frage bislang nicht.

3.2 Der rechtliche Rahmen

Grundschulden, die der Kreditsicherung dienen, sind regelmäßig verzinslich. Die Grundschuldzinsen sind dabei Inhalt des dinglichen Rechts und laufen in der Insolvenz des persönlichen Schuldners oder des Grundstückseigentümers weiter[49]. Die zwischen der (sicherungsnehmenden) Bank und dem Sicherungsgeber geschlossene Sicherungsabrede sieht üblicherweise die Haftung auch der Grundschuldzinsen für alle gesicherten Forderungen vor.

Die Bestimmung des Beginns der Verzinsung eines Grundpfandrechts obliegt (§ 873 Abs. 1 BGB) der Einigung des Grundstückseigentümers und des Grundschuldgläubigers – der maßgebliche Anfangszeitpunkt muss sich dabei aus der Eintragungsbewilligung ergeben[50]. Grundsätzlich ist auch die Vereinbarung eines Zinsbeginns vor Eintragung der Grundschuld (und damit vor ihrem Entstehen) möglich – sofern über den Beginn der Verzinsung nicht etwas Anderes eingetragen ist, beginnt die Verzinsung grundsätzlich mit Eintragung der Grundschuld im Grundbuch zu laufen[51]. Für die Fälligkeit der Zinsen gilt § 488 Abs. 2 BGB entsprechend, d.h. ohne anderweitige Vereinbarung sind Grundschuldzinsen jeweils nach Ablauf eines Jahres, also am ersten Tag des folgenden Jahres fällig[52].

Sofern es zu einer Zwangsvollstreckung kommt, können die laufenden und die für zwei Jahre rückständigen Zinsen mit dem gleichen Rang wie die Grundschuld geltend gemacht werden (vgl. § 10 Abs. 1 Nr. 4 ZVG) – ältere Zinsansprüche haben den letzten Rang nach allen anderen Rechten[53].

---

48 OLG Schleswig, Beschl. v. 23.09.2013 – 5 W 34/13.

49 Vgl. *Gaberdiel/Gladenbeck*, Kreditsicherung durch Grundschulden, 9. Aufl. 2010, Rn. 279; *Wenzel*; in: Bankrecht- und Bankpraxis Rn. 4/2698.

50 BGH WM 2000, 1058 [1059].

51 Vgl. *Gaberdiel/Gladenbeck*, Kreditsicherung durch Grundschulden, 9. Aufl. 2010, Rn. 280 mit Verweis auf RGZ 136,232; vgl. auch *Bassenge*, in Palandt, BGB, 74. Aufl. 2015, § 1192, Rn. 5.

52 *Bassenge*, in Palandt, BGB, 74. Aufl. 2015, § 1193, Rn. 4.

53 Vgl. *Wenzel*; in: Bankrecht- und Bankpraxis Rn. 4/2108; *Gaberdiel/Gladenbeck*, Kreditsicherung durch Grundschulden, 9. Aufl. 2010, Rn. 282.

Anders als der Anspruch auf den Grundschuldbetrag, der nicht verjährt (vgl. § 902 Abs. 1 S. 1 BGB), verjähren Grundschuldzinsen regulär in drei[54] Jahren; §§ 902 Abs. 1 S. 2, 195 BGB[55]. Die Verjährung jeder einzelnen Zinsrate beginnt dabei gemäß § 199 Abs. 1 BGB jeweils mit dem Schluss des Jahres, in dem sie fällig geworden ist. Die Verjährung wird auch nicht bis zum Eintritt des Sicherungsfalls gehemmt – dass die Grundschuld also deshalb nicht geltend gemacht werden kann, wenn und solange die gesicherte Forderung vertragsgemäß bedient wird, führt nicht zu einer Hemmung der Verjährung; die Vorschrift des § 205 BGB ist insofern nicht anwendbar[56]. Neu zu laufen beginnt die Verjährung nach § 212 Abs. 1 Nr. 2 BGB, wenn gerichtliche oder behördliche Vollstreckungshandlungen vorgenommen oder beantragt werden.

Der Schuldner unterwirft sich regelmäßig bereits bei der Bestellung der (sofortigen) Zwangsvollstreckung, auch wenn zu diesem Zeitpunkt regelmäßig noch nicht absehbar ist, ob Verwertungsreife jemals eintreten wird[57]. Die Unterwerfung des Grundschuldeigentümers unter die sofortige Zwangsvollstreckung aus der Grundschuld macht den dinglichen Anspruch sofort durchsetzbar, ohne dass der Gläubiger zuvor Klage zu erheben braucht. Die kreditgebende Bank verfolgt hiermit das Ziel, die Voraussetzung für einen raschen Zugriff auf das Schuldnervermögen zu schaffen. Dies wird durch ihr anerkennenswertes Interesse gerechtfertigt, eine ausreichend sichere Vorsorge gegen das Risiko eines Vermögensverfalls ihres Schuldners zu erreichen[58].

Aufgrund der sich jährlich ändernden Zinsen stellt sich die Problematik, dass eine Bank, so sie die Zwangsversteigerung betreiben will, regelmäßig aus einem Titel vorgehen wird, in dem teilweise bereits verjährte Grundschuldzinsen enthalten sind.

---

54 Dies seit dem 1.1.2002 – vor Inkrafttreten des Schuldrechtsmodernisierungsgesetzes galt noch eine Verjährungsfrist von vier Jahren, vgl. § 197 BGB a.F.

55 *Haertlein*, in: Langenbucher/Bliesener/Spindler, Bankrechts-Kommentar, 1. Aufl. 2013, 25. Kap., Rn. 51; *Gaberdiel/Gladenbeck*, Kreditsicherung durch Grundschulden, 9. Aufl. 2010, Rn. 287.

56 Vgl. BGH NJW 1999, 3705 (unter Aufgabe der bisherigen Rechtsprechung des BGH); vgl. auch *Gaberdiel/Gladenbeck*, Kreditsicherung durch Grundschulden, 9. Aufl. 2010, Rn. 288; *Wenzel*; in: Bankrecht- und Bankpraxis Rn. 4/2110.

57 Zur Wirksamkeit der Unterwerfung unter die sofortige Zwangsvollstreckung aus der Grundschuld vgl. *Wenzel*; in: Bankrecht- und Bankpraxis Rn. 4/2115 ff.

58 Vgl. etwa BGH NJW 2010; 2041 [2043].

3.3 Das (fehlende) Rechtsschutzbedürfnis für Vollstreckungsgegenklagen wegen verjährter Grundschuldzinsen?

Vom Grundsatz her ist das Rechtsschutzbedürfnis gegeben, sobald ein Vollstreckungstitel vorliegt und eine Zwangsvollstreckung ernstlich droht. Es fehlt nur dann, wenn eine Zwangsvollstreckung unzweifelhaft nicht beabsichtigt ist oder nicht mehr droht, wobei ein bloßer Verzicht des Gläubigers auf seine Rechte aus dem Vollstreckungstitel ohne dessen Herausgabe an den Schuldner das Rechtsschutzbedürfnis grundsätzlich nicht beseitigt – dies entspricht ständiger höchstrichterlicher Rechtsprechung[59]. Das gilt grundsätzlich selbst dann, wenn der Gläubiger nach Teilerfüllung für den Forderungsrest noch einen Titel benötigt; der Gläubiger habe dann die Möglichkeit – so der BGH – nach § 733 ZPO eine beschränkte weitere Ausfertigung zu erwirken und den weitergehenden ursprünglichen Titel dem Schuldner auszuhändigen[60]. Begründete wurde dies damit, dass auch ein Verzicht des Gläubigers allein nicht genüge, um den Schuldner in einem hinreichend bestimmten Umfang und in einer jeden Zweifel ausschließenden Weise vor einer uneingeschränkten Vollstreckung aus dem Titel zu schützen, solange diese sich unverändert in der Hand der Beklagten befindet.

Allerdings wird auch seitens des BGH darauf hingewiesen, dass von dem beschriebenen Grundsatz Ausnahmen zugelassen werden können, soweit eine Zwangsvollstreckung nach den Umständen des Falles unzweifelhaft nicht mehr droht[61]. In diesem Sinne wurde der Wegfall des Rechtsschutzbedürfnisses in der Fallgestaltung bejaht, bei der von einer titulierten Unterhaltsrente einerseits ein Teil durch Erfüllung „verbraucht“ war, andererseits der Gläubiger den Titel noch für die Vollstreckung zukünftig fällig werdender Ansprüche benötigte – hier hatte der BGH anerkannt, dass der Gläubiger den Titel nur wegen des nicht mehr benötigten Teils nicht herausgeben oder umschreiben lassen müsse, weil der bloße Umstand, dass aus dem Titel ein Teil verbraucht sei, nicht schon allein die Besorgnis rechtfertige, dass der Gläubiger den Titel auch wegen des erledigten Teils zur unrechtmäßigen Vollstreckung insoweit missbrauche[62].

Diese für den Bereich der wiederkehrenden Unterhaltsleistungen entwickelten einschränkenden Grundsätze zu den Anforderungen des Rechtsschutzbedürfnisses lassen sich auf den hier vorliegenden Fall übertragen, wenn die die Zwangsvollstreckung betreibende Bank auf die Geltendmachung verjährter

59 Vgl. BGH NJW 1992, 2148 f.; BGH NJW 1984, 2826 [2827]; BGH NJW 1974, 147 ff.
60 BGH NJW 1992, 2148 f., BGH NJW 1974, 147 ff.
61 BGH NJW 1992, 2148; BGH NJW-RR 1989, 124.
62 BGH NJW 1984, 2826 [2827].

Grundschuldzinsen verzichtet bzw. keinen Anlass für die Besorgnis gibt, den Titel auch zur Durchsetzung des die verjährten Grundschuldzinsen betreffenden Teils zu verwenden[63]. Allein die abstrakte, rein theoretische Möglichkeit der Vollstreckung wegen verjährter Zinsen begründet jedenfalls kein Rechtsschutzbedürfnis für eine Vollstreckungsgegenklage, in einer Fallkonstellation wie der vorliegenden, in der eine „überschießende" Rechtsmacht des Grundschuldgläubigers bereits darin angelegt ist, dass der Schuldner sich – wie angesprochen – in einem Zeitpunkt der sofortigen Zwangsvollstreckung unterwirft, in dem regelmäßig noch nicht absehbar ist, ob es jemals zu einer Verwertungsreife kommen wird. Würde man in einer solchen Konstellation ohne Weiteres ein Rechtsschutzbedürfnis für die Vollstreckungsgegenklage bejahen, würde dies rechtsmissbräuchliches Verhalten des Schuldners ermöglichen[64]; hierfür besteht aber auch schon kein tatsächliches Bedürfnis, da Vollstreckungsmaßnahmen auch dann noch möglich wären, wenn durch den Grundschuldgläubiger tatsächlich eine Vollstreckung wegen verjährter Zinsen erfolgen würde. In diesem Sinne hat der BGB schon im Zusammenhang mit der (vom BGH als zulässig erachteten) Unterwerfung unter die sofortige Vollstreckbarkeit hervorgehoben, dass der Schutz des Schuldners gegen eine ungerechtfertigte Inanspruchnahme der Vollstreckungsmöglichkeit in ausreichender Weise durch die vollstreckungsrechtlichen Rechtsbehelfe mit der Möglichkeit der einstweiligen Einstellung der Zwangsvollstreckung und durch eine Schadensersatzpflicht der Bank bei missbräuchlicher Ausnutzung des Vollstreckungstitels gesichert werde[65].

Es bleibt zu hoffen, dass der BGH hier baldige Gelegenheit erhält, Klarheit dahingehend zu schaffen, dass es in Fallkonstellationen der vorliegenden Art schon am Rechtsschutzbedürfnis für eine Vollstreckungsgegenklage fehlt.

---

63 So auch OLG Celle, Urteil v. 20.02.2013 – 4 U 122/12.

64 Zumal eine solche Vollstreckungsgegenklage auch wirtschaftlich sinnlos wäre, weil hierdurch eine Vollstreckung aus der Hauptsache und den unverjährten Zinsen nicht verhindert werden könnte, worauf Clemente, in ZfIR 2013 558 [560] zutreffend hinweist.

65 BGH NJW 2010, 2041 [2043].

Tagungsbericht[1]

1 Einleitung

Der 25. Bankrechtstag der Bankrechtlichen Vereinigung – Wissenschaftliche Gesellschaft für Bankrecht e.V. (BrV) fand am 27. Juni 2014 in Frankfurt a.M. statt.

2 Begrüßung

Prof. Dr. *Peter O. Mülbert*, Direktor des Instituts für deutsches und internationales Recht des Spar-, Giro- und Kreditwesens am Fachbereich Rechts- und Wirtschaftswissenschaften der Johannes Gutenberg-Universität Mainz und Mitglied des Vorstandes des BrV, begrüßte die Teilnehmer und stellte die Themenauswahl des diesjährigen Bankrechtstages vor. Die erste Abteilung war dem Thema „Rechtsfragen rund um notleidende Fonds“ gewidmet, während sich die zweite Abteilung mit aktuellen Rechtsfragen des Verbraucherkreditgeschäfts befasste.

3 Rechtsfragen rund um notleidende Fonds (1. Abteilung)

Die Moderation der ersten Abteilung übernahm *Klaus Rotter*, Rechtsanwalt, Grünwald.

1. Dr. h.c. *Gerd Nobbe*, Vorsitzender Richter am Bundesgerichtshof (BGH) a.D., Pfinztal, referierte zum Thema „Probleme im Zusammenhang mit der Schließung und Abwicklung offener Immobilienfonds“. Er skizzierte zunächst die Entwicklung des Investmentrechts und stellte die gravierenden Auswirkungen der Finanzkrise auf offene Immobilienfonds heraus. Ein besonderes Augenmerk

---

1 Auszüge aus *Susanne Schuler und Lars Thiessen*, Rechtsfragen rund um notleidende Fonds, Rechtsfragen des Verbraucherkreditgeschäfts - Bericht über den Bankrechtstag am 27. Juni 2014 in Frankfurt a.M., WM 2014, 1557.

legte *Nobbe* bei den Funktionsweisen und rechtlichen Grundlagen offener Immobilienfonds sodann auf die Rücknahmeaussetzung von Anteilen an solchen und den systemimmanenten Konflikt zwischen der grundsätzlich täglichen Rückgabemöglichkeit von Fondsanteilen und der Anlage des Fondsvermögens in nur mit entsprechendem Zeitvorlauf veräußerbaren Immobilien. Im Rahmen seiner Ausführungen zur Veräußerung des Fondsvermögens durch die Kapitalverwaltungsgesellschaft (KVG) während der Rücknahmeaussetzung setzte sich *Nobbe* detailliert mit der Zulässigkeit der Veräußerung von Immobilien unter ihrem gutachterlichen Verkehrswert auseinander. Er ging sodann auf die Abwicklung des Vermögens durch die Verwahrstelle ein und erteilte Abwicklungen analog § 264 AktG und analog §§ 749 ff., 731 BGB eine Absage. Anschließend erläuterte *Nobbe* die Schadensersatzhaftung der KVG gegenüber Anlegern beim Verkauf von Immobilien. Die Verwahrstelle käme ihrer Pflicht zur Geltendmachung der Ansprüche der Anleger nur selten nach. Dem Vorschlag einer actio pro socio trat er entgegen; vielmehr sei den Anlegern eine Geltendmachung im eignen Namen zu ermöglichen. Auch eine Haftung der Depotbank könne eingreifen. In seinem Ausblick auf die Vermeidung künftiger Fondsschließungen durch eine Beschränkung des Anteilsrückgaberechts der Anleger durch § 255 Abs. 3, 4 KAGB wies *Nobbe* auf dadurch auch drohende Attraktivitätseinbußen offener Immobilienfonds hin.

[Beitrag *Nobbe*, S. 3ff.]

2. Dr. *Johan Schneider*, Rechtsanwalt, Hamburg, gab zu Beginn seines Vortrags zum Thema „Probleme und Haftungsfragen bei der Abwicklung geschlossener Fonds" eine Einführung in das Recht geschlossener Fonds. Im Zusammenhang der regulären Sanierung und Liquidation zur Insolvenzvermeidung hob er zunächst hervor, dass es je nach Gesellschaftsvertrag zur Liquidation der Publikums-KG lediglich eines Mehrheitsbeschlusses bedürfe. Sodann ging er auf die Frage ein, wer im Falle der Nachtragsliquidation einer Publikums-GmbH & Co. KG oder wenn durch Mehrheitsbeschluss oder Gesellschaftsvertrag zu Gunsten der Komplementär-GmbH von einer Liquidation durch alle Gesellschafter der KG abgewichen werde, Liquidator sei. Zum Insolvenzverfahren einer Publikums-GmbH & Co. KG sprach er neben dem Insolvenzantragserfordernis für KG und regelmäßig Komplementär-GmbH insbesondere die durch das ESUG erfolgte Aufwertung der Eigensanierung der Gesellschaft an; die, durch das ESUG eröffneten Möglichkeiten zur Einflussnahme auf das Verfahren sollten Banken nicht ungenutzt lassen. Im Rahmen der Haftungsrisiken für Anleger befasste sich *Schneider* mit den Ansprüchen auf Leistung der Pflichteinlage und Rückgewähr unberechtigt empfangener Ausschüttungen analog §§ 30, 31 GmbHG, Nachschusspflichten für Anleger und Ansprüchen im Zuge von Kapitalerhöhungen. Sodann kam er

zum Haftungsregime der Publikums-KG im Außenverhältnis. Er verwies zudem auf das Haftungsrisiko von Banken bei faktischer Geschäftsführung und der Beihilfe zur Insolvenzverschleppung durch finanzierende Banken. Abschließend betonte *Schneider* nochmals die oft übersehenen Risiken und Haftungsgefahren unternehmerischer (Kommandit-)Beteiligungen und riet insbesondere Banken, die Insolvenz eines geschlossenen Fonds als Sanierungs- und Haftungsvermeidungsoption in ihre strategischen Überlegungen aufzunehmen.

[Beitrag *Schneider*, S. 45ff.]

3. Die anschließende Diskussion wurde eröffnet durch Dr. *Detlef Irmen*, Rechtsanwalt und Syndikus, HSBC Trinkaus & Burkhardt AG, Düsseldorf, der zum Vortrag von *Nobbe* anmerkte, dass eine Bestimmung der Angemessenheit des Veräußerungserlöses von Immobilien anhand des Börsenkurses einer Anlage auf der unrichtigen Annahme beruhe, dass an der Börse eine zutreffende Wertbildung erfolge. Darüber hinaus drücke der Börsenkurs eines Fondsanteils die Erwartung des Erwerbs eines Anteils an einem gesamten Immobilienportfolio und dessen gewinnversprechender Wertentwicklung aus, sodass sich aus dieser Preisbildung keine Rückschlüsse auf die Angemessenheit des Veräußerungserlöses einer einzelnen Immobilie aus dem Portfolio ziehen ließen.

Nobbe räumte demgegenüber ein, dass die Börsenkurse zwar nicht repräsentativ seien, aber mangels weiterer Indikatoren durchaus als Anhaltspunkte für die Angemessenheit eines Veräußerungserlöses dienen könnten, insbesondere in Fällen, in denen der Veräußerungserlös den Spread zwischen Nettoinventarwert und Börsenkurs um bis zu 50 % unterschreite.

Dr. *Heiko Beck*, Hamburg, stellte zur Frage einer Portfolio- oder Einzelbetrachtung bei der Bewertung offener Immobilienfonds fest, dass sich die KVGen und Verwahrstellen bei der Veräußerung von Immobilien zwar am Verkehrswert einzelner Immobilien orientierten, jedoch am Markt die Bereitschaft zu einem Erwerb wenig gewinnträchtiger Immobilien lediglich zu Liquidationswerten bestehe. Daher sei eine Prüfung der Angemessenheit der Veräußerung einer einzelnen Immobilie anhand des Börsenpreises eines Immobilienportfolios wenig sinnvoll. Vielmehr drohe ein Fehlsteuerungsimpuls durch steigenden Druck auf Gutachter, die durch starre Abschlagsgrenzen zu Fehlbewertungen angereizt werden könnten. Darüber hinaus warf *Beck* die Frage angemessener Veräußerungserlöse für den Fall auf, dass nicht nur einzelne Vorzeigeobjekte veräußert werden, sondern, wie nunmehr zu beoabachten, ganze Portfolios unterschiedlich attraktiver Objekte. Klärungsbedürftig sei insbesondere, ob die Bestimmung der Angemessenheit des Veräußerungserlöses von Vorzeigeobjekten in einem Portfolio anhand des Einzelwerts dieser Objekte oder des Werts des gesamten

Portfolios erfolgen müsse. Abschließend zeigte sich *Beck* optimistisch, dass die zur Vermeidung einer erneuten Liquiditätskrise im Bereich der offenen Immobilienfonds ergriffenen Maßnahmen ihre volle Wirkung entfalten können, doch sei ein ähnlicher Effekt auch durch Ausgabeaufschläge zu erzielen, durch die eine Rückgabe frühestens nach Ablauf von zwei Jahren Rendite verspreche.

Nobbe zeigte sich demgegenüber davon überzeugt, dass bei der Veräußerung ganzer Immobilienportfolios der Spread zwischen Nettoinventarwert und Börsenkurs des gesamten Portfolios eine erhebliche Rolle spielen müsse.

Zum Abschluss der ersten Diskussionsrunde fragte *Ralph Hans Brendel*, Berlin, wer die Gutachter auswähle, denen die Erstellung des gutachterlichen Verkehrswertes zukomme.

Nobbe räumte ein, dass die Beauftragung der Gutachter durch die KVGen selbst erfolge, jedoch sehe das Gesetz vor, dass die Gutachter ihre Bewertungen vollkommen unabhängig vornähmen, wobei kaum zu beurteilen sei, ob diese Unabhängigkeit in der Praxis durchgehend bestehe.

4. Prof. Dr. *Michael Schlitt*, Rechtsanwalt, Frankfurt a.M., zeigte zu Beginn seines Vortrags zum Thema „Haftungsadressaten der Prospekthaftung nach KAGB und VermAnlG" die mit dem VermAnlG und dem KAGB jeweils verfolgten gesetzgeberischen Ziele auf und gab einen Überblick über die Regelungen des KAGB zu Investmentvermögen und Prospektpflicht.

Anschließend stellte *Schlitt* sowohl die Anforderungen an Verkaufsprospekte nach dem VermAnlG und dem KAGB als auch die Prospekthaftungsansprüche gemäß § 20 VermAnlG und § 306 Abs. 1 KAGB vergleichend gegenüber. Sodann widmete er sich im Einzelnen der Frage, wer als tauglicher Adressat für Prospekthaftungsansprüche in Betracht komme. Seine Ausführungen fasste *Schlitt* dahingehend zusammen, dass seit Inkrafttreten des KAGB auch Investmentvermögen unter externer Verwaltung selbst als Haftungsgegner in Betracht kämen, soweit sie als AG oder KG strukturiert seien. Als Personenhandelsgesellschaften strukturierte KVGen könnten auch taugliche Anspruchsgegner einer Prospekthaftung sein, eine unterschiedliche Behandlung gegenüber als Kapitalgesellschaften strukturierten KVGen verbiete sich. Die Frage der Gegner von Prospekthaftungsansprüchen habe für Anlagen nach dem VermAnlG erheblich an Bedeutung verloren.

[Beitrag *Schlitt*, S. 75ff.]

5. *Andreas Tilp*, Rechtsanwalt, Kirchentellinsfurt, referierte zum Thema „Erfahrungen mit dem reformierten KapMuG". *Tilp* skizzierte zunächst die Entwicklung und den Regelungsgehalt des KapMuG; dabei hob er insbesondere die Verjäh-

rungshemmung des § 204 Abs. 1 Nr. 6a BGB und die Erweiterung des Anwendungsbereichs des KapMuG auf Ansprüche aus Anlageberatungshaftung im Jahr 2012 hervor. Nach *Tilp* eignen sich Verfahren nach dem KapMuG nicht, um Ansprüche aus fehlerhafter Anlageberatung geltend zu machen. Sodann erläuterte er den Verlauf eines KapMuG-Prozesses vor dem LG und dem OLG und ging detailliert auf einzelne Schritte des KapMuG-Verfahrens ein. Dabei machte er wie schon eingangs seines Vortrages deutlich, dass das KapMuG gesetzgeberisch verfehlt sei, doch lasse es sich in der Praxis flexibel und kreativ einsetzen. Nach *Tilp* liegen die zentralen Probleme des KapMuG in der Zwangswirkung der Vorlageentscheidung, der Unzulänglichkeit der Verjährungsregel des § 204 Abs. 1 Nr. 6a BGB, der Unanfechtbarkeit gerichtlicher Entscheidungen, der Unbestimmtheit der Begriffe „Lebenssachverhalt" und „abhängen", dem Begriff des Verfahrensstoffes des Musterverfahrens und dem Umfang der Bindungswirkung des Vorlagebeschlusses, des Musterentscheids und der Verjährungshemmung.

[Beitrag *Tilp*, S. 97ff.]

6. Die anschließende Diskussion leitete Prof. Dr. *Andreas Piekenbrock*, Universität Heidelberg, ein. *Piekenbrock* wies darauf hin, dass nicht nur das KapMuG, sondern auch Art. 267 AEUV zu dem Problem der Unanfechtbarkeit einer negativen Vorlageentscheidung führe. In diesem Fall werde das Problem einem Vorschlag von *Tilp* entsprechend gelöst, indem der Europäische Gerichtshof (EuGH) als gesetzlicher Richter angesehen werde, sodass gegen Nichtvorlagebeschlüsse des BGH die Verfassungsbeschwerde statthaft sei. Jedoch sei es nicht richtig, die landgerichtliche Entscheidung im KapMuG-Verfahren als tatsächlich unanfechtbar zu betrachten. Vielmehr werde im Fall der Nichtvorlage des KapMuG-Verfahrens gegenüber dem OLG der Rechtsstreit vor dem LG ausgetragen, gegen dessen Entscheidung dem Kläger das Rechtsmittel der Berufung zur Verfügung stehe. Anders als im Fall von Art. 267 AEUV gebe es daher einen unmittelbaren Instanzenzug. Daher sei die These *Tilps*, dass es sich bei den OLGen um die gesetzlichen Richter handeln müsse, sodass eine Nichtvorlage durch die LGe mithilfe der Verfassungsbeschwerde angreifbar sei, unzutreffend.

Tilp stimmte dieser Kritik zu, gab jedoch zu bedenken, dass ein Normzweck des KapMuG gerade sei, eine Bindungswirkung der Vorlagebeschlüsse zu erreichen. Wenn daneben Teil des Rechts auf den gesetzlichen Richter sei, dass eine Zuweisung an einen zuständigen Spruchkörper mit Bindungswirkung erfolge, dann sei es gerade eine Besonderheit des KapMuG-Verfahrens gegenüber gewöhnlichen Zivilprozessen, dass eine solche bindende Zuweisung nicht erreicht werden könne. Auch könnten einzelne Kläger ihre Rechte zwar im Instanzenzug separat geltend machen, doch sei diese Rechtsverfolgung eventuell teurer als ein

KapMuG-Verfahren und entspreche nicht der Vorstellung des Gesetzgebers, kollektiven Rechtsschutz zu ermöglichen.

Dr. *Michael Weigel*, Rechtsanwalt, Frankfurt a.M., schlug sodann vor, die Problematik des unzureichend definierten Begriffs des Lebenssachverhalts im KapMuG mittels der Definition der Kapitalmarktinformation gemäß § 1 Abs. 2 KapMuG zu lösen, sei doch Gegenstand eines KapMuG-Verfahrens stets die betreffende Kapitalmarktinformation.

Tilp hielt diesem Vorschlag entgegen, dass bereits bei der Frage der Anwendbarkeit des KapMuG darauf geblickt werden müsse, ob eine Kapitalmarktinformation im Sinne des § 1 Abs. 2 KapMuG vorliege. Die Bestimmung eines Lebenssachverhaltes betreffe demgegenüber den Prozessgegenstand im Sinne des KapMuG und könne daher nicht mithilfe des § 1 Abs. 2 KapMuG erfolgen. Die Frage sei vielmehr, ob dem Begriff des Lebenssachverhaltes des KapMuG der der Zivilprozessordnung (ZPO) zugrunde liege. Davon sei jedoch nicht auszugehen, sodass eine Lösung des Problems dem Gesetzgeber zukomme.

Prof. Dr. *Georg Bitter*, Universität Mannheim, problematisierte die Reichweite der Verfahrensaussetzung im KapMuG-Verfahren in Fällen der Anspruchsmehrheit, in denen einzelne Ansprüche für ein Musterverfahren in Betracht kämen, während andere Ansprüche bereits offensichtlich begründet seien. Zwar komme hier eine Entscheidungsbefugnis der Ausgangsgerichte über die offensichtlich begründeten Ansprüche in Betracht, doch bestehe die Gefahr einer anders lautenden Entscheidung im Instanzenzug, sodass das Verfahren nochmals aufzugreifen sei. *Bitter* fragte ferner, ob Verfahrensgegenstände nachträglich aus einem KapMuG-Verfahren herausgelöst werden könnten, insbesondere, wenn zunächst am Verfahren beteiligte Kläger sich mit einem lediglich sie betreffenden Sachverhalt nicht länger am KapMuG-Verfahren beteiligen wollten. Zur Lösung regte *Bitter* eine analoge Anwendung der Regeln der ZPO zum Urkundsprozess an.

Tilp erwiderte, dass die Aussetzung in der Praxis der LGe stets vollumfänglich erfolge. Doch habe der BGH die Aussetzung in einem Verfahren als unbeachtlich angesehen, in dem diese nicht hätte erfolgen dürfen. Soweit diese Rechtsprechung weiterhin Geltung beanspruche, könnten Ansprüche aus zu Unrecht ausgesetzten Verfahren wegen der unbeachtlichen Aussetzung eigenständig verfolgt werden. Im Übrigen würden alle konkurrierenden Ansprüche aus einem Lebenssachverhalt Teil eines einzigen Musterverfahrens. Doch bedürfe noch ein Großteil aller praxisrelevanten Fragen infolge der KapMuG-Reform im Jahr 2012 der Klärung durch die Praxis. In diesem Zusammenhang kritisierte *Tilp*, dass der Gesetzgeber Entscheidungen der OLGe im KapMuG-Verfahren zwar einer Kontrolle durch den BGH unterworfen habe, nicht jedoch Entscheidungen der LGe einer Kontrolle durch die OLGe, sodass die LGe keine Überprüfung fürchten müssten.

Prof. Dr. Dr. Dr. h.c. mult. *Klaus J. Hopt*, Direktor am Max-Planck-Institut für ausländisches und internationales Privatrecht a.D., Hamburg, richtete die Frage an *Schlitt*, ob infolge der Gesetzgebung im Bereich der durch die Rechtsprechung entwickelten bürgerlich-rechtlichen Prospekthaftung eine Befassung mit der Entwicklung in der Rechtsprechung weiterhin sinnvoll sei. Darüber hinaus warf *Hopt* die Frage auf, ob sich anstelle der Regelung der Prospekthaftung sowohl im VermAnlG als auch im KAGB und im WpPG angesichts weit reichender Parallelen eine Kodifikation der bürgerlich-rechtlichen Prospekthaftung in einem einzigen Gesetz anbiete.

Schlitt zeigte sich überzeugt, dass weiterhin ein Anwendungsbereich für die von der Rechtsprechung entwickelten Grundsätze der bürgerlich-rechtlichen Prospekthaftung verbleiben werde. Dies gelte vor allem im Fall von Haftungsadressaten und der Haftung für Produktarten, die nicht durch die bestehenden gesetzlichen Regelungen erfasst würden. Zwar sei es wünschenswert, die Rechtsquellen der Prospekthaftung in einem einzigen Gesetz zu bündeln, zumal einige der wenigen unterschiedlich ausgestalteten Regelungen keinen Grund für die unterschiedliche Regelung erkennen ließen. Doch gab *Schlitt* zu bedenken, dass eine Konzentration des gesamten Prospekthaftungsrechts in einem Gesetz die Gefahr berge, die Geltendmachung von Ansprüchen für die Anleger aufgrund mangelnder Übersichtlichkeit zu verkomplizieren.

Dr. *Edgar Wallach*, Rechtsanwalt, Frankfurt a.M., wandte sich gegen die Überzeugung *Schlitts*, dass auch extern verwaltete Investmentvermögen Haftungsadressaten einer Pros-pekthaftung sein könnten. Die Übertragung der Verwaltung des Investmentvermögens bedeute die Übertragung der alleinigen Verantwortung für das Investmentvermögen, sodass das Investmentvermögen selbst mit der Portfolioverwaltung nicht länger befasst sei. Angesichts der alleinigen Verantwortung auch für die Prospekterstellung könne dann jedoch nur eine Prospekthaftung der externen Verwaltungsgesellschaft in Betracht kommen. Darüber hinaus stehe auf Seiten des Investmentvermögens lediglich dessen Gesellschaftsvermögen, also das Fondsvermögen, als Haftungsobjekt zur Verfügung, sodass mit dem Investmentvermögen auch die Anleger selbst für Prospektpflichtverstöße hafteten. Dies dürfe jedoch nicht Folge einer Erstreckung der Haftung auf die jeweiligen Investmentvermögen sein.

Schlitt räumte ein, dass diese Bedenken von erheblichem Gewicht seien und eine Klärung der Frage der Haftung des Investmentvermögens durch den Gesetzgeber wünschenswert gewesen sei. Gleichwohl spreche für eine Prospekthaftung der Investmentvermögen, dass auch im Falle der intern oder extern verwalteten Investment-AG die Anleger in die Haftung einbezogen würden. Zudem beuge eine Haftungserstreckung auf die Investmentvermögen der missbräuchlichen Praxis vor, eine gering kapitalisierte Gesellschaft mit der Verwaltung des Investmentvermögens zu betrauen und etwaigen Klägern ein nur geringes Haftungssubstrat preiszugeben. Im Übrigen aber könne mit Blick auf die Versicherungspflicht für KVGen aus § 25 Abs. 6 Satz 1 Nr. 2 KAGB eine Prospekthaftung als durch diese Berufshaftpflichtversicherung gedeckt angesehen werden. Sei eine KVG im Rahmen ihrer Berufshaftpflichtversicherung in ausreichender Höhe versichert, könne darüber nachgedacht werden, die verwalteten Investmentvermögen wiederum von der Prospekthaftung auszunehmen.

Abschließend betonte Dr. *Markus Escher*, Rechtsanwalt, München, die Bedeutung der Grundsätze der bürgerlich-rechtlichen Prospekthaftung für die Ansprüche professioneller und semi-professioneller Anleger. Während der Anwendungsbereich der Prospekthaftung zunächst auf den Bereich des Publikums- und Verbraucherschutzes beschränkt gewesen sei, habe die AIFM-Richtlinie zu einer Ausdehnung des Verbraucherschutzbegriffs geführt. Hierdurch seien nunmehr auch institutionelle Anleger einem Vertriebsschutz unterstellt, sodass ihnen zwar kein Prospekt, allerdings die wesentlichen Anlegerinformationen zur Verfügung gestellt werden müssten. Über die Verweisung in § 307 Abs. 3 KAGB komme so eine Informationshaftung analog zur Prospekthaftung in Betracht, die einer genaueren Beleuchtung unter Beachtung der Grundsätze der bürgerlichrechtlichen Prospekthaftung bedürfe.

4 Rechtsfragen des Verbraucherkreditgeschäfts (2. Abteilung)

Die zweite Abteilung des Bankrechtstages moderierte Prof. Dr. *Raimund Bollenberger*, Rechtsanwalt, Wien.

1. In seinem Vortrag zum Thema „Neuer Rechtsrahmen für Wohnimmobilienkreditverträge“ stellte Prof. Dr. *Andreas Piekenbrock*, Universität Heidelberg, die Wohnimmobilienkreditvertragsrichtlinie (WIKVRL) vor. Diese WIKVRL, deren Grundanliegen die verantwortungsvolle Kreditvergabe ist, schließe eine hinsichtlich grundpfandrechtlich gesicherter Kreditverträge bestehende Lücke. Im Zusammenhang mit den privatrechtlichen Vorgaben der WIKVRL teilte *Piekenbrock* die Anforderungen an das Verhalten der Kreditgeber und -vermittler zeitlich in sechs Phasen ein, wobei der Schwerpunkt der privatrechtlichen Regelungen auf den beiden Phasen des Vertragsschlusses und der Rechte und Pflichten aus dem Darlehensvertrag liege. Er ging auf die einzelnen Anforderungen sowie möglichen Umsetzungsbedarf ein und präsentierte diesbezügliche Vorschläge. Einen Schwerpunkt legte *Piekenbrock* auf die Pflicht zur Prüfung der Kredit-

würdigkeit des Verbrauchers und der Immobilienbewertung (Art. 18 bis 20 der WIKVRL). Umsetzungsbedarf sah er im Zusammenhang mit der Einschränkung des Rechts auf vorzeitige Rückzahlung durch die Richtlinie im Hinblick auf die §§ 500 ff. BGB, nicht aber bezüglich der Anforderungen im Rahmen des Kreditvertragsschlusses. Nach dem Fazit *Piekenbrocks* hat die Richtlinie die Erwartungen enttäuscht. Er kritisierte das „Sammelsurium“ an ungleichartigen Regelungen und mitgliedstaatlichen Optionen, hob aber zugleich einzelne Vollharmonisierungen positiv hervor.

[Beitrag *Piekenbrock*, S. 131ff.]

2. Es sprach sodann Prof. Dr. *Markus Artz*, Universität Bielefeld, über das neue Verbraucherkreditrecht nach Umsetzung der Verbraucherrechterichtlinie (VRRL). In den Vordergrund seines Vortrags stellte *Artz* die Systematik des neuen Verbraucherkreditrechts, insbesondere die Auswirkungen der vollkommenen Neukonzipierung der Regelungen zum Widerrufsrecht in den §§ 355 ff. BGB hierauf. *Artz* betonte die Möglichkeit der formlosen Widerrufserklärung des Verbrauchers und beleuchtete die beiden für das Verbraucherkreditrecht relevanten Widerrufsfristen. Auf die Vertragsabwicklung nach erfolgtem Widerruf eingehend erklärte *Artz*, dass die Rechtsfolgen des Widerrufs nun abschließend in einem eigenen Rückabwicklungskonzept (§§ 357 ff. BGB) geregelt seien, und ging weiter auf die einzelnen Ansprüche des Verbrauchers und des Kreditgebers ein. Hinsichtlich der Widerrufserstreckung bei verbundenen Geschäften schenkte *Artz* der Frage besondere Beachtung, nach welchen Normen sich die Abwicklung des verbundenen Vertrages richte, insbesondere wenn dieser Vertrag selbst nicht widerruflich ist. Nach *Artz* ist § 357 BGB die hypothetisch anwendbare Rückabwicklungsnorm. Abschließend ging er auf die Neufassung des § 13 BGB und die Frage ein, ob die außerhalb von Geschäftsraumen erfolgte Bestellung einer Bürgschaft durch einen Verbraucher widerruflich sei, was *Artz* bejahte.

[Beitrag *Artz*, S. 175ff.]

3. Als letzter Redner sprach Dr. *Philipp Federlin*, Rechtsanwalt und Syndikus, Frankfurt a.M., über die Grenzen der Durchsetzung von Verbraucherkrediten. Er ging dabei zunächst auf die besonderen Voraussetzungen für die Kündigung von Verbraucherdarlehensverträgen sowie deren Rechtsfolgen ein. Sodann behandelte er die Frage eines Vorfälligkeitsentschädigungsanspruchs der Bank, wenn sie den Verbraucherdarlehensvertrag wegen Zahlungsverzugs gekündigt hat. Anders als der BGH in der mündlichen Verhandlung zu dem hierzu vorgestellten Anerkenntnisurteil (BGH, Revisionsverhandlung vom 15.1.2013, XI ZR 512/11) kam *Federlin* zu dem Schluss, dass der Anspruch auf Vorfälligkeitsentschädi-

gung auch im Anwendungsbereich des § 497 BGB nicht ausgeschlossen sei. In diesem Zusammenhang stellte *Federlin* zudem zwei weitere Entscheidungen der OLGe München und Stuttgart vor, die im Nachgang an das Anerkenntnisurteil ergangen sind. Der Vortrag endete mit einem Exkurs zu der Problematik der Vollstreckungsgegenklage wegen verjährter Grundschuldzinsen. *Federlin* stellte dazu eine Entscheidung des OLG Frankfurt a.M. vor, nach der das Rechtsschutzbedürfnis für eine Vollstreckungsabwehrklage wegen der Hauptsache nicht darin läge, dass der Titel bereits verjährte Zinsen enthielte, sowie einen anderen Ansatz des OLG Celle, welches im Ergebnis allerdings zu demselben Schluss käme.

[Beitrag *Federlin*, S.187 ff.]

4. Die Diskussion eröffnete Dr. *Petra Leupold*, Verein für Konsumenteninformation, Wien. Im Hinblick auf die im Vortrag von *Piekenbrock* besprochene Bonitätsprüfungspflicht erläuterte *Leupold*, dass es in Österreich unumstritten sei, dass es zivilrechtliche Rechtsfolgen geben müsse und teilte die Sicht von *Piekenbrock* bezüglich der EuGH-Rechtsprechung hierzu.

Auf die Anmerkung von *Leupold*, dass auch in Österreich ein janusköpfiger Schutzzweck angenommen würde, erwiderte *Piekenbrock*, dass er befürworte, dass Deutschland sich nun auch in eine Richtung bewege, die in anderen Ländern bereits akzeptiert sei.

Leupold warf weiter die Frage auf, ob es Rückwirkungen durch die EuGH-Judikatur bezüglich der Verbraucherkreditrichtlinie geben würde.

Piekenbrock erwiderte, dass die Judikatur zu der Zweiten Verbraucherkreditrichtlinie ergangen sei, er aber die Ansicht vertrete, dass der EuGH sich weiter in die Richtung des Schutzes des Einzelnen bewegen würde.

Leupold ergänzte, dass eine aufsichtsrechtliche Richtung eingeschlagen werden würde.

Piekenbrock führte auf diese Anmerkung eingehend das Beispiel Belgiens an und bemerkte, dass die dortige Lösung in Deutschland wohl als Verbotsgesetz i.S.d. § 134 BGB qualifiziert werden würde.

Im Hinblick auf den Vortrag von *Artz* warf *Leupold* die Problematik auf, dass in der VRRL nicht geregelt sei, wer die Gefahr der Rücksendung nach einem Widerruf trage, und stellte die Frage, wie dies in Deutschland geregelt sei. Ihrer Ansicht nach schien man in Deutschland aus der Regelung, dass der Verbraucher die Kosten der Rücksendung zu tragen habe, zu folgern, dass der Verbraucher auch die Gefahr der Rücksendung zu tragen habe, was, so *Leupold*, allerdings nicht richtig sei.

Diese Ansicht, dass der Unternehmer die Gefahr der Rücksendung zu tragen habe, bestätigte *Artz* mit Verweis auf § 361 BGB. Daraus, dass der Unternehmer keine weiteren Ansprüche gegen den Verbraucher habe und dieser laut § 357 BGB lediglich die Pflicht zur Rücksendung und neuerdings auch zur Kostentragung habe, folge, so *Artz*, dass der Unternehmer die Gefahr der Rücksendung zu tragen habe.

Bezüglich der Neuerung der VRRL, dass kein Zinsanspruch mehr im Falle des Widerrufs bestünde, merkte *Leupold* an, dass man daraus folgern könnte, dass der Widerruf ex nunc wirke oder sich die jeweiligen Nutzungen ausgleichen sollten. Ihrer Ansicht nach müsste allerdings im Fall eines späten Widerrufs ein Zinsanspruch bejaht werden.

Auf ihre Frage, ob dies in Deutschland so umgesetzt würde oder ob eine Erstreckung durch Auslegung notwendig wäre, entgegnete *Artz*, dass der deutsche Gesetzgeber tatsächlich derart von dem zweispurigen System, Nutzungs- und Wertersatz nach § 346 BGB, Abstand genommen hätte, dass der Nutzungsersatzanspruch, der dem Zinsanspruch gleichkäme, gestrichen worden sei. Lediglich für Verbraucherkredite sei ein solcher Anspruch für den Unternehmer verblieben. Einen Richtlinienverstoß gegen die VRRL sah *Artz* in der Abschaffung des Zinsanspruchs für den Verbraucher nicht. Die Rechtsfolgen seien dort gerade nicht geregelt.

Zu dem Thema des Zinsanspruchs ergänzte *Bitter*, dass es seiner Ansicht nach nicht richtig sein könne, dass die Bank an einem Widerruf des Verbrauchers verdiene. Dies drohe insbesondere in den Fällen, in denen beispielsweise ein zehnjähriger Vertrag nach neun Jahren widerrufen würde, da dann der Verbraucher alles zurückgeben müsste, ohne seinerseits einen Zinsanspruch zu haben, sodass der Verbraucher gegebenenfalls zusätzlich 20.000 € schulde.

Hierauf bekundete *Artz* zunächst sein Erstaunen darüber, dass dem Verbraucher im Gegensatz zur Bank kein Zinsanspruch zustände, ergänzte im Verlauf der Diskussion aber, dass die Zinszahlungspflicht aus Art. 14 Abs. 3b der VRRL stamme und sich der Gesetzgeber bei der Neufassung der Rechtsfolgen des Widerrufs offensichtlich danach gerichtet habe.

Prof. Dr. *Reinhard Welter*, Universität Leipzig, schloss sich dieser Diskussion ebenfalls an und bemerkte, dass man seiner Ansicht nach die unterschiedlichen Positionen trennen müsse. Es ginge lediglich darum, ob der Verbraucher zusätzlich zu den zurückgezahlten Zinsen einen Anspruch auf Nutzungsentschädigung habe, wobei sich die Höhe nach der Zeit, die die Bank die Zinsen habe nutzen können, bemesse. Seine Verwunderung gelte der bisherigen deutschen Regelung und nicht der Abschaffung des Nutzungsentschädigungsanspruchs für den Verbraucher.

Ralph Hans Brendel stellte in Frage, wie die Berechnung des Anspruchs nach dem Widerruf vollzogen werden solle. Er plädierte dafür, ein völlig neues Rechenwerk anzuwenden.

Artz stellte danach heraus, dass er die Meinung von *Bitter* teile, wobei die Frage des Nutzungsersatzanspruches nichts mit dem Zins aus dem Darlehensvertrag zu tun habe.

Auf die von *Bitter* im Weiteren aufgeworfene Frage, ob die unterschiedlich langen Fristen im Widerrufsrecht ein Versehen des Gesetzgebers darstellten, erläuterte *Artz*, dass der Gesetzgeber lediglich die durch die VRRL notwendigen Änderungen vollzogen und das Verbraucherkreditrecht unangetastet gelassen habe. *Artz* bemerkte, dass er sich diesbezüglich mehr Mut des Gesetzgebers gewünscht hätte.

Auch *Piekenbrock* ergänzte, dass die Änderungen des Widerrufsrechts aufgrund der verschiedenen Richtlinien kaum mehr zu erschließen seien.

Hinsichtlich der Bürgschaft verwies *Bitter* auf die Rechtsprechung des EuGH und des BGH und richtete die Frage an *Artz*, ob nach dessen Meinung wieder ein doppeltes Haustürgeschäft eingeführt werden müsse.

Artz erwiderte, dass nach seiner Ansicht das Urteil des EuGH keine Auswirkungen mehr habe, da dieses zur alten Richtlinie ergangen sei. Es ginge in Zukunft nun darum, wie die Bürgschaft nach der neuen Richtlinie Beachtung finden könne.

Zu der von *Bitter* ebenfalls aufgeworfenen Frage, wie sich das Verbraucherkreditrecht zum Insolvenzrecht verhalte, insbesondere bezüglich der Rechtsprechung zu § 133 InsO und der Vorsatzhaftung, äußerte *Federlin*, dass er dieses Spannungsverhältnis ebenfalls sehe, es aber gegenwärtig noch keine Lösung für das Problem gebe.

Zum Abschluss des 25. Bankrechtstages bedankte sich Prof. Dr. *Mathias Habersack*, LMU München, bei den Referenten, Teilnehmern und Helfern und wies darauf hin, dass der 26. Bankrechtstag am 26. Juni 2015 stattfinden werde.

Stichwortverzeichnis

www.ingramcontent.com/pod-product-compliance
Lightning Source LLC
LaVergne TN
LVHW102230300926
849160LV00006B/88